应用型高等教育财经类专业“十三五”规划教材

统计学原理

曾自卫　吴　霞　主　编
刘翠翠　潘连柏　副主编

上海财经大学出版社

图书在版编目(CIP)数据

统计学原理/曾自卫,吴霞主编.—上海:上海财经大学出版社,2020.1

(应用型高等教育财经类专业"十三五"规划教材)

ISBN 978-7-5642-3429-4/F·3429

Ⅰ.①统… Ⅱ.①曾…②吴… Ⅲ.①统计学-高等学校-教材 Ⅳ.①C8

中国版本图书馆CIP数据核字(2019)第267464号

□ 责任编辑　徐　超
□ 联系信箱　1050102606@qq.com
□ 封面设计　张克瑶

统计学原理

曾自卫　吴　霞　主　编
刘翠翠　潘连柏　副主编

上海财经大学出版社出版发行
(上海市中山北一路369号　邮编200083)
网　址:http://www.sufep.com
电子邮箱:webmaster @ sufep.com
全国新华书店经销
上海天地海设计有限公司印刷装订
2020年1月第1版　2020年1月第1次印刷

787mm×1092mm　1/16　14印张　358千字
印数:0 001—3 000　定价:45.00元

前　言

随着大数据时代的渐行渐近，我们每天都要面对和处理大量数据信息，如何从大量、零散的数字中获取有价值的市场信息是新兴人才必须具备的能力。作为以数据为研究对象的科学，统计学提供给我们一套获取、整理、分析数据并从中得出结论的原则和方法，掌握了统计技术可以帮助我们在信息高速发展和传递的时代获取竞争优势。

本书定位于培养应用型人才，本着学以致用的原则，按"认识统计学—数据的收集—数据的整理—数据的分析"的逻辑思路编写。以解决问题为导向，在参考了国内外优秀著作基础上，系统地阐述了统计学的基本概念和方法，注重传达用统计方法解决某些社会实际问题，利用计算机处理烦琐的计算过程，引导读者运用统计思维去分析和解读统计数据。本书有以下几个特点。

(1)内容系统完整。本书的内容和章节安排层次清晰、结构完整，系统地阐述了统计学的基础知识和原理。

(2)内容通俗易懂。本书力求通俗易懂，在保证统计思想完整性的基础上，对全书内容做了适当的取舍，删减了烦琐的概率论和数理统计部分内容，减少了不必要的公式推导过程，着重数据的解读，通过实例讲述统计思想，培养和提高学生应用统计方法的能力。

(3)理论与操作相结合。本书在正文中穿插了大量的图、表、案例来丰富教学内容。除第一章与第二章外，每章均设有应用计算机软件 Excel 2016 进行操作应用，并配有二维码链接，可观看操作视频，使学生的学习内容与实践内容相一致，可培养学生运用所学知识分析、解决实际问题的能力。

本书由武汉华夏理工学院曾自卫、吴霞、潘连柏，三亚学院刘翠翠多位教师共同编写完成。曾自卫副教授负责全书的内容设计和统稿，同时负责第一章、第三章、第四章、第五章、第八章的编写；吴霞负责第六章、第九章的编写；潘连柏负责第二章的编写；刘翠翠负责第七章的编写。

在本书编写过程中，参考和采纳了书末主要参考文献中所列著作中的一些观点，在此向各位作者表示诚挚的谢意。

鉴于我们的水平有限，本书难免会存在错误和不妥之处，恳请广大读者指正。

编　者

2019年9月

目　录

第一章　绪　论

【案例导入】

生活和工作中的统计学

随着社会经济的不断发展，统计与人们日常工作和生活的密切程度日益加深。作为一名本科生，如果将来准备读硕士或是博士研究生，那么掌握一定的统计方法撰写毕业论文是必要的；作为一位股民，在投资股票时，需要了解股票市场价格的信息，了解某只特定股票的相关财务知识；作为一名企业管理人员，需要掌握企业相关生产与销售情况；作为市场销售人员，要通过市场调查来了解自己所在或所要开发的市场。说起PMI，可能只有一部分专业人士知道它是采购经理人指数，反映一个国家或地区的宏观经济运行状况；但提起CPI，很多人都会知道它是反映物价变动的。翻开小学生课本，会发现一年级小学生的教材里已经出现统计图表等。可见，统计与人们的日常生活和工作息息相关。在日常工作和生活中，到处都有统计和统计数据。

第一节　统计学的产生与发展

统计活动自古就有，在原始社会，人们按部落居住在一起打猎、捕鱼，分配食物时就要算算有多少人、多少食物才能进行分配。所以，从结绳记事开始，就有了对自然社会现象的简单的计量活动。在奴隶与封建社会，出于国家对内统治与对外战争的需要，进行征兵、征税，开始人口、土地和财产统计，这些都属于统计活动。把统计活动作为一门科学进行研究，始于16世纪的资本主义社会。在对统计进行研究的过程中，由于时代、理论体系和派别等原因，对统计的认识众说纷纭，我们一般将统计学的产生与发展划分为三个时期：古典统计学时期、近代统计学时期和现代统计学时期。

一、古典统计学时期

17世纪末到18世纪末是古典统计学时期，在这个时期，统计学理论初步形成了一定的学术派别，主要有国势学派和政治算术学派。

(一)国势学派

国势学派亦称记述学派,产生于17世纪封建制的德国。这个学派把统计学理解为国家重要事实的记述。国势学派的创始人是德国著名学者海尔曼·康令(Hermann Conring,1606—1681)。在《康令国势学著作集》(1730年出版)中,他第一次把国势叙述上升到系统化和理论化的高度,以致后来逐渐形成了以国家为研究对象、以记载国家重大事项来形成新知识为目的的国势学。国势学派继承者主要有戈特弗里德·阿亨瓦尔(Gottfried Achenwall,1719—1772)和奥古斯特·路德维格·斯勒兹(August Ludwing Von Schlozer,1735—1809)。阿亨瓦尔继承和发展了康令的观点,认为统计学是研究"关于国家组织、人口、军队、领土、财产、地面和地下资源等事实的学问"。他在1749年出版的《欧洲最主要国家新国势学概要》中,首创了一个新的德文词汇"Statistik",即统计学,并用这个名称代替了国势学。斯勒兹的主要著作是于1804年出版的《统计学理论及包括有关政治学研究的想法》。在书中,他企图把统计学与政治学区分开,认为统计学是研究有关国家及其设施、人口及经济等知识的科学,而政治学则是以评价和利用这些知识为任务的科学。主张统计学不仅要研究事物的现状,而且要研究事物的过去。他有句名言:"统计学是静态的历史,历史是动态的统计学。"

(二)政治算术学派

政治算术学派产生于17世纪的英国。主要创始人是英国的经济学家威廉·配第(William Petty,1623—1687),他的名著有《政治算术》(写于1671年,1690年出版)与《爱尔兰的政治解剖》(1672年完稿,1691年出版)。这是威廉·配第以数字资料为基础,独创性地在研究政治经济问题的同时,简述统计方法论的两部代表作。在著作中,威廉·配第还以一系列分析手段和大量计算手段清晰地描述了英格兰、荷兰、法兰西和爱尔兰等地在经济、军事、政治等方面的情况,为英国称霸世界提供了各种有说服力的实证性分析。《政治算术》一书的问世,标志着统计学的初步创立。"政治算术"中所说的"政治"是指政治经济学,"算术"则是指统计方法。威廉·配第在典型调查、分组法、平均数、相对数、统计推算与估计、统计分析报告等方面,对统计学都有重要的贡献。例如,他强调统计调查的重要性,初步形成了一套分组方法,在著作中广泛地使用"平均数"来分析现象总体之间的数量关系。这些在当时的确是一种创见。为此,马克思评价他是"政治经济学之父,在某种程度上也可以说是统计学的创始人"。政治算术学派的另一位创始人是约翰·格朗特(John Graunt,1620—1674),他的代表作是《关于死亡公报的自然和政治观察》。他对英国伦敦市人口的出生率和死亡率进行分类计算,编制了世界上第一张"死亡率"统计表。

二、近代统计学时期

18世纪末至19世纪末是近代统计学时期,这个时期的一个重大成就是将大数法则和概率论引入统计学。这一时期有两大学派,即数理统计学派和社会统计学派。

(一)数理统计学派

数理统计学派的创始人是比利时统计学家、数学家和天文学家阿道夫·凯特勒(Adolphe Quetelet,1796—1874)。他一生的著作很多,其中有关统计方面的就有6本之多。其中流传最广、影响最大的有4本:《论人类》(1835年出版)、《关于概率论》(1846年出版)、《论社会制度》(1848年出版)和《社会物理学》(1869年出版)。其中《社会物理学》一书中将古典概率引入统计学,提高了统计计量上的准确性,使统计学产生了质的飞跃,为近代统计学奠定了基础。他运用这一统计方法既研究自然,又研究社会,使统计方法发展为既可应用于社会现象研究,又可应用于自然现象研究的通用方法。他是第一个明确提出研究规律性问题的人，他把德国的国势学、英国的政治算术等加以统一，改造和融合成具有近代意义的统计学，促使统计科学向新的境界发展。

(二)社会统计学派

社会统计学派的创始人是德国经济学家、统计学家克尼斯(K. G. A. Knies，1821－1898)，主要代表人物是德国统计学家、政府统计学家和统计教育家恩格尔(C. L. E. Engel，1821－1896)。恩格尔的主要著作有《比利时工人家庭生活费的过去和现在》(1895 年出版)和《关于统计学是独立科学还是方法问题》(1851 年出版)。恩格尔在统计方面的主要贡献有：在人口调查中提倡用个人调查卡片法，在消费计量上首创消费权数，发明恩格尔法则和恩格尔系数，建设社会统计学体系。另一位主要代表人物是德国统计学家和政府统计学家梅尔(C. V. Magr，1841－1925)。梅尔的主要著作有《社会生活中的规律性》(1877 年出版)、《理论统计学》(1895 年出版)、《人口统计学》(1897 年出版)、《伦理统计学》(1909 年出版)和《一般的统计文献》(到 1906 年已出版七卷)。梅尔在《社会生活中的规律性》一书中指出："统计学是在对总体现象大量观察的基础上，对人类社会生活实际状态及其所产生的规律性做系统的表述和说明。"他认为，统计学是社会科学中的一门独立科学，是研究规律性的实质性科学，是对社会现象表现出来的规律性形式及其性质进行系统阐述。他对统计方法也很有研究，把统计方法看作是统计学理论部分的一个重要内容。他认为大量观察法是认识社会唯一可能的统计方法。

三、现代统计学时期

19 世纪末至今为现代统计学时期。在这一时期，统计学家戈塞特(Gosset，1876－1937)首创小样本分布理论；统计学家费希尔(Fisher，1890－1962)提出 F 分布理论和实验设计方法等；波兰统计学家尼曼(J. Neyman，1894－1981)提出统计假设检验理论等。现代统计学时期由于科学技术迅猛发展，社会发生了巨大变化，统计学进入了快速发展时期。归纳起来，有以下几个方面的特点：

(一)由描述统计向推断统计发展

描述统计是对所收集的大量数据资料进行加工整理、综合概括，通过图示、列表和数字，编制次数分布表、绘制直方图、计算各种特征数等对资料进行分析和描述。而推断统计则是在收集、整理观测的样本数据基础上对有关总体做出推断。其特点是根据带随机性的观测样本数据以及问题的条件和假定(模型)，对未知事物做出的、以概率形式表述的推断。

(二)由社会、经济统计向多分支学科发展

在 20 世纪以前，统计学的领域主要是人口统计、生命统计、社会统计和经济统计。随着社会、经济和科学技术的发展，统计的范畴已覆盖了社会生活的所有领域，成为通用的方法论科学。它被广泛用于研究社会和自然界的各个方面，并发展成为有着许多分支学科的科学。

(三)促进统计预测和决策科学的发展

传统的统计是对已经发生和正在发生的事物进行统计，提供统计资料和数据。20 世纪 30 年代以来，特别是第二次世界大战以来，由于经济、社会、军事等方面的客观需要，统计预测和统计决策科学有了进一步的发展。

(四)信息论、控制论、系统论与统计学的相互渗透和结合，使统计科学进一步得到发展和日趋完善

信息论、控制论、系统论在许多基本概念、基本思想、基本方法等方面有着共同之处，分别

从不同角度、侧面提出了解决共同问题的方法和原则。信息论、控制论、系统论的创立和发展，改变了世界的科学图景和科学家的思维方式，也使统计科学和统计工作出现了新的发展趋势。

(五)计算机技术和一系列新技术、新方法在统计领域不断得到开发和应用

伴随着计算机技术的不断发展，使统计数据的收集、处理、分析、存贮、传递、印制等过程日益现代化，提高了统计工作的效能。计算机技术的发展，日益扩大了传统的和先进的统计技术的应用领域，促使统计科学和统计工作发生了革命性的变化。如今，计算机科学已经成为统计科学不可分割的组成部分。随着科学技术的发展，统计理论和实践深度与广度方面也在不断发展。

第二节　统计学的研究对象与方法

一、统计的概念

现代统计一词包括三个含义:统计工作、统计资料和统计学。

(一)统计工作

统计工作指根据一定的目的，采用科学的统计方法收集、整理、分析资料，并提供关于社会经济现象数量资料工作的总称。它也称统计实践或统计活动，是在一定统计理论指导下，采用科学的方法，收集、整理、分析统计资料的一系列活动过程。

(二)统计资料

统计资料指通过统计工作取得的、用来反映社会经济现象的数据资料的总称。统计工作所取得的各项数字资料及有关文字资料，一般反映在统计表、统计图、统计手册、统计年鉴、统计资料汇编和统计分析报告中。它也称统计信息，是反映一定社会经济现象总体或自然现象总体的特征或规律的数字资料、文字资料、图表资料及其他相关资料的总称。包括刚刚调查取得的原始资料和经过一定程度整理、加工的次级资料，其形式有:统计表、统计图、统计年鉴、统计公报、统计报告和其他有关统计信息的载体。

(三)统计学

统计学也称统计科学，是研究如何收集、整理和分析统计资料的理论与方法的总称。统计学从统计分析方法的研究和应用角度，分为理论统计学和应用统计学，前者研究一般的收集、整理和分析数据的方法，后者则以各个不同领域的具体数量为研究重心。统计学从统计方法的构成角度，分为描述统计学和推断统计学，很多教科书都是按描述统计和推断统计搭建基本框架的。

统计学也可以看作是应用数学的一个分支，主要通过利用概率论建立数学模型，收集所观察系统的数据，进行量化的分析、总结，进而进行推断和预测，为相关决策提供依据和参考。

统计的三种含义之间具有密切的联系，统计工作的成果是统计资料，统计资料和统计学的基础是统计工作，统计学既是统计工作经验的理论概括，又是指导统计工作的原理、原则和方法。

二、统计学研究对象及特点

(一)统计学的研究对象

统计学的研究对象是客观现象总体数量特征和数量关系，以及通过这些数量方面反映出

来的客观现象发展变化的规律性。它是通过收集、整理、分析统计资料，认识客观现象数量规律性的方法论科学。由于统计学的定量研究具有客观、准确和可检验的特点，所以统计方法就成为实证研究的最重要的方法，广泛适用于自然、社会、经济、科学技术各个领域的分析研究。

(二)统计学研究对象的特点

归纳起来，统计学研究对象具有以下四个特点：

1. 数量性

统计学的研究对象是自然、社会经济领域中现象的数量方面。它研究的是客观事物的数量。数量性是统计学研究对象的基本特点，数字是统计的语言，数据资料是统计的原始材料。事物的数量是我们认识客观现实的重要方面，通过分析研究统计数据资料，研究和掌握统计规律性，就可以达到我们统计分析研究的目的。例如，一个国家的人口数量、结构和分布，国民经济的规模、发展速度，人们的生活水平等，都是反映基本国情和基本国力的基本指标，通过这样的一系列指标才能对整个国家有一个客观清晰的认识。

2. 总体性

统计学的研究对象是自然、社会经济领域中现象总体的数量方面，即统计的数量研究是对总体普遍存在着的事实进行大量观察和综合分析，得出反映总体的特征和资料规律性。比如统计人口总数，分析各年龄段的人口数量及比例，得出国家的人口特征，可以有效调整人口政策。统计研究对象的总体性，是从个体的实际表现的研究过渡到对总体的数量表现的研究的。

3. 具体性

统计研究对象是自然、社会经济领域中具体现象的数量方面。它不是纯数量的研究，而是具有明确的现实含义的。这一特点是统计学与数学的区别。数学是研究事物的抽象空间和抽象数量的科学，而统计学研究的数量是具体实在的，有实际意思的数量表现的客观存在。它独立于客观世界，不以人们的主观意志为转移。统计资料作为主观对客观的反映，只有如实地反映具体的已经发生的客观事实，才能为我们进行统计分析研究提供可靠的基础，才能分析、探索和掌握事物的统计规律性。如某市本年上半年实现国内生产总值 1 543.63 亿元，全市职工工资总额为 83.63 亿元，全市职工人均月工资为 2 884 元等，都是特定总体在一定时间、地点、条件下的具体数量。

4. 社会性

由于统计研究的数量是社会现象的数量，必然具有另一个特点，即社会性。它可以从三个方面进行考察：一是统计认识的是社会经济数量方面，因而统计本身也就有了社会性；二是统计认识的主体是社会的人，人的社会性决定了认识立场和认识结论上的社会性；三是一切社会经济活动都和人的利益有关，不同的人群有着不同的利益和利益关系，统计是一种社会认识活动，要受到一定社会经济观点的影响，并为一定的阶级利益服务。

三、统计学研究的基本方法

统计学作为一门方法论科学，具有自己完善的方法体系。其基本研究方法有：

(一)大量观察法

大量观察法是指在研究社会经济等现象的数量方面时，必须对总体现象中的全部或足够多的个体进行观察，以达到对现象总量特征及其规律性的认识。社会经济总体现象是复杂的，它是在各种错综复杂的因素影响下形成的，总体中的个体之间存在着数量上的差异，如果统计仅对少数个体进行观察，其结果不足以反映总体的一般特征。统计理论表明：随着观察次数的逐步增多，样本指标和总体指标之间的离差将减小，样本平均数将逐步逼近总体平均数，样本的分布将逐步趋同于总体的分布。因此，只有被观察的个体足够多，才能消除偶然性因素的影响，样本对总体才有足够的代表性，用样本指标推断总体指标时，才具有较高的可靠性。

（二）统计分组法

根据统计的任务，按照一定的标志，将所研究的现象总体划分为不同性质的组，这种方法叫统计分组法。根据不同的标志对总体进行分组可以反映总体构成和现象之间的相互关系。例如，要研究我国乡镇企业的有关情况，以企业规模为标志进行分组，可以反映乡镇大、中、小型各类企业的数量及其比例关系。

（三）综合指标法

综合指标法是根据大量观察所获得的资料，运用若干综合的统计指标对现象总体的数量特征和数量关系进行综合、概括和分析的统计方法。常见的综合指标主要有总量指标、相对指标、平均指标等。这些指标各自从不同的角度对总体现象的特征进行描述。

（四）时间序列法

时间序列法是一种分析社会经济现象在较长时间内发生、发展情况及变化规律、发展趋势的方法。一般来说，现象在较长历史时期内，会发生较大的变化，这种变化是受多种因素影响形成的，这些因素有些是可以预期和量化的，有些是不可预期和量化的。通过对这些影响因素进行必要的测算和分析，是统计研究的重要方面。

（五）综合指数法

综合指数法是一种用来描述和分析事物数量方面的相对变化程度的分析方法。现象的总体是复杂的，其发展变化受其构成要素变动的影响，但这些构成要素往往因为具有不同的量纲而不可以直接相加，很难进行直接的观察比较，综合指数法正是通过找出同度量因素，把不能直接相加的各构成要素的数量转化成可以相加的现象总量，并进一步计算出指数来反映复杂现象的总量的变动。零售商品价格指数、居民消费价格指数、工业品出厂价格指数、股票价格指数等不仅与人们的生活和利益息息相关，而且成为人们判断经济走势和政府如何实施宏观经济调控的基本依据之一。

（六）统计推断法

统计推断法是指按照随机原则从总体中抽取一部分单位进行观察，并运用数理统计的原理，以被抽取的那部分单位的数量特征为代表，对总体做出数量上的推断分析。统计在研究现象的总数量关系时，需要了解的总体范围往往是很大的，有时甚至是无限的，而由于经费、时间和精力等各种原因，大部分时候在客观上只能从中观察部分单位或有限的单位进行计算和分析，根据局部观察结果来推断总体。

（七）统计模型法

在以统计指标来反映所研究现象的数量特征的同时，我们还经常需要对相关现象之间的数量变动关系进行定量研究，以了解某一现象变动与别的现象数量变动之间的关系及变动的影响程度。在研究这种数量变动关系时，需要根据具体的研究对象和一定的假定条件，用适合的数量方程来模拟，这种方法就叫统计模型法。

第三节　统计工作的过程

统计研究经过一个由现象到本质、由矛盾的特殊性到矛盾的普遍性、由感性认识到理性认识的不断深化的过程。从具体的统计认识活动来看，统计工作一般可分为统计调查、统计整理和统计分析等三个阶段。

一、统计调查

统计调查是根据一定的目的，采用各种调查组织形式和调查方法，有组织、有计划地对所研究总体的各个单位进行观察、登记，准确、及时、系统、完整地收集统计资料的过程。统计调查是统计认识活动由定性认识过渡到定量认识的阶段，这个阶段所收集的资料是否客观、周密、系统、及时，直接影响到统计整理的好坏，关系到统计分析结论的正确性，决定着整个统计工作的质量。所以，统计调查是整个统计工作的基础。

二、统计整理

统计整理是根据统计研究的目的和任务，对统计调查阶段所取得的资料进行审核、筛选、分组和汇总，将分散的零星的反映总体单位特征的资料转化为反映各组和总体数量特征的综合资料的过程。统计整理是将对总体单位特征的认识过渡到对总体数量特征的认识的桥梁和纽带。它既是统计调查的继续，又是统计分析的必要前提，在统计工作中，处于中间环节，起着承上启下的作用，是沟通统计调查和统计分析的纽带和桥梁。

三、统计分析

统计分析是指在统计调查和统计整理的基础上，用科学的分析方法，对所研究的现象总体进行全面、系统的数量分析，认识和揭示事物的本质和规律性，进而向有关单位和部门提出咨询建议以及进行必要的分析、预测的统计工作过程。统计分析是统计工作的最后阶段，也是统计发挥信息、咨询和监督职能的关键阶段。

从认识论的角度来说，统计调查和统计整理是实现对事物个体特征过渡到对总体数量特征认识的关键环节，属于定量认识的范畴。统计分析则是运用统计方法对资料进行比较、判断、推理和评价，揭示社会经济现象的本质和规律性的重要阶段。统计调查、统计整理和统计分析的有机统一，体现了统计要在质与量的辩证统一中研究社会经济现象总体数量特征的原则要求。一般来说，统计工作过程的三个阶段是依次进行的，各有自己的特定内容。同时，它们又相互联系、相互制约，任何一个阶段的工作失误，都会影响到整个统计工作的大局。在某些情况下，为了保证从整体上取得良好效果，各阶段也可以相互渗透、交叉进行。例如，根据实际工作需要，可以实行边设计、边调查、边整理、边分析。有时，在调查整理阶段进行一些必要的分析，或者对原设计方案进行适当的改进。有时，在统计分析中因为现有资料不能满足需要而做一些必要的补充调查、加工整理和计算工作等。

第四节 统计学中的基本概念

一、总体和总体单位

总体又称统计总体，是根据一定的研究目的，在同质基础上，由客观存在的许多个别单位组成的一个整体。总体单位是指构成总体的这些个别单位，是各项统计数字的原始承担者。

总体单位既有同质性，又有差异性。

（一）同质性

同质性是各个总体单位所具有的某一种共同的属性或特征，是总体赖以形成的客观基础。例如，要了解某市国有企业的生产经营状况（研究目的），那么该市所有的国有企业就组成了一个总体，该市的每一个国有企业就是总体单位。尽管这些国有企业（总体单位）的行业类型不同，有生产性的、经营性的、服务性的，即使是同行业的企业，其生产效率也不同，这构成了总体的差异性，但它们都有一个共同的特征，即它们都是国有企业，这构成了它们的同质性，为它们组成一个整体——“总体”——奠定了基础。

（二）差异性

因为每一个总体单位除了具有一个和其他总体单位性质相同的属性或特征以外，还有许多其他总体单位所不具备的属性或特征，所有总体单位所具有的各种不同的数量特征、属性或数量关系构成了总体内部的差异性。

总体按其所包括的总体单位多少，可分为有限总体和无限总体。有限总体是指总体所包括的总体单位是可数可列的，即这些总体单位是数得清，而且可以按一定的序号排列的。社会经济总体大多是有限总体，如人口数、企业数、学校数等。无限总体是指总体所包括的总体单位是不可数不可列或可数不可列的。不可数不可列是指总体所包括的总体单位数不清、自然无法编号。

二、指标与标志

指标全称统计指标，是综合反映统计总体某一方面数量特征的概念和数值。例如，某市2018年生产总值16 597亿元，职工工资总额8 085亿元，全市职工人均月工资2 576元等都是指标。任何一个指标一定是抽象的指标概念（指标名）和具体的指标数值（指标值）组成。指标概念的内涵是对总体本质特征的一种抽象和概括，体现了对总体“质”的规定性。指标数值是指标在一定时间和对象范围下具体的数量表现。

标志是用来说明总体单位特征的名称。例如，就学生这个总体而言，每个学生的性别、年龄、籍贯、身高、体重、学习成绩等特征，可以说明每个学生的具体情况，这些属性和特征叫做标志。标志可分为品质标志和数量标志。品质标志表明总体单位属性方面的特征，其标志表现只能用文字来表示，称为标志值，例如学生的性别、籍贯。数量标志表明总体单位数量方面的特征，这个数值就是标志数值，有时也简称标志值，例如学生的年龄、身高、百分制的成绩等。

指标与标志，两者既有区别，也有联系。两者区别有以下几点：

第一，标志是说明总体单位特征的；指标是说明总体特征的。

第二，标志中的品质标志不能用数量表示；而所有的指标都能用数量表示。

第三，标志不一定经过汇总，可直接取得；而指标一定要经过汇总才能取得。

第四，标志一般不具备时间、地点等条件；但完整的统计指标一定要讲明时间、地点、范围。

指标与标志的联系有以下几点：

第一，有些数量标志值汇总可以得到指标的数值。既可指总体各单位标志量的总和，也可指总体单位数的总和。

第二，数量标志与指标之间存在变换关系。随着统计目的的改变，如果原来的总体单位变成了统计总体，则与之相对应的数量标志就成了统计指标。

三、变异与变量

统计中的变异是普遍存在的，变异是指品质标志的不同具体表现，如性别表现为男、女。而数量标志的不同具体表现或指标的具体数值则被称为变量，变量由变量名和变量值组成。如职工人数、年龄、工资，国内生产总值、销售总值、固定资产投资总额等都属于变量。从不同角度，可对变量进行不同的分类。

(一)变量按其影响因素不同，分为确定性变量和随机性变量

确定性变量(certainty variable)受确定性因素的影响，也就是说影响变量变化的因素是明确的、可解释的。在这种因素的影响下，变量的变化幅度、变化方向是可以确定的。例如，职工的工资总额一般受职工人数和职工平均工资两个因素的影响，它们各自的变化及其两者之间的交互作用对工资总额的变动影响是确定的。

随机性变量(random variable)受随机因素的影响，随机因素的变化具有不确定性和偶然性，如气候的变化、海水潮汐的涨落等。但是，变量的随机性并不意味着人类对之无能为力，统计要研究的正是现象的不确定性，就是要依据不确定因素相互抵消的特性通过大量观察来研究随机现象的某种规律性。

(二)变量按其数值形式不同，分为离散型变量和连续型变量

离散型变量(discrete variable)只能取整数，如人数、企业数、学校数等，计量单位一般为自然单位，如个、匹、头等。

连续型变量(continuous variable)则可以取任意小数，如产值、销售额、固定资产投资额等，计量单位为价值单位，或可以取任意两个变量之间的一个无限小数，大多为某种测量器具的测量结果，一般用度量衡单位表示，如某种零件的大小尺寸、直径、重量、体积、容积等。

四、总体与样本

总体即为前文叙述的"总体与总体单位"当中的总体。样本是总体的一部分，它是按随机的原则从总体中抽出进行调查或观察的单位组成的集合体，也称子样。构成样本的个数的数目称为样本容量。一般地，当样本容量大于30时，称为大样本；样本容量小于30时，称为小样本。从一个总体中随机抽取一定数量的样本，可以有很多种样本的可能，也可以从一个总体中抽取很多容量相同但个体不同的样本。因此，样本具有不唯一性，除非样本就是总体本身。

样本与总体的关系主要包括三个方面：

(一)总体是要研究的全部数据集合，而样本是要观测的部分数据集合，样本是总体的缩影

统计研究数据规律性着眼于总体，但由于多数情况下不具备或没必要进行全面观测，所以只能从样本着手，期望通过样本的数据特征来达到对总体数据特征认识的目的，也就是通过样本的观测来研究总体。因此，样本是总体的代表和缩影。但由于样本的内在结构与总体的内在结构不完全相同，因此，样本不可能完全代表总体，这是由个体之间的差异性决定的。为了保证样本的代表性，样本的抽取必须是随机的，即总体中每一个个体都有相同的或一定的非零概率被抽取到样本中去。

(二)样本是用来推算总体的

对样本进行观测的目的是要对总体特征进行估计和判断，即通常所说的用样本估计和推断总体。这种推断从逻辑上看属于不完全的归纳推理，因为由个体到一般的归纳仅限于样本，而对总体则需要推理。因此，由样本推断总体，其结果不是必然的，而是或然的，即具有一定的

不确定性。

(三)总体和样本的角色是可以改变的

随着研究目的的不同,一定的研究总体也可以成为另一个研究意义上某总体的一个样本。例如,一个国家的所有人口是一个总体,对所有人口进行调查就属于全面观测,但如果要从历史动态考察该国人口变化规律,则一定时点上的人口普查总体就成为一个样本,而动态上的人口总体才是与之相对应的总体。

练习题

一、单项选择题

1. 统计学的创始人指的是(　　)。

A. 威廉·配第　　B. 阿道夫·凯特勒

C. 戈特弗里德·阿亨瓦尔　　D. 海尔曼·康令

2. 研究某市全部工业企业的产品生产情况,总体单位是(　　)。

A. 每一个工业企业　　B. 全部工业企业

C. 每一个产品　　D. 全部工业产品

3. 统计有三种含义,其中(　　)是基础、是源。

A. 统计学　　B. 统计资料　　C. 统计工作　　D. 统计方法

4. 构成统计总体的总体单位(　　)。

A. 只能有一个标志　　B. 只能有一个指标

C. 可以有多个指标　　D. 可以有多个标志

5. 某工人月工资 9 000 元,则工资是(　　)。

A. 质量指标　　B. 数量指标　　C. 数量标志　　D. 变量值

6. 刘老师的月工资为 4 800 元,则 4 800 元是(　　)。

A. 数量指标　　B. 数量标志　　C. 变量值　　D. 质量指标

7. 下列变量中属于连续变量的是(　　)。

A. 职工人数　　B. 设备台数　　C. 学生的年龄　　D. 工业企业数

8. 下列标志属于品质标志的是(　　)。

A. 教师的教龄　　B. 学生的成绩　　C. 商品的价格　　D. 民族

9. 某运动队要统计运动员的年龄和体重,上述两个变量(　　)。

A. 均为离散变量

B. 均为连续变量

C. 前者为连续变量,后者为离散变量

D. 前者为离散变量,后者为连续变量

10. 某高校 2018 年全部大学生的平均年龄为 22 岁,则平均年龄是(　　)。

A. 数量标志　　B. 品质标志　　C. 变量值　　D. 指标

二、判断题

1. 统计学是一门研究现象总体数量方面的方法论科学,所以它不关心、也不考虑个别现象的数量特征。　　(　　)

2. 三个学生的成绩不同,因此存在三个变量。　　(　　)

3. 统计数字的具体性是统计学区别于数学的根本标志。 ( )
4. 一般而言，指标总是依附在总体，而总体单位则是标志的直接承担者。 ( )
5. 变量是指可变的数量标志。 ( )
6. 运用大量观察法，必须对研究对象的所有单位进行观察调查。 ( )
7. 个人的工资水平和全部员工的工资水平，都可以称为统计指标。 ( )

第二章　数据的收集

【案例导入】

武汉市2018年国民经济和社会发展统计公报(节选)

2018年,在市委市政府坚强领导下,全市上下以习近平新时代中国特色社会主义思想为指导,全面贯彻党的十九大精神和习近平总书记视察湖北重要讲话精神,牢记“四个切实”殷殷嘱托,坚持稳中求进工作总基调,统筹稳增长、促改革、调结构、惠民生、防风险,加快推进“三化”大武汉和国家中心城市建设,国民经济总体平稳、稳中有进,高质量发展迈出坚实步伐,取得良好开局。

一、综合

2018年,全市实现地区生产总值14 847.29亿元,比上年增长8.0%。其中,第一产业增加值362.00亿元,增长2.9%;第二产业增加值6 377.75亿元,增长5.7%;第三产业增加值8 107.54亿元,增长10.1%。三次产业构成为2.4∶43.0∶54.6。按常住人口计算,全市人均地区生产总值135 136元,比上年增长6.4%。全市单位GDP能耗继续保持下降态势,年初确定的3.7%的下降目标顺利完成。

人口:年末全市常住人口1 108.1万人,比上年末增加18.81万人,其中城镇常住人口889.69万人,占总人口比重(常住人口城镇化率)为80.29%,比上年末提高0.25个百分点。年末全市户籍人口883.73万人。全年户籍出生人口11.94万人,出生率13.74‰;死亡人口4.79万人,死亡率5.51‰;自然增长率8.23‰。

市场:全市新登记市场主体19.12万户,比上年增长5.2%,其中,新登记私营企业9.46万户,新登记个体工商户9.12万户。

就业:全年城镇新增就业21.9万人,比上年增长10.4%。年末城镇登记失业率2.14%,比上年末下降0.7个百分点。

价格:全年全市居民消费价格比上年上涨1.9%。工业生产者出厂价格上涨3.8%。工业生产者购进价格上涨5.4%。固定资产投资价格上涨5.6%。12月份武汉新建商品住宅价格同比上涨10.8%。

二、农业

全年农林牧渔及服务业增加值380.45亿元,比上年增长3.2%。主要农产品中,粮食产量94.14万吨，下降0.7%；蔬菜产量766.84万吨，增长3.8%；生猪出栏246.57万头，下降2.0%；家禽出笼3 820.34万只，增长2.3%；禽蛋产量9.03万吨，增长3.0%；水产品总产量44.31万吨，增长1.5%。全市各类新型农业经营主体1.8万家，增长4.3%。乡村休闲游综合收入157亿元，增长27.7%。涉农电商交易额1 079亿元，增长18.6%。

三、工业和建筑业

工业：全年全部工业增加值5 076.21亿元，比上年增长5.9%。规模以上工业增加值增长5.7%。全年规模以上工业企业主营业务收入13 696.0亿元，比上年增长2.5%。全部从业人员平均数70.2万人，下降3.2%。

建筑业：全年全市具有资质等级的总承包和专业承包建筑业企业1 548户，实现建筑业总产值9 194.29亿元，比上年增长14.0%。

该公报给出了很多数字，这些数字是如何收集获得的？统计数据的收集是统计工作的第一阶段，是人们利用统计方法进行分析的基础。

统计数据的获取过程即为统计数据的收集，数据质量直接影响统计分析的结果，所以，统计数据的收集是统计工作的重中之重。统计数据收集，就是按照统计任务的要求，运用科学的调查方法，有组织地向社会实际收集各项数据资料的过程。按照统计数据资料的获取途径不同，统计数据可分为直接数据和间接数据两种。

第一节 直接数据的收集

数据的直接来源主要有两个渠道：一是调查或观察；二是实验。调查是取得社会经济数据的重要手段，其中有统计部门进行的调查，也有其他部门或机构为特定目的而进行的调查，如市场调查等；实验是取得统计数据的重要方法之一，是取得自然科学数据的主要手段。下面主要介绍统计调查的相关内容。

一、统计调查方式

统计调查是取得社会经济数据的主要来源，也是获得直接统计数据的重要手段。比较典型的统计调查方式有统计报表和专门调查。其中，专门调查包括普查、抽样调查、重点调查和典型调查。

(一)统计报表

统计报表是一种以全面调查为主的调查方式，它是由政府主管部门根据统计法规，以统计表格形式和行政手段自上而下布置，而后由企事业单位自下而上层层汇总上报，逐级提供基本统计数据的一种调查方式。它的任务是经常地、定期地收集反映国民经济和社会发展基本情况的资料，为各级政府和有关部门制订国民经济和社会发展计划，以及检查计划执行情况服务。

1. 统计报表的分类

统计报表按照其性质和要求不同，有如下几种分类：

(1)按调查范围不同可分为全面统计报表和非全面统计报表。全面统计报表要求调查对象中的每一个单位都要填报，如中国公路水路交通行业发展统计公报；非全面统计报表只要求调查对象中的一部分单位填报，它需要结合重点调查、典型调查和抽样调查来应用。

目前，我国绝大多数统计报表是全面统计报表，部分是非全面统计报表。非全面统计报表可采用重点调查、抽样调查或典型调查方式，选出要调查的少数单位。例如，统计报表中的工业主要技术经济指标、主要工业产品单位成本等属重点调查，而农村经济调查可用抽样调查或典型调查方式选出调查单位。

(2)按实施范围不同，分为国家统计报表、部门统计报表和地方统计报表。国家统计报表是指国家经济基本统计报表，由国家统计部门统一制发，用以收集全国性的经济和社会基本情况，包括农业、工业、基建、物资、商业、外贸、劳动工资、财政等方面最基本的统计资料。部门统计报表指为了适应各部门业务管理需要制定的专业技术报表。地方统计报表指针对地区特点而补充制定的地区性统计报表，为本地区的计划和管理服务。

(3)按报送周期长短不同，分为日报、旬报、季报、半年报和年报。周期短的，要求资料上报迅速，填报的项目比较少；周期长的，要求的内容全面一些；年报具有年末总结的性质，反映当年政府的方针、政策和计划贯彻执行情况，内容要求更全面和详尽。

(4)按填报单位的不同，分为基层统计报表和综合统计报表。基层统计报表是由基层企事业单位填报的报表，综合统计报表是由主管部门根据基层报表逐级汇总填报的报表。

(5)按报送方式的不同，可分为邮寄报表和电讯报表。日报和旬报要求迅速上报，通常可用电报、电话、电传等方式报送。月报、季报、半年报和年报，除月报中少数指标用电讯报送外，一般都通过邮寄报送。

统计报表主要用于收集全面的基本情况，此外，也常为重点调查等非全面调查所采用。

2. 统计报表的优点

统计报表与其他调查方式比较，具有以下三个显著的优点：

(1)统计报表可以事先布置到基层填报单位，基层单位可以根据报表的要求，建立和健全各种原始记录，使数据来源有可靠的基础，保证数据的准确、及时和完整。基层单位也可以利用统计报表资料，对生产、经营活动进行科学管理。

(2)由于统计报表是逐级上报、汇总，各级领导部门都能得到管辖范围内的统计报表资料，可以经常了解本地区、本部门的发展情况。

(3)统计报表所包括的调查单位比较全面，项目比较系统，项目内容、调查周期都有相对的稳定性，便于连续观察对比，如编制时间序列。

(二)专门调查

1. 普查

普查是为某一特定目的而专门组织的一种全面调查，如人口普查、工业普查和经济普查等。它主要是用以收集某些不能或不宜用定期报表收集的统计资料。世界各国一般都定期地进行各种普查，以便掌握有关国情、国力的基本统计数据，为国家制定有关政策或措施提供依据。

普查作为一种特殊的数据收集方式，具有以下几个特点：

(1)普查通常是一次性的或周期性的。由于普查涉及面广、调查单位多，需要耗费大量的人力、物力和财力，通常需要间隔较长的时间，一般每隔 10 年进行一次，如我国的人口普查在 1953－2010 年共进行了 6 次。今后，我国的普查将规范化、制度化，即每逢末尾数字为“0”的年份进行人口普查，每逢“3”的年份进行第三产业普查，每逢“5”的年份进行工业普查，每逢“7”的年份进行农业普查，每逢“1”或“6”的年份进行统计基本单位普查。

(2)规定统一的标准时点。标准时点指对被调查对象登记时所依据的统一时点。调查资料必须反映调查对象在这一时点上的状况，以避免调查时因情况变动而产生重复登记或遗漏现象。例如。我国第六次人口普查的标准时点为 2010 年 11 月 1 日 0 时，就是要反映这一时点上我国人口的实际状况；农业普查的标准时点定为普查年份的 1 月 1 日 0 时。

(3)规定统一的普查期限。在普查范围内各调查单位或调查点尽可能同时进行登记，并在最短的期限内完成，以便在方法和步骤上保持一致，保证资料的准确性和时效性。

(4)规定普查的项目和指标。普查时必须按照统一规定的项目和指标进行登记，不准任意改变或增减，以免影响汇总和综合，降低资料质量。同一种普查，每次调查的项目和指标应力求一致，以便进行历次调查资料的对比分析和观察社会经济现象发展变化情况。

(5)普查的数据一般比较准确，规范化程度也高，因此，它可以为抽样调查或其他调查提供基本依据。

(6)普查的使用范围比较窄，只能调查一些最基本及特定的现象。

普查既是一项技术性很强的专业工作，又是一项广泛性的群众工作。我国历次人口普查都认真贯彻群众路线，做好宣传和教育工作，得到群众的理解和配合，因而取得了令人瞩目的成果。

2. 抽样调查

抽样调查是一种非全面调查。抽样调查按随机原则从调查对象中抽取一部分单位作为样本进行观察，然后根据样本数据去推算调查对象的总体特征。

抽样调查有如下几个特点：

(1)样本单位按随机原则抽取，排除了主观因素对选样的影响。

(2)根据部分调查的实际资料对调查对象总体的数量特征做出估计。根据数理统计的原理，抽样调查中样本指标和相对应的总体指标之间存在着内在联系，而且两者的误差分布也是有规律可循的，因而提供了以实际调查所得的部分信息推断总体数量特征的科学方法。

(3)抽样误差可以事先计算并加以控制。以样本资料推算总体数量的特征，不可避免地会产生误差。但这种误差与其他统计估算所产生的误差不同，它可以根据有关资料事先加以计算，并且通过一定的途径来控制误差的范围，保证抽样推送结果达到预期的可靠程度。

抽样调查的适用范围主要有以下几点：

(1)对一些不可能或不必要进行全面调查的社会现象，采用抽样调查。例如，电视显像管的耐用时数、轮胎的里程测试等，不可能毁去所有的产品而鉴定其质量，只能采用抽样调查。再如，对居民手存现金的调查，不可能也没有必要对所有居民逐一观察、经常登记，只能按随机原则选定若干家庭加以调查以获得统计所需的资料。

(2)对普查数据进行必要的修正。由于普查涉及面广、工作量大，容易产生登记误差，即出现重复登记或遗漏现象。通常，可以在普查开始之后，做一次小规模的抽样调查，将抽样调查的结果同原来的普查资料进行核对，计算出差错(重复或遗漏)比率，然后以此作为修订系数，对普查资料进行必要的修正。在复查工作完毕之后，还可利用抽样法对普查质量进行检查。

抽样调查必须遵循以下原则：

(1)随机原则。所谓随机原则就是要使所有调查单位都有一定被抽取的概率。只有按随机原则抽取调查单位，才能保证抽样法符合概率论和数理统计有关定理的要求，从而才能运用这些定理去进行推断。

(2)最大抽样效果原则。所谓最大抽样效果，就是在既定的调查费用下使抽样估计误差最小，或者是在给定的精确度下，使调查费用最小。调查费是从人力、物力、财力等方面保证调查工作顺利进行的物质基础。一般来说，提高抽样调查结果的准确度与节省调查费用的要求往往是矛盾的，抽样误差要求越小，调查费用要求就越大。从经济角度看，并非任何一种抽样误差最小的方案就是最优方案。因此，为遵循上述原则，一般要求在给定的误差条件下，选择费用最省的抽样设计方案。

抽样调查有不同的样本抽取方法，将在第七章中详细介绍。

3. 重点调查

重点调查是在调查对象中选择一部分重点单位进行的一种非全面调查。所谓重点单位，是指在总体中具有举足轻重地位的单位。这些单位数量虽然少，但通过对这些单位的调查，就能掌握总体的基本情况。例如，要了解全国港口货物吞吐量，只要对全国吞吐量较大的十几个港口进行调查即可，因为它们的货物吞吐量之和在全国港口货物吞吐量中占有很大比重。

重点调查的优点在于调查单位少，可以调查较多项目的指标，了解详细的情况，取得及时的资料，使用较少的人力和时间，取得较好的效果。当调查任务只要求掌握总体的基本情况，而且总体中确实存在重点单位时，采用重点调查比较适宜。但必须指出，由于重点单位与一般单位的差别较大，通常不能由重点调查的结果来推算整个调查对象的总体情况。

4. 典型调查

典型调查也是专门组织的一种非全面调查，它是根据调查研究的目的和要求，在对总体进行全面分析的基础上，有意识地选择其中具有代表性的典型单位进行深入细致的调查，借以认识事物的本质特征、因果关系和发展变化的趋势。所谓有代表性的典型是指那些最充分、最集中地体现总体某方面共性的单位。只要客观地、正确地选择典型单位，通过对典型单位深入细致的调查，既收集详细的第一手数据资料，又掌握生动具体的情况，就可以获得对总体本质特征的深刻认识，特别是对一些复杂的社会经济问题的研究，典型调查可以了解得更深入、更具体、更详尽。

典型调查具有以下两个突出的作用：

(1)研究尚未充分发展、处于萌芽状况的新生事物或某种倾向性的社会问题。通过对典型单位深入细致的调查，可以及时发现新情况、新问题，探测事物发展变化的趋势，形成科学的预见。

(2)分析事物的不同类型，研究它们之间的差别和相互关系。例如，通过调查可以区别先进事物与落后事物，分别总结它们的经验教训，进一步进行对策研究，促进事物的转化与发展。

此外，在总体内部差别不大，或分类后各类型内部差别不大的情况下，典型单位的代表性很显著，也可用典型调查资料来补充和验证全面调查的数字。

二、调查方案设计

在收集数据之前，需要制订收集数据的计划，这个计划称为调查方案。调查方案设计的好还直接影响调查数据的质量。不同类型的调查方案在内容和形式上有一定的差别，但其结构大体上应包括调查目的、调查对象和调查单位、调查项目和调查表、调查时间、调查的组织实施计划等内容。

(一)调查目的

调查目的是调查所要达到的具体目标，回答的是"为什么调查"，要解决什么样的问题等。确定调查目的是调查方案设计中应首先解决的问题，只有在调查目的明确之后，才能确定向谁调查、调查什么以及采用什么方法进行调查。调查目的的叙述应简明扼要。

(二)调查对象和调查单位

调查对象是根据调查目的确定的调查研究的总体或调查范围。调查单位是构成调查对象中的每一个单位，是调查项目和调查内容的承担者或载体，也是收集数据、分析数据的基本单位。调查对象和调查单位所解决的是“向谁调查”，由谁来提供所需数据。例如，我国的人口普查规定：“人口普查的对象是具有中华人民共和国国籍并在中华人民共和国境内常住的人（自然人）。”人口普查的调查单位是每一个人。

在实际调查中，调查的单位可以是调查对象的全部单位，也可以是部分单位。如果采用全面调查方式（普查），调查对象中的每一个单位都是调查单位；若采用非全面调查（如抽样调查），调查单位只是调查对象中的一部分单位。

在市场研究和调查中，基本上都是采取抽样调查方式，调查对象是确定抽样框的基本依据，在确定抽样框后，从中选取的每一个样本单位都是调查单位。

（三）调查项目和调查表

调查项目要解决的问题是“调查什么”，也就是调查的具体内容。在大多数统计调查中，调查项目通常以表格的形式来表现，称为调查表。它是用于登记调查数据的一种表格，一般由表头、表体和表外附加三部分组成。表头是调查表的名称，用来说明调查的内容、被调查单位的名称、性质和隶属关系等；表体是调查表的主要部分，它是调查内容的具体体现；表外附加通常由填表人签名、填报日期、填表说明等内容组成。调查表一般有两种形式，一种是一览表，另一种是单一表。一览表是把许多调查单位填写在一张表上；单一表是每个调查单位填写一份，可容纳较多调查项目，一般用于调查项目较多的场合。

在市场调查中，调查的内容则主要通过调查问卷来体现。调查问卷是一种特殊的调查形式。根据调查目的，在调查对象中随机选择或有意识地确定调查单位，以书面文字或表格形式了解被调查者的意见，调查者自愿、自由地回答问卷中所提出的问题。调查表格和问卷的设计应简明扼要，以保证所收集资料的准确。关于问卷的具体设计将在下面详细讨论。

（四）调查时间

统计调查时间包括两种含义，即调查时间和调查期限。调查时间是指调查资料所属的时间，在调查统计中，如果所调查的是时期现象，就要明确调查资料所反映的起止日期。例如，调查 2019 年第二季度的零售商品销售额，则调查时间是从 4 月 1 日起至 6 月 30 日止的 3 个月。如果所要调查的是时点现象，调查时间就是规定的统一标准时点，如我国第六次人口普查的调查时点是 2010 年 11 月 1 日 0 时。调查期限是进行调查工作的时限，包括收集资料和报送资料的工作所需的时间，应尽可能缩短。例如，2010 年人口普查规定 2010 年 11 月 1 日至 10 日完毕，则调查期限为 11 月 1 日至 10 日共 10 天。

（五）调查的组织实施计划

调查组织工作包括确定调查机构，组织和培训调查人员，落实调查经费的来源和开支办法，确定调查资料的报送方法。

三、收集数据的方法

（一）访问调查

访问调查又称派员调查，它是调查者与被调查者通过面对面的交谈从而得到所需资料的调查方法。访问调查的方式有标准式访问和非标准式访问两种。标准式访问又称结构式访问，它是按照调查人员事先设计好的、有固定格式的标准化问卷，有顺序地依次提问，并由受访者做出回答；非标准式访问又称非结构式访问，它事先不制作统一的问卷或表格，没有统一的提问顺序，调查人员只是给一个题目或提纲，由调查人员和受访者自由交谈，以获得所需的资料。

(二)邮寄调查

邮寄调查是通过邮寄或其他方式将调查问卷送至被调查者,由被调查者填写,然后将问卷寄回或投放到指定收集点的一种调查方法。邮寄调查是一种标准化调查,其特点是调查人员和被调查者没有直接的语言交流,信息的传递完全依赖于问卷。邮寄调查的问卷发放方式有邮寄、宣传媒介传送、专门场所分发三种。

邮寄调查的基本程序是,在设计好问卷的基础上,先在小范围内进行预调查,以检查问卷设计中是否存在问题,以便纠正,然后选择一定的方式将问卷发放下去,进行正式的调查,再将问卷按预定的方式收回,并对问卷进行处理和分析。

(三)电话调查

电话调查是调查人员利用电话同受访者进行语言交流,从而获得信息的一种调查方式。电话调查具有时效快、费用低等特点。随着电话的普及,电话调查的应用也越来越广泛。电话调查可以按照事先设计好的问卷进行,也可以针对某一专门问题进行电话采访。用于电话调查的问题要明确,问题数量不宜过多。

(四)座谈会

座谈会也称为集体访谈法,它是将一组受访者集中在调查现场,让他们对调查的主题(如一种产品、一项服务或其他话题等)发表意见,从而获得调查资料的一种方法。通过座谈会,研究人员可以从一组受访者那里获得所需的定性资料,这些受访者与研究主题有某种程度上的关系。为获得此类资料,研究人员通过严格地甄别程序选取少数受访者,围绕研究主题以一种非正式的、比较自由的方式进行讨论。这种方法适用于收集与课题研究有密切关系的少数人员的倾向与意见。

参加座谈会的人数不宜太多,通常为 6～10 人,并且是有关调查问题的专家或有经验的人。讨论方式主要取决于主持人的习惯和爱好。通过小组讨论,能获取访问调查无法取得的资料。而且,在彼此交流的环境里,各个受访者之间相互影响、相互启发、相互补充,并在座谈会中不断修正自己的观点,从而有利于取得较为广泛、深入的想法和意见。座谈会的另一个优点是不会因为问卷过长遭到拒访。当然,这要求主持人一般是受过心理学或行为科学方面的训练,具有很强的组织能力足以控制一群不同背景的陌生人,并尽可能多地引导受访者说出他们的真实意见或想法。

(五)个别深度访问

个别深度访问是一次只有一名受访者参加的特殊定性研究。"深访"这一术语也暗示着要不断深入受访者的思想当中,努力发掘他行为真实动机的意思。深访是一种无结构的个人访问,调查人员运用大量追问技巧,尽可能让受访者自由发挥,表达他的想法和感受。

深度访问常用于动机研究,如消费者购买某种产品的动机,以发掘受访者非表面化的深层意见。这一方法最宜于研究比较隐秘的问题,如个人隐私问题,或较敏感的问题,如政治性的问题。对于一些不同人之间观点差异极大的问题,采用深度访问法比较合适。

座谈会和个别深访属于定性方法,它通常围绕一个特定的主题去得到有关定性资料。在此类研究中,从挑选的少数受访者中取得有关意见。这种方法和定量方法是有区别的,定量方法是从总体中按随机方式抽取样本取得资料,其研究结果或结论可以进行推论。而定性研究着重于问题的性质和未来趋势的把握,不是对研究总体数量特征的推断。

(六)计算机辅助调查

随着通信技术的发展,特别是计算机的应用,不仅使调查数据的处理可由计算机来完成,甚至整个调查的过程,包括问卷的设计和显示、样本设计、具体的调查、数据处理等都可以由计算机来控制和完成。计算机辅助调查也称为计算机辅助电话调查,它是在电话调查时,调查的问卷、答案都由计算机显示,整个调查的过程包括电话拨号、调查记录、数据处理等都借助于计算机来完成。

目前,计算机辅助调查已在一些发达国家和地区得到广泛应用,并已开发出了各种计算机辅助电话调查系统 CATI。该系统使电话调查更加便利和快捷,也使得调查的质量大大提高。目前,CATI 系统开发正朝着简单化的方向发展,调查员只要戴上耳机式电话,坐在计算机终端前,调查的问题(问卷)就会显示在显示器上,调查员可依计算机显示器上显示的问题读给受访者,并将受访者的回答输入计算机。另外,问题的用字和分类以及问题的输入、优先权的选择都利用计算机控制,调查员输入答案后,可以及时修正编辑上的错误和明显的逻辑错误,从而大大缩短调查的时间,提高调查的效率。

第二节　调查问卷

问卷又称调查表或询问表,是以问题的形式系统地记载调查内容的一种印件。问卷可以是表格式、卡片式或簿记式。设计问卷是询问调查的关键。完美的问卷必须具备两个功能,即将问题传达给被问者和使被问者乐于回答。要完成这两个功能,问卷设计时应当遵循一定的原则和程序,运用一定的技巧。

一、问卷设计的原则

问卷设计的原则有以下几点:

(1)有明确的主题。根据调查主题,从实际出发拟题,问题目的明确,重点突出,没有可有可无的问题。

(2)结构合理、逻辑性强。问题的排列应有一定的逻辑顺序,符合应答者的思维程序,一般是先易后难、先简后繁、先具体后抽象。

(3)通俗易懂。问卷应使应答者一目了然,并愿意如实回答。问卷中语气要亲切,符合应答者的理解能力和认识能力,避免使用专业术语。对敏感性问题采取一定的技巧调查,使问卷具有合理性和可答性,避免主观性和暗示性,以免答案失真。

(4)控制问卷的长度。回答问卷的时间控制在 10 分钟左右,问卷中既不浪费一个问题,也不遗漏一个问句。

(5)便于数据的校验、整理和统计。

二、问卷设计的程序

问卷设计的程序有以下要点:

(1)确定主题和资料范围。根据调查目的的要求,研究调查内容、所需收集的资料及资料来源、调查范围等,酝酿问卷的整体构思,将所需资料一一列出,分析哪些是主要资料,哪些是次要资料,哪些是可要可不要的资料。淘汰那些不需要的资料,再分析哪些资料需要通过问卷取得、需要向谁调查等,并确定调查地点、时间及对象。

(2)分析样本特征。分析了解各类调查对象的社会阶层、社会环境、行为规范、观念习俗等社会特征,需求动机、潜在欲望等心理特征,理解能力、文化层次、知识水平等学识特征,以便针对其特征来拟题。

(3)拟定并编排问题。首先构想每项资料需要用什么样的句型来提问,尽量详细地列出问题,然后对问题进行检查、筛选,看有无多余的问题,有无遗漏的问题,有无不适当的问句,以便进行删、补、换。

(4)进行试问试答。站在调查者的立场上试行提问,看看问题是否清楚明白,是否便于资料的记录和整理;站在应答者的立场上试行回答,看看是否能答和愿答所有的问题,问题的顺序是否符合思维逻辑。估计回答时间是否符合要求。有必要在小范围内进行实地试答,以检查问卷的质量。

(5)修改、付印。根据试答情况,进行修改,再试答,再修改,直到完全合格以后才定稿付印,制成正式问卷。

三、问卷的结构

调查问卷一般可以看成是由三大部分组成:封面信(开场白)、正文和结尾。现以《中国社会科学网改版调查问卷》(摘自2013年7月《中国社会科学报》)为例来说明。

(一)封面信

问卷的封面信或开场白是致被调查者的信或问候语。其内容一般包括下列几个方面:

(1)称呼、问候。如"某某先生、女士:您好"。

(2)调查人员自我说明调查的主办单位和个人的身份。

(3)简要地说明调查的内容、目的和填写方法。

(4)说明作答的意义和重要性。

(5)说明所需的时间。

(6)保证作答对被调查者无负面作用,并会保守秘密。

(7)表示真诚的感谢,或说明将赠送小礼品。

信的语气应该是亲切、诚恳而有礼貌,简明扼要、切忌啰嗦。问卷的开头十分重要。大量的实践表明,几乎所有拒绝合作的人都是在开始接触的前几秒钟内就表示不愿意参与。如果潜在的调查对象在听取介绍调查来意的一开始就愿意参与的话,那么绝大部分都会合作,而且一开始回答,几乎都会继续并完成,除非在非常特殊的情况下才会中止。

(二)正文

问卷的正文实际上也包含了三大部分。

第一部分包括向被调查者了解最一般的问题。这些问题应该是适用于所有的被调查者,并能很快很容易回答的问题。在这一部分不应有任何难答或敏感性问题,以免引起被调查者反感。

第二部分是主要内容,包括涉及调查主题的实质和细节的大量题目。这一部分的结构组织安排要符合逻辑性,并且对被调查者来说应是有意义的。

第三部分一般包括两部分内容,一是敏感或复杂的问题,以及测量被调查者的态度和特性的问题,二是被调查者的基本状况、经济状况。

(三)结尾

问卷的结尾一般可以加上1~2道开放式题目,给被调查者一个自由发表意见的机会。然后,对被调查者的合作表示感谢。在问卷的最后,一般应附上"调查情况记录"。这个记录一般包括:①调查人员(访问者)姓名、编号;②受访者的姓名、地址、电话号码等;③问卷编号;④访问时间;⑤其他,如设计分组。

中国社会科学网改版调查问卷

尊敬的用户:

中国社会科学网(以下简称"社科网")自2011年1月1日上线以来,得到大家的支持和厚爱,为适应新形势下读者的需求、完善栏目设置、提升服务功能、促进优化建设,目前社科网正在筹划改版,并将于2014年1月1日全新上线。为有效推进改版工作,特开展本次问卷调查。

感谢您的参与!

中国社会科学杂志社中国社会科学网

2013年7月

1. 您的性别:

A. 男　　B. 女

2. 您所属的年龄段:

A. 20岁及以下　　B. 21~30岁　　C. 31~40岁　　D. 41~50岁

E. 51~60岁　　F. 61岁及以上

3. 您的学历:

A. 大专及以下　　B. 本科　　C. 硕士　　D. 博士

4. 您所属的学科:

A. 哲学　　B. 法学　　C. 经济学　　D. 教育学

E. 文学　　F. 历史学　　G. 理学　　H. 工学

I. 农学　　J. 医学　　K. 管理学　　L. 艺术学

M. 军事学

5. 您的职业身份:

A. 高校学生　　B. 党政机关工作人员

C. 科研院所工作人员　　D. 学术团体工作人员

E. 媒体从业者　　F. 离退休人员

G. 其他(请注明)______

6. 您最早访问社科网是:

A. 2011年　　B. 2012年　　C. 2013年

7. 您访问社科网的频率是:

A. 经常　　B. 偶尔　　C. 从不

8. 您经常访问社科网首页的哪些版块(可多选):

A. 社科要闻　　B. 特别关注　　C. 本网首发　　D. 高校动态

E. 独家报道　　F. 军事动态　　G. 社会科学院　　H. 其他(请注明)____

9. 您访问本站的目的(可多选):

A. 了解学术前沿资讯　　B. 发布学术信息、成果

C. 搜寻检索学术资料　　D. 教学研究

E. 消遣娱乐　　F. 其他(请注明)______

10. 您习惯使用何种终端获取信息:

A. PC　　B. iPad　　C. 手机　　D. Kindle

E. 其他(请注明)______

11. 在浏览网站时通常与网站交流的方式(可多选):

A. 微博　　B. 微信　　C. 论坛　　D. 博客

E. 个人空间　　F. 圈子　　G. 群组　　H. 在线评论(留言)

I. 其他(请注明)______

12. 遇见优秀的文章通常采取的方式:

A. 分享　　B. 转载　　C. 广播　　D. 留言

E. 其他(请注明)______

13. 对于热门热点事件参与互动的方式:

A. 查看网民互动评论　　B. 参与事件讨论组讨论

C. 在论坛发起正反观点辩论　　D. 关注热点事件的微博,时时关注事件信息

E. 其他(请注明)______

14. 您访问社科网时希望看到更多的:

A. 快捷短小新闻　　B. 独家、深度报道　　C. 新闻评论　　D. 新闻图片

E. 其他(请注明)______

15. 您对本次改版的最大期待(可多选):

A. 信息内容更为全面丰富　　B. 信息更新更为及时

C. 使用界面更为美观　　D. 加强在线服务的互动性

E. 建立互动社区　　F. 建立商务平台

G. 网页打开更快速　　H. 其他(请注明)______

16. 您喜爱的其他网站(国内国外皆可)名称:

____

17. 您对社科网改版的其他意见和建议:

____

四、问题的形式

(一)开放式问题

开放式问题又称无结构式的问答题。在采用开放式问题时,应答者可以用自己的语言自由地发表意见,在问卷上没有拟定的答案。

例如,您抽香烟多久了?您喜欢看哪一类电视节目?您认为加入 WTO 对我国政府管理体制有何影响?

开放题的主要优点:(1)应答者可以自由表达自己的意见和看法;(2)调动被调查者的积极性;(3)防止固定选项对被调查者的诱导;(4)从回答中可以检查被调查者是否误解了问题。

开放题的主要缺点:(1)标准化程度低,资料整理和分析比较困难;(2)要求被调查者有一定的文字表达能力;(3)回答率不高;(4)需占用较多的时间。

通常而言,问卷上的最后一个问题采用自由式问题,让应答者有机会尽量发表意见,开放性问题在探索性调研中是很有帮助的,但在大规模的抽样调查中则弊大于利。

(二)封闭式问题

封闭式问题又称有结构的问题。封闭式问题与开放式问题相反,它规定了一组可供选择的答案和固定的回答格式。

例如,你购买雕牌洗衣粉的主要原因(选择最主要的原因):(1)洗衣较洁白;(2)售价较低廉;(3)任何商店都有出售;(4)不伤手;(5)价格与已有的牌子相同,但分量较多;(6)朋友介绍。

封闭式问题的优点包括以下几个方面:

(1)答案标准化,对答案进行编码和分析都比较容易。

(2)易于作答,节省调查时间,有利于提高问卷的回收率。

(3)问题的含义比较清楚。因为所提供的答案有助于理解题意,这样就可以避免回答者由于不理解题意而拒绝回答。

封闭式问题也存在一些缺点:

(1)回答者对题目理解不正确,难以觉察出来。

(2)可能产生"顺序偏差"或"位置偏差",即被调查者选择答案可能与该答案的排列位置有关。研究表明,对陈述性答案,被调查者趋向于选第一个或最后一个答案,特别是第一个答案。而对一组数字(数量或价格)则趋向于取中间位置。为了减少顺序偏差,可以准备几种形式的问卷,每种形式的问卷答案排列的顺序不同。

五、问卷调查问题设计技巧

(一)事实性问题

事实性问题主要是要求应答者回答一些有关事实的问题。例如,你通常什么时候看电影?事实性问题的主要目的在于求取事实资料,因此问题中的字眼定义必须清楚,让应答者了解后能正确回答。

市场调查中,许多问题均属"事实性问题",例如,应答者个人的资料:职业、收入、家庭状况、居住环境、教育程度等。这些问题又称为"分类性问题",因为可根据所获得的资料而将应答者分类。在问卷中通常将事实性问题放在后面,以免应答者在回答有关个人的问题时有所顾忌,因而影响之后的答案。如果抽样方法是采用配额抽样,则分类性问题应置于问卷之首,否则不知道应答者是否符合样本所规定的抽样。

(二)意见性问题

在问卷中,往往会询问应答者一些有关意见或态度的问题。例如:你是否喜欢某某电视节目?意见性问题事实上即态度性问题。应答者是否愿意表达他真正的态度,固然要考虑,而态度强度亦有不同,如何从答案中衡量其强弱,显然也是一个需要克服的问题。通常而言,应答者会受到问题所用字眼和问题次序的影响,产生不同的反应,因而答案也有所不同。对于事实性问题,可将答案与已知资料加以比较。但在意见性问题方面则较难做比较工作,因为应答者对同样问题所作的反应各不相同。因此,意见性问题的设计远较事实性问题困难。这种问题通常有两种处理方法:一种方法是对意见性问题的答案只用百分比表示,如有的应答者同意某一种看法;另一种方法则旨在衡量应答者的态度,故可将答案化成分数。

(三)困窘性问题

困窘性问题是指应答者不愿在调查员面前作答的某些问题,如关于私人的问题,或一般不被社会道德所接纳的行为、态度或有碍声誉的问题。例如,平均来说,每个月你打几次麻将?如果你的汽车是分期购买的,一共分多少期?你是否向银行抵押借款购买股票?你除了工作收入以外,还有其他收入吗?

如果一定想要获得困窘性问题的答案,又避免应答者作不真实的回答,可采用以下方法:

(1)间接问题法。不直接询问应答者对某事项的观点,而改问他对于该事项的看法如何。

例如，用间接问题旨在套取应答者回答认为是旁人的观点。所以在他回答后，应立即再加上问题："你同他们的看法是否一样？"

(2)卡片整理法。将困窘性问题的答案分为"是"与"否"两类，调查员可暂时走开，让应答者自己取卡片投入箱中，以缓解困窘气氛。应答者在无调查员看见的情况下选取正确答案的可能性会提高不少。

(3)断定性问题。有些问题是先假定应答者已有该种态度或行为。例如，你每天抽多少支香烟？事实上该应答者极可能根本不抽烟，这种问题则为断定性问题。正确处理这种问题的方法是在断定性问题之前加上一条"过滤"问题。例如，你抽烟吗？如果应答者回答"是"，用断定性问题继续问下去才有意义，否则在过滤问题后就应停止。

六、问卷设计应注意的问题

(一)问卷的开场白

问卷的开场白，必须慎重对待，要以亲切的口吻询问，措辞应精心切磋，做到言简意赅，亲切诚恳，使被调查者自愿合作，认真填好问卷。

(二)问题的措辞

由于不同的语言会对被调查者产生不同的影响，因此往往看起来差不多相同的问题会因所用字眼不同，而使应答者有不同的反应，做出不同的回答。故问题所用的措辞必须小心，以免影响答案的准确性。一般来说，在设计问题时应注意以下几个原则：

(1)避免一般性问题。如果问题的本来目的是在求取某种特定资料，但由于问题过于一般化，使应答者所提供的答案资料无多大意义。例如，某酒店想了解旅客对该酒店房租与服务是否满意，因而做以下询问：你对本酒店是否感到满意？这样的问题显然欠具体。由于所需资料牵涉房租和服务两个问题，故应分别询问，以免混乱，如你对本酒店的房租是否满意？你对本酒店的服务是否满意？

(2)问卷的语言要口语化，符合人们交谈的习惯，避免书面化和文人腔调。

(三)问题的选择及顺序

问卷中问题的顺序一般按下列规则排列：

(1)容易回答的问题放在前面，较难回答的问题次之，困窘性问题放在最后面，个人资料的事实性问题放卷尾。

(2)封闭式问题放前面，自由式问题放后面。由于自由式问题往往需要时间来考虑答案和组织语言，放在前面会引起应答者的厌烦情绪。

(3)要注意问题的逻辑顺序，按时间顺序、类别顺序等合理排列。

第三节 间接数据的收集

一、间接数据的来源

对于应用统计的分析人员来说，相当一部分统计数据不必亲自进行统计调查，而是直接取之于系统内部或外部。其中系统外部的数据可取自有关统计部门或权威机构发布的统计资料，这方面数据可通过两个途径获得：一是从相关年鉴、期刊和有关出版物上获取；二是从有关网站搜寻。

(一)统计年鉴

(1)《中国统计年鉴》,由国家统计局编纂、中国统计出版社出版。它是一部全面反映我国国民经济和社会发展情况的资料性书籍,每年9月左右出版。该书收录了上年全国和各省、自治区和直辖市经济和社会各方面大量的统计数据,以及历史主要年份和近20年全国统计数据。全书内容分为如下部分:行政区域和自然资源,综合,国民经济核算,人口,从业人员和职工工资,固定资产投资,能源生产和消费,财政,物价指数,人民生活,城市概况,农业,工业,建筑业,运输和邮电,国内贸易,对外贸易,旅游,金融和保险,教育和科技,文化体育和卫生,其他社会活动及环境保护,港、澳特别行政区及台湾省主要社会经济指标,我国的经济社会统计指标同世界主要国家的比较。该书还附有光盘,提供中文和英文两种文字的统计年鉴电子版。为使用户能方便浏览和使用年鉴,光盘还提供了超文本 HTML 表格和 Excel 表格两种浏览方式。

(2)《国际统计年鉴》,由中国统计出版社出版,它是一部综合性国际经济、社会统计资料,收录了世界多达160个国家和地区的统计资料,对其中的40多个主要国家的经济和社会发展状况以及世界主要企业的基本情况又作了更详细的介绍。该书分为如下部分:世界概况,自然资源和环境保护,人口和人均主要经济指标,国民经济核算,农业,工业和建筑业,运输和通信,就业、工资,财政金融,国际收支、债务,价格指数,国际贸易和旅游,社会和军事,性别差异,家庭收支和居民消费,部分国家和地区的主要指标,重要企业指标。

(3)地方统计年鉴,由各省、自治区和直辖市以及经济特区的统计局编纂,中国统计出版社出版。比较详细地反映各省、自治区和直辖市以及经济特区的社会、经济和科技等发展变化的情况。

(4)《中国县(市)社会经济统计年鉴》,由国家统计局农村社会调查总队编纂,中国统计出版社出版。主要内容包括区域分析统计图,各县市经济主要指标,分区域社会发展基本情况,按主要经济指标分组的社会经济基本情况。

(5)《中国金融年鉴》,由中国金融协会编写,该书记述了金融发展的基本情况,提供有关金融统计的资料,包括货币供应量,银行概述,特定存款机构的资产负债表。

(6)《中国人口统计年鉴》,由中国统计出版社出版,该书是人口状况性资料年刊。书中收集了全国各省、自治区和直辖市大量的人口数据以及世界各国的人口数据。

(7)《中国统计摘要》,由中国统计出版社出版,收录了反映我国社会经济发展的主要统计数据,一般比统计年鉴早若干个月出版。

(二)期刊

上述的各种年鉴,所提供的资料较为详细、全面、系统,但时效性较差。反映我国经济社会动态的数据,可由以下刊物取得。

(1)《中国经济数据分析》,由中国信息中心预测部编写。该期刊提供了当季(或当月)我国的国内生产总值(GDP)增长率、工业生产指数、企业效益指标、固定资产投资、外贸出口和市场销售的规模和速度指标、居民消费水平等数据。

(2)《经济预测分析》,由国家信息中心编写,它提供了有关国民经济运行状况的资料。

(三)网站

收集传统的二手信息数据往往是一项艰苦的工作,意味着要与政府部门、行业协会和其他部门联络。数次往返图书馆寻找有关报告。随着计算机的普及和应用,在计算机基础上发展而来的在线信息数据库,解决了传统间接信息数据收集的难题。

数据库指的是按照一定要求收集且具有内部相关性的数据的集合体。目前可获取反映中国经济社会状况的统计数据的网站,主要有以下几种:

(1)中国统计信息网,由国家统计局主办。主要内容有统计公报、统计数据、统计分析、统计法规、统计管理和数据直报等。该网站也可搜寻有关统计年鉴的数据资料。

(2)国务院发展研究中心信息网,由国务院发展研究中心主办,提供的主要信息有宏观经济、区域经济、金融市场、行业经济及企业经济相关数据资料。

(3)中国经济信息网,由国家发展和改革委员会、国务院新闻办等主办。从该网站可搜寻我国经济发展及各地区经济发展的数据资料。

(4)中国经济时报网,由国务院发展研究中心主办。从该网站可搜寻有关经济生产、资产市场的信息。

二、间接数据的特点

间接数据可以弥补收集原始信息数据成本高、时间长和不方便的缺点,因此,调查人员可以广泛地使用间接数据。间接数据有如下优点:(1)它能被迅速地获得;(2)比起收集原始数据,它的成本要低许多;(3)通常情况下,它较为容易获得;(4)它辅助现有的原始数据。

间接数据能使研究者熟悉行业状态,确定概念、术语和数据。这在对原始数据进行研究时将是很有帮助的。但间接数据也存在如下缺陷:(1)所获得间接数据的度量标准与研究者所要求的度量标准不一致,即相关性不高;(2)数据所属时间不符,出现严重过时问题;(3)资料不充分。因此,在使用间接数据前,对其进行评价是必要的。

使用间接数据,要注意数据的定义、含义、计算口径和计算方法,避免错用、误用和滥用。在引用间接数据时,应注明数据的来源,以尊重他人的劳动成果。

第四节　统计数据的误差

在收集统计数据的时候,必须保证数据的质量。因为统计数据质量的好坏直接影响后续的统计分析的客观性和真实性。统计数据的误差通常是指通过调查收集到的统计数据与客观现实之间的差距。现实中,无论采用哪种调查,这些误差都或多或少地存在于所收集的数据中。要理解这些误差,先要了解两种抽样方法。

一、概率抽样和非概率抽样

如何抽选出一个好的样本是数据收集阶段的一个关键问题。好的样本包括两方面:(1)对研究问题具有针对性;(2)调查费用和估计精度之间符合最好的性价比。

使用抽样方式收集数据的具体方式有很多,大致可分为概率抽样和非概率抽样两类。

(一)概率抽样

概率抽样又称随机抽样,是指遵循随机原则进行的抽样,总体中每一个单位都有一定的机会被选入样本。概率抽样有以下三个特点:

(1)抽样时是按照一定的概率以随机原则抽取样本。所谓随机原则是指排除主观上有意识的干扰以抽取调查单位,使每一个单位都有一定的机会被抽中。值得说明的是,随机不等于随便，随机可以用概率来描述，有着严格的科学含义，而随便带有人为的主观因素。两者的本质区别就在于是否按照给定的入样概率，通过一定的随机化程序来取样。

(2)每个单位被抽中概率是可以计算的或已知的。

(3)用样本去估计总体时，要考虑样本被抽中的概率。

这里，还要区别概率抽样和等概率抽样两个不同的概念。概率抽样是指总体中每一个单位都有一定的非零概率被抽中，各单位被抽中的概率可以相等，也可以不等，相等时，为等概率抽样；不相等时，为不等概率抽样。

调查的实践中，经常采用的概率抽样形式有简单随机抽样、系统抽样、分层抽样、整群抽样和多阶段抽样。具体内容将在第七章详细阐述。概率抽样的最主要优点是，可以依据调查结果，计算估计误差，从而对总体进行推断。统计分析的样本主要是通过概率抽样来得到的。

(二)非概率抽样

非概率抽样是相对于概率抽样而言的，指抽取样本时遵循的不是随机原则，而是根据研究目的对数据的要求采用特定的方式抽取样本。非概率抽样的具体方式有以下五种。

1. 方便抽样

方便抽样是调查员依据方便原则自行确定抽样单位来进行调查。这种方法最容易实施，成本也低，但无法实施对总体的推断，它适用于在科学研究中产生一些想法以及对研究内容的初步认识或建立一些假设。

2. 判断抽样

判断抽样是指研究人员根据经验、判断和对研究对象的初步判断，有意识、有目的地抽选样本来进行调查。重点调查和典型调查都属于这种方式。判断抽样的抽样原则不是依据随机原则，样本好坏取决于调研者的判断、经验、专业程度和创造性。和方便抽样一样，它具有成本低、易于操作的特点，但不适用于对总体进行推断。

3. 配额抽样

配额抽样被广泛应用于市场调查中，类似于概率抽样中的分层抽样，首先将总体中的所有单位按某一变量分类，然后在每类中再采用方便抽样和判断抽样来选取样本。配额抽样操作简单且能保证总体中各类别都有单位入样，使得样本结构类似于总体结构。但因并未遵循随机原则取样仍属于非概率取样。

4. 滚雪球取样

滚雪球取样常常被用于调查稀少群体，它先选择一组调查单位实施调查后，由他们提供另外一些同类总体的调查对象，调查员继续对这部分人员调查，过程不断持续形成滚雪球效应。这种抽样方式成本低，易于找到特定群体的被调查者，适合于对特定群体进行调查。

5. 自愿抽样

自愿抽样指被调查者自愿入样成为被调查者，向调查人员提供他们所了解或感兴趣的信息。自愿抽样与随机原则无关，样本往往是对某一特定问题感兴趣的特定人群，这些样本是有偏差的。可用于反映某类人群的一般看法，但同样不适合进行总体推断。

二、概率抽样与非概率抽样的比较

概率抽样和非概率抽样性质不同，实际调查中采用哪种类型取决于研究问题的性质、是否用数据进行总体推断、调查费用、时间、调查对象的特征等因素。

非概率抽样具有操作简便、时效快、成本低的特点，对抽样中的统计学技术要求低。它适合于探索性的研究,调查结果用于发现问题,为更深入的数量分析提供准备,还可以用于市场调查中的概念测试,如产品包装测试、广告测试。但由于非概率抽样没有遵循随机原则进行取样,样本统计量的分布不确定,所以无法用样本对总体进行推断。

概率抽样遵循随机原则进行取样,样本统计量的理论分布可知,适用于对总体有关参数进行估计,计算估计误差,得到总体参数的置信区间,并用于提出估计精度,或根据估计精度计算样本容量。这种调查方法的主要目的在于掌握总体的数量特征,进行区间估计。这种方法技术含量高,要求具备一定的统计学专业知识,调查成本较高,但结果科学、准确。

有时,在一项研究中可将两种方法结合使用,发挥各自的特点,满足研究中的不同需要。

三、数据的误差类型

具体来讲,调查中会产生以下五种数据误差。

(1)抽样误差,是由于抽样的随机性造成的。是用统计量估计总体参数时出现的样本结果与总体真值之间的误差。只有概率抽样中才会涉及这种数据误差。这种误差不可避免,但其大小可以计算和控制。

(2)非抽样误差,是相对于抽样误差而言的,是除抽样误差之外的,由于其他原因引起的样本结果与总体真值之间的误差。抽样误差只存在于概率抽样中,而非抽样误差存在于概率抽样、非概率抽样和全面调查中。非抽样误差又可分为抽样框误差、回答误差等。

(3)调查人员误差,是由于调查人员业务培训不到位所导致,如在调查过程中调查人员无意中诱导被调查者,干扰其正确判断。

(4)无回答误差,是被调查者拒绝接受调查而产生的误差,也包括调查者不在家等原因造成的误差。无回答误差有时是随机的,有时是系统性的。随机性无回答误差可通过增大样本容量方式解决。系统性的无回答误差则比较麻烦,可通过周密的预防和采取一定的补救措施来解决。

(5)测量误差,是由于测量工具不准确造成的计量误差。

四、误差的控制

有效控制误差,提高数据质量,是数据收集成功与否的关键。

抽样误差是由抽样的随机性带来的,只要采用抽样调查,抽样误差就会存在,是不可避免的,但其大小可以进行控制和计算,进行控制的主要方法是改变样本容量的大小。例如,可以通过增加容量的方法来达到缩小抽样误差的目的,但这同时增加了预算经费,实际调查中可根据经费和要求的误差精度,在两者之间进行有效的均衡。

非抽样误差存在于概率和非概率抽样中,产生原因也较多、较复杂。实际中可通过合理设计调查问卷、合理选择抽样框、对调查过程进行质量控制等方法来降低非抽样误差。

练习题

一、单项选择题

1. 人口普查规定统一的标准时间是为了(　　)。

A. 避免登记的重复与遗漏　　B. 确定调查的范围

C. 确定调查的单位　　D. 登记的方便

2. 统计调查分为统计报表和专门调查是按（　　）不同划分的。

A. 调查对象包括的范围　　B. 其组织形式

C. 收集资料的方式　　D. 登记的时间

3. 某城市拟对占全市储蓄额 4/5 的几个大储蓄所进行调查，以了解全市储蓄的一般情况，则这种调查方式是（　　）。

A. 普查　　B. 典型调查　　C. 抽样调查　　D. 重点调查

4. 对科技人员进行调查，其调查对象是（　　）。

A. 所有的科技人员　　B. 每一位科技人员

C. 所有的科技人员所在企业　　D. 每一位科技人员所在企业

5. 某市 2018 年工业企业经济活动成果的统计年报的呈报时间为 2018 年 1 月 31 日，则调查期限为（　　）。

A. 1 年零 1 个月　　B. 1 年　　C. 1 个月　　D. 1 天

6. 在统计调查中，调查项目的承担者是（　　）。

A. 调查对象　　B. 调查单位　　C. 填报单位　　D. 统计报表

7. 有意识地选取若干块水田，测算其粮食产量来估算该地区的粮食产量，这种调查属于（　　）。

A. 普查　　B. 重点调查　　C. 抽样调查　　D. 典型调查

8. 对某地区五金交电商品的零售物价进行一次全面调查，则调查单位是（　　）。

A. 该地区所有经营五金交电商品的商店　　B. 全部五金交电商品

C. 每一个经营五金交电商品的商店　　D. 每一种五金交电商品

9. 关于概率抽样，下列叙述错误的是（　　）。

A. 目的是通过样本估计总体

B. 遵循随机原则进行取样

C. 每个单位被抽中为样本的概率是完全相同的

D. 每个单位被抽中为样本的概率是不完全相同的

10. 下列叙述正确的是（　　）。

A. 抽样误差只存在于概率抽样中　　B. 抽样误差也存在于非概率抽样中

C. 抽样框误差不属于非抽样误差　　D. 无回答误差不属于非抽样误差

二、判断题

1. 调查单位是调查项目的承担者。（　　）

2. 调查单位同时又可以是总体单位。（　　）

3. 重点调查可推断总体情况。（　　）

4. 对我国主要粮食作物产区进行调查，以掌握全国主要粮食作物生长的基本情况，这种调查是重点调查。（　　）

5. 抽样调查与重点调查的目的是一致的，即都是通过对部分单位的调查，来达到对总体数量特征的认识。（　　）

6. 重点调查，可用于经常性调查，也可用于一次性调查。（　　）

7. 普查是全面调查，抽样调查是非全面调查，所以普查比抽样调查准确。（　　）

8. 为了尽可能多地收集统计数据信息，所以问卷越长越好。（　　）

第三章　统计数据的整理和展示

【案例导入】

产品质量合格吗?

产品的质量检验经常会用到统计学方面的知识,如洗衣粉生产厂商对盒装洗衣粉的密度检验。在同一类型的每个盒子里装上相同质量的洗衣粉,但是洗衣粉的数量要受到洗衣粉密度的影响,如果洗衣粉的密度很大,则较少量的洗衣粉可以达到一盒指定的重量,这样顾客打开盒子的时候会发现洗衣粉似乎没有装满,影响顾客对产品的满意程度。

为了控制高密度的洗衣粉问题,生产厂商需要定期抽取统计样品来进行密度测试。然后将这些概括数据提供给一线生产人员,以便必要时采取校正措施,把洗衣粉密度控制在特定的理想范围内。

在一周时间内抽取的400份样品的密度频数分布如表3—1所示。如果密度超过0.40便认为不符合质量要求。如果密度的频数分布表密度小于或等于0.40,则产品就满足质量要求。企业的经理们看到如下的统计数据,会对洗衣粉质量感到满意吗?

表3—1　　密度数据的频数分布表

密度	频数	频率(%)
0.29～0.30	108	27.0
0.31～0.32	162	40.5
0.33～0.34	90	22.5
0.35～0.36	28	7.0
0.37～0.38	10	2.5
0.39～0.40	2	0.5
样本总数	400	100

第一节　统计整理概述

一、统计整理的概念和意义

统计整理是指根据统计研究的任务和要求，对统计调查取得的原始数据资料进行科学的分类、汇总或对已整理过的间接材料进行再加工，使之形成能够系统反映总体特征的综合资料的工作过程。

统计调查取得的原始资料是分散的、杂乱的、不系统的，只能说明各总体单位的具体情况，反映事物表面现象或一个侧面，不能说明事物的全貌。因此，必须通过整理加工才能去粗取精、去伪存真、由表及里，实现由个体到全体、由特殊到一般、由现象到本质、由感性到理性的转化，才能从整体上反映事物的数量特征。另外，对长期积累的间接资料也需要进行甄别和筛选，按现有的口径进行再加工。本章主要介绍原始资料的整理。

统计整理是统计工作中不可或缺的重要环节，具有承前启后的作用。统计整理不是简单的汇总工作，它既是统计调查的继续与深化，又是统计分析的基础。如果没有统计整理，即使统计调查得到的资料非常丰富、完备，其作用也难以发挥，统计工作也就无法进行。

二、统计整理的步骤

统计整理是整个统计工作的具体承担环节，它贯穿统计工作的全过程，必须采用科学的方法和严格的程序。统计数据整理的具体步骤如下：

(1)设计和制订统计整理方案。

(2)对原始数据进行审核、筛选和排序。此步骤也可以称为对原始数据进行预处理。

(3)对原始数据进行分组、汇总，计算出相关指标。

(4)将汇总计算出的结果，以统计表或统计图的形式表现出来。

(5)对统计资料妥善保存，系统积累。

第二节　统计数据的预处理

一、统计数据的审核

统计数据在分组汇总前，必须经过严格的审核，发现问题后及时纠正。这是统计整理的第一个环节，包括以下内容。

(一)完整性和及时性审核

对资料完整性、及时性的审核主要是检查调查表是否已经收齐，被调查的单位有无遗漏，调查项目是否填写完整，调查资料是否按规定时间上报等。如有不报、漏报或迟报的现象，要及时查清。

(二)正确性审核

审核资料的正确性，就是检查所填报的资料是否准确可靠。常用的方法有以下两种，一种是逻辑检查，主要从理论上或常识上检查资料的内容是否有悖常理，有无不切实际或不符合逻辑之处，以及各项目之间有无相互矛盾。例如，在一张调查表中，年龄是12岁，职业是教师，其中必有一处是错误的。又如，若在关于某劳动密集型行业的报表中，企业规模为大型，而职工人数为100人，这其中也必有一处错误。再如，企业的销售成本大于同期销售额就是明显的逻辑错误。审核资料正确性的第二种方法是计算检查，检查各项指标的计算口径、计量单位是否符合规定，并通过各种计算方法来检查各项指标间的数字是否相互衔接，如合计数是否等于各项数字的加总，等等。

(三)历史资料的审核

在利用历史资料时，应审核资料的可靠程度、指标的含义、所属时间与空间范围、计算方法和分组条件与规定要求是否一致。一般可以从调查资料的历史背景、调查者搜集资料的目的以及资料来源等角度判断资料的可靠程度，也可以由指标间的相互关系以及指标的变动趋势来检查它的正确性。对不能满足要求、有缺漏或有疑问的资料要进行有科学根据的推算、弥补和订正。

(四)资料审核后的订正

在以上审核中，如发现有缺报和缺项等情况，应及时催报、补报；如有不正确之处，应针对不同情况做如下处理：

(1)对于可以确定的一般错误，应及时代为更正，并通知原报告单位。

(2)对于可疑之处或无法代为更正的错误，应要求原报告单位复查、更正。

(3)如果所发现的差错在其他单位中也可能发生，则应将错误通报所有单位，以免发生类似的错误。

(4)对于严重的错误，应发还重新填报，并查明发生错误的原因。如属于违法行为，应依法严肃处理。

二、统计数据的筛选

对于审核过程中发现的错误应尽可能纠正。在调查结束后，如果对数据中发现的错误不能予以纠正，或有些数据不符合调查的要求而又无法弥补时，就需要对数据进行筛选。

数据筛选包括两个方面内容：一是将某些不符合要求的数据或有明显错误的数据予以剔除；二是将符合某种特定条件的数据筛选出来，而对不符合特定条件的数据予以剔除。数据的筛选主要通过计算机完成，具体操作内容将在本章第六节进行详细介绍。

三、统计数据的排序

数据排序是对数据按照某一个或多个变量的大小进行排列，这将有利于对数据的总体浏览，以便于研究者通过浏览数据发现一些明显的特征或趋势，找到解决问题的线索。除此之外，排序还有助于对数据检查纠错，以及为重新归类或分组等提供方便，在某些场合，排序本身就是分析的目的之一。

对于分类统计数据，如果是字母型数据，排序有升序和降序之分，但人们习惯于用升序，因为升序与字母的自然排列相同。如果是汉字型数据，排序方式很多，如按汉字的首位字母排列，这与字母型数据的排序完全一样；也可以按姓氏笔画排序，其中也有按笔画多少的升序降序之分。交替运用不同方式排序，在汉字型数据的检查纠错过程中十分有用。

对于数值型数据的排序只有两种，即递增和递减。无论是分类数据还是数值型数据，排序主要通过计算机完成，具体操作内容将在本章第六节进行详细介绍。

第三节　统计数据的分组

一、统计分组的概念、原则和作用

(一)统计分组的概念

统计分组是根据现象的特点和统计研究的目的、要求，按照某种重要标志把总体分成若干部分的一种统计方法。例如，国民经济按产业可分为第一产业、第二产业和第三产业；考试成绩可划分为不及格、及格、中等、良好、优秀五个等级，等等。

统计分组就是把性质相同的总体单位归为一组，将性质不同的总体单位区别开来，形成不同的组。统计分组必须保证组内单位的同质性和组间单位的差异性。因此，统计分组应从两方面进行理解：一方面，对总体而言是“分”，即将总体按某种重要标志划分为若干个性质相异的组成部分；另一方面，对总体单位而言是“合”，即将具有某种相同性质的总体单位归为同一组。统计分组可以揭示现象各部分之间存在的差异，结合统计分析，能够认识事物的发展变化规律。

(二)统计分组的原则

统计分组必须遵循以下两个原则。

1. 穷尽原则

穷尽原则是指总体中的每一个单位都应有组可归，或者说分组空间足以容纳总体所有单位。例如，从业人员按文化程度分为小学程度、初中程度、高中(含中专、技校)程度、专科程度、本科程度五组，那么，那些没有接受过正规教育以及本科以上学历者就无组可归。如果将分组调整为文盲及半文盲、小学程度、初中程度、高中(含中专、技校)程度、专科程度、本科程度、研究生及以上程度七组，就可以包括全部从业人员各种不同层次的文化程度，符合分组的穷尽原则了。

2. 互斥原则

互斥原则是指在特定的分组标志下，总体中的任何一个单位只能归属于某一组，不能同时或可能归属于另一组。例如，某商场把服装分为男装、女装、童装三类，这不符合互斥原则，因为童装也有男、女之分。如先把服装分为成年和儿童两类，每类再分为男、女两组，就符合互斥原则了。

(三)统计分组的作用

统计分组在统计研究中具有重要的作用，具体表现在以下三个方面。

1. 划分社会、经济现象的不同类型

现象之间千差万别，要想了解各种现象的性质、特点及其相互关系，必须根据某种标志把它们划分为性质不同的类型，以便揭示不同现象质的差异。比如，我国经济类型分为国有经济和非国有经济两大类型；工业划分为采矿业、制造业、电力热力燃气及水生产和供应业；农业划分为农、林、牧、渔四大类型等等。举例见表 3－2 所示。

表 3—2 我国农林牧渔业总产值 单位:亿元

类　型	2012 年	2013 年	2014 年	2015 年
农　业	46 940.5	51 497.4	54 771.5	57 635.8
林　业	3 447.1	3 902.4	4 256.0	4 436.4
牧　业	27 189.4	28 435.5	28 956.3	29 780.4
渔　业	8 706.0	9 634.6	10 334.3	10 880.6
合　计	89 453.0	96 995.3	102 226.1	107 056.4

资料来源:《中国统计摘要(2016)》。

2. 揭示社会现象的内部结构

从数量上反映总体的内部结构是统计研究的主要任务。总体的内部结构可体现部分与整体的关系以及各部分之间存在的差别和相互联系,反映事物从量变到质变的过程,帮助人们掌握事物的特征和认识事物的性质。表 3—3 为 2018 年我国国内生产总值构成表。

表 3—3 2018 年我国国内生产总值构成表

按产业分组	产业增加值(亿元)	比重(%)
第一产业	64 734	7.2
第二产业	366 000	40.7
第三产业	469 575	52.2
合计	900 309	100.0

3. 分析社会、经济现象之间的依存关系

社会、经济现象之间广泛地存在着相互依存的关系,如家庭工资收入与支出之间、工人技术级别与产品质量之间、工人劳动生产率与产品成本之间、市场商品价格与其需求量之间都在一定程度上存在着相互依存的关系。所有这些依存关系,都可通过统计分组来初步表明影响因素与结果之间的变动规律。表 3—4 是假设的表示某种农作物的耕作深度与收获率之间依存关系的分组资料,它反映了该作物的平均收获率随着耕作深度的加深而提高,这称正依存关系。

表 3—4 某乡某种农作物的耕作深度与收获率的关系

耕地按耕作深度分组(厘米)	地块数	平均收获率(千克/亩)
10～12	7	200
12～14	10	230
14～16	16	270
16～18	12	310
18～20	5	340

二、分组标志的选择

统计分组的关键是正确选择分组标志。任何事物都有很多标志，分组标志选择不当，必然会影响统计分组的作用。选择分组标志时必须遵循以下原则。

(一)要符合统计研究的目的和要求

统计分组是为统计研究服务的，统计研究的目的不同，选择的分组标志也应有所不同。例如，同是以工业部门为研究对象，当研究目的是分析部门中各规模企业的生产情况时，应该将产品数量或生产能力作为分组标志；当研究目的是确定工业部门内部比例平衡关系时，应该以行业为分组标志，将部门划分为重工业与轻工业，或冶金、电力、化工、机械、纺织、煤炭等工业行业。

(二)必须将最重要的标志作为分组标志

社会、经济现象纷繁复杂，研究某一问题时可能会涉及许多标志。科学的统计分组应该从中选择与统计研究目的、与有关事物的性质或类型关系最密切的标志，即将主要或最本质的标志作为统计分组的依据。例如，研究城镇居民生活水平时，有每户就业人口数、家庭总收入、人均可支配收入等几个标志。其中，最能反映城镇居民生活水平的标志是人均可支配收入，故应将这一标志作为分组标志。

(三)要考虑现象所处的具体历史条件

客观事物的特点和内部联系是随着条件的变化而变化的，因此选择分组标志时，要具体情况具体分析，根据现象所处的具体历史条件来选择分组标志。例如，同是划分企业规模，在劳动密集型的行业或地区，可将职工人数作为分组标志；而在技术密集型行业或地区，则应将固定资产价值或生产能力作为分组标志。

三、统计分组的种类

(一)按分组标志的性质，统计分组可分为品质分组和数量分组

(1)品质分组是按品质标志进行的分组，如企业按经济类型分组，大学生按专业分组，人口按性别、民族分组等。品质分组可以反映现象的构成与不同属性的事物在总体中的地位和作用。

(2)数量分组是按数量标志进行的分组，如企业按劳动生产率分组，学生按考试成绩分组，人口按年龄、身高分组等。数量分组可以通过反映现象在数量上的差异来反映现象在性质上的区别。

(二)按分组标志的多少及其形式分组，统计分组可分为简单分组、并列分组和复合分组

(1)简单分组就是对总体只按一个标志分组，只能从某一方面说明和反映事物的分布状况和内部结构，如企业员工按性别分为男、女两组，货物运输按运输方式分为铁路运输、公路运输、水路运输、航空运输与管道运输五组。

(2)并列分组也称平行分组体系，就是同时用两个或两个以上的标志分别从不同的角度进行不重叠的多种分组。比如，研究某高等院校学生状况时，可以分别按接受教育程度、专业、性别、年龄等标志分组，从而得到一个平行分组的体系。其特点是两种或多种分组相互独立而不重叠，既可以从不同的方面反映事物的多种结构，又不会使分组过于烦琐，故被广泛采用。

(3)复合分组就是对总体按两个或两个以上的标志进行的重叠式分组，即在按某一标志分组的基础上再按另一标志进一步分组，以此类推。如表3－13所示。

复合分组的优点是可以从对同一现象的层层分组和分组标志的联系中，更加深入、全面地研究各个方面的内部结构。但是，采用复合分组会使组数随着分组标志的增加而成倍增加，使每组中的单位数量相应减少，处理不好就会较为烦琐，不利于分析问题，因此，不能滥用复合分组，也不宜对较小总体进行复合分组，尤其不宜采用过多的标志进行复合分组。

第四节　分配数列

一、编制分配数列的意义

在统计分组的基础上，将总体的所有单位按组归类整理，计算各组的单位数，并按组的顺序加以排列，就形成了说明总体单位总数在各组分配情况的次数分布，又称分配数列、分布数列或次数分配。其中，各组的总体单位数叫次数或频数；各组次数与总次数之比叫比率或频率。

统计研究社会经济现象的数量方面，一个重要的问题就是研究其分配数列，各组现象本质上的差异反映在其数量上，则会有不同的次数分布，形成不同的数量分布特征。分配数列是统计整理的一种重要形式，也是统计描述和统计分析的一种重要方法。它可以表明总体的分布特征、结构情况等，并可据此研究总体某一标志的平均水平及其变动的规律性等。

二、分配数列的种类

根据分组标志的特征不同，分配数列可以分为品质分配数列（简称品质数列）和变量分配数列（简称变量数列）两种类型。

（一）品质数列

对某总体按品质标志分组所形成的分布数列称为品质数列。品质数列由各组名称和次数组成。如表3－5所示。

表3－5　　某班学生的性别构成情况

按性别分类	绝对数人数	比重(%)
男	30	75
女	10	25
合计	40	100
各组名称	次数或频数	比率与频率

（二）变量数列

变量数列根据各组变量值的表示方式不同，可分为单项式数列和组距式数列。

1. 单项式数列

单项式数列是指每组变量值只有一个数值来表示所形成的数列。如表3－6所示。

单项式数列，变量有几个不重复的变量值就有几组，具有组距真实、明确和分组方法简单等优点，但应用条件受到限制。单项式数列一般在变量值不多，且变量值的变动范围不大，变量呈离散型的条件下采用。

表 3-6　某公司第二季度员工平均日产量

员工平均日产量(件)	员工人数	
	绝对数(人)	比重(%)
2	10	8.7
3	15	13.0
4	30	26.1
5	40	34.8
6	20	17.4
合计	115	100.0

2. 组距式数列

组距变量数列,是指变量数列中每个组是用一段变量值区间来表示的数列形式。如表3-7所示。组距数列适用于按连续变量分组或变量值的变动范围较大的离散变量分组的情况。组距式数列根据各组区间长度是否相等,又可细分为等距数列和异距数列两种,等距数列各组的组距相等,各组中单位数的多少不受组距大小的影响,便于直接比较各组次数的多少,研究次数分布的特征。异距数列各组的组距不完全相同。

表 3-7　某公司员工完成生产定额情况表

员工按完成生产定额分组(%)	员工人数	
	绝对数(人)	比重(%)
80～90	30	16.7
90～100	40	22.2
100～110	60	33.3
110～120	30	16.7
120～130	20	11.1
合计	180	100.0

三、编制分配数列的方法

在进行统计整理时,根据统计研究的目的不同,有时编制品质数列,有时编制变量数列,其中品质数列的编制一般比较简单,所以下面重点介绍变量数列的编制方法。

(一)将原始资料按数值大小依次排列

将反映总体单位特征的原始资料按大小顺序排列,找出其中的最大数值和最小数值,计算全距。

$$全距=最大值-最小值 \tag{3.1}$$

[例 3-1]　某班40位同学统计学考试成绩如表3-8所示。

表 3－8　　某班 40 位同学统计学考试成绩

88	85	76	99	76	60	82	60	87	82
91	99	92	85	71	78	97	75	94	93
85	83	78	67	98	69	59	71	84	86
56	81	78	71	68	69	84	62	79	70

解：经过初步加工核算，大致可看出资料的最小值为 56 分，最大值为 99 分，则全距＝99－53＝43(分)，即数列最大值与最小值之差。

(二)确定组数和组距

组数是指次数分配中组的个数，组距是每组中最大变量值与最小变量值之间的距离或差数。其中各组最大的变量值称为上组限，简称上限；最小的变量值称为下组限，简称下限。组距的计算公式为：

$$组距＝上限－下限 \tag{3.2}$$

对同一资料，在全距一定的前提下，组距与组数成反比关系，即：

$$组数＝全距÷组距 \tag{3.3}$$

若组距大，则组数就少；组距小，则组数就多。组数与组距的确定，原则上应该力求符合现象的实际情况，能够将总体分布的特点反映出来。如果组距过小，组数过多，容易将同质的单位划分在不同的组内，显示不出资料的类型特征；如果组距过大，组数过少，会使不同性质的单位同处一组，掩盖现象质的差异。因此必须科学地确定组数和组距。

在编制组距数列时，既可进行等距分组，也可进行不等距分组。究竟采用何种分组形式，这要根据统计研究的目的和资料本身的性质及特点而定，实际工作中，采用等距分组的资料较多。等距分组时，一般来讲，组距应尽可能取 5 或 10 的倍数，而组数必须是整数。凡是在变量值变动比较均匀的情况下，都采用等距分组。等距分组便于绘制统计图，也便于进行各类运算。在下列情况下，必须考虑采用异距分组：第一，变量值分布很不均匀的场合；第二，变量值相等的量具有不同意义的场合；第三，变量值按一定比例发展变化的场合。

在确定组距和组数时，要注意考虑两个原则：一是要尽量反映出总体单位的分布情况及总体单位的集中趋势；二是要区分出组与组之间的差异。

(三)确定组限

从根本上说，组限应是区分事物质的差别的数量界限。组限确定得好，就能充分体现分组的功能，分清组与组之间的差别；否则，就有可能混淆现象之间的本质区别。

确定组限时要使最小组的下限略小于最小变量值，最大组的上限要略大于最大变量值，这样可以把所有变量值全部涵盖在内。

由于变量有离散变量和连续变量两种，故其组限的确定也有所不同。对于离散型变量，由于其变量值可以一一列举，且相邻两个数值之间没有中间数值，所以可采用相邻两组之间上下限不重叠的方式设置组限。如对工人人数这一变量，可按如下形式设置组限：1～10，11～20，21～30，31～40。

对于连续性变量，由于变量值可以无限分割，数值之间不能断开，因此，可采用相邻两组上下限重叠的方式来设置组限。而且各组一般只包括具有本组下限及上限之间变量值的单位，而不包括具有本组上限变量值的单位，这称为“上限不在内”原则，这样才能做到不重不漏。如对产量这个变量，就可按如下形式设置组限：100～200，200～300，300～400 等。

确定了一个组的上限和下限之后，就确定了变量在这一组的取值范围。但是这样各单位的具体标志就被掩盖了，为了反映分布在各组中各单位变量值的一般水平，通常采用组中值来代替。所谓组中值，是各组变量范围内的中间数值，可根据各组上限、下限计算出来，即：

$$组中值=\frac{下限+上限}{2} \tag{3.4}$$

编制组距数列时，在全部变量值中有时会遇到特大或特小的数值，为了不使组数或组距不必要地扩大，可采用开口组，第一组用"××以下"，最后一组用"××以上"来表示。对于开口组的组距和组中值，原则上以相邻组的组距来确定，具体可按下面的公式计算：

$$缺少下组限的组中值=该组上限-邻组组距的一半 \tag{3.5}$$

$$缺少上组限的组中值=该组下限+邻组组距的一半 \tag{3.6}$$

（四）归类汇总、计算各组次数、编制组距数列

所谓归类汇总，是指按照各个总体单位的具体标志值，将其划归于某一具体组之中。在归类汇总时，要遵循"不重复不遗漏"的基本原则。

如按上述步骤对表 3—8 资料进行分组，得表 3—9。

表 3—9　　某班学生统计学考试成绩表

考分	人数(人)	比重(%)
50～60	2.0	5.0
60～70	7.0	17.5
70～80	11.0	27.5
80～90	12.0	30.0
90～100	8.0	20.0
合计	40.0	100.0

四、累计次数分布

次数分布是统计研究的一个基本课题，通过次数分布规律，可以研究大量现象的统计规律性。将变量数列各组的次数和比率逐组累计相加而成累计次数分布，它表明总体在某一标志值的某一水平上下总共包含的总体次数和比率。累计次数分布有以下两种计算方法：

（一）向上累计

向上累计，又称以下累计，或称较小制累计，是将各组次数和比率，由变量值低的组向变量值高的组逐组累计。组距数列中的向上累计，表明各组上限以下总共所包含的总体次数和比率有多少。

（二）向下累计

向下累计，又称以上累计，或称较大制累计，是将各组次数和比率，由变量值高的组向变量值低的组逐组累计。组距数列中的向下累计，表明各组下限以上总共所包含的总体次数和比率有多少。

例如，某班 40 名同学统计学考试成绩的累计分布如表 3—10 所示。

表 3—10　　某班统计学考试成绩次数分配

考　分	次　数		向上累计(上限)		向下累计(下限)	
	人数(人)	比率(%)	人数(人)	比率(%)	人数(人)	比率(%)
50～60	2	5.0	2	5.0	40	100.0
60～70	7	17.5	9	22.5	38	95.0
70～80	11	27.5	20	50.0	31	77.5
80～90	12	30.0	32	80.0	20	50.0
90～100	8	20.0	40	100.0	8	20.0
合　计	40	100.00	—	—	—	—

累计次数分布的特点是：同一数值的向上累计和向下累计之和等于总体总次数，而累计比率之和等于1(或100%)。表3—10资料表明：80分以下累计20人，比率50%；80分以上累计20人，比率50%。两个累计人数之和等于总体的40人，两个累计比率之和等于100%。

第五节　统计数据的展示

一、统计表

(一)统计表的结构

统计表是统计用数字说话的一种最常用的形式。把统计调查得来的数字资料，经过汇总整理后，得出一些系统化的统计数据，将其按一定顺序填列在一定的表格内，这个表格就是统计表。统计表既是调查整理的工具，又是分析研究的工具。统计表有广义和狭义之分。广义的统计表包括统计工作各个阶段中所用的一切表格，如调查表、整理表、计算表等；狭义的统计表是表明统计整理结果的表格，即我们通常所说的统计表。

从外表形式上看，统计表由四部分构成：

(1)总标题。是表的名称，用于概括统计表中要说明的内容。

(2)横行标题。是各组的名称，反映总体的各个组成部分，一般写在表的左方。

(3)纵栏标题。是分组标志或指标的名称，说明纵行所列各项资料的内容，一般写在表的上方。

(4)指标数值。也称数字资料，是统计表具体内容。

另外，还应有必要的附注和注明资料来源。如表3—11为例说明统计表的结构。

表 3—11　　2015 年我国国内生产总值　[总标题]

项目		国内生产总值		
		产值(亿元)	比重(%)	[纵栏标题]
[横行标题]	第一产业	60 863.0	9.0	[数字资料]
	第二产业	274 277.8	40.5	
	第三产业	341 566.9	50.5	
合计		676 707.8	100.0	

数据来源：《中国统计摘要(2016)》。

从统计表的内容来看，有主词和宾词两个部分。主词是统计表所说明的总体各组或各组的名称。宾词用于说明主词的各种指标。通常，统计表的主词列在表的左边，宾词列在表的右方。

（二）统计表的种类

统计表按主词是否分组和分组的程度不同，可分为简单表、分组表和复合表三类。

1. 简单表

简单表是指主词未经过任何分组，反映总体各单位的名称或按时间顺序简单排列，或同时反映以上内容的统计表，如表 3－12 所示。

表 3－12　　2018 年某公司所属两企业成套家具合格品数量表

企　业	合格品数量(套)
甲企业	5 000
乙企业	7 000
合　计	12 000

2. 分组表

分组表是指主词按照某一个标志分组的统计表，也称简单分组表。它可以揭示出现象的不同类型的特征，研究现象的内部结构，如表 3－11 所示。

3. 复合表

复合表是主词按照两个或两个以上的标志层叠分组所形成的统计表，如表 3－13 所示。

表 3－13　　2018 年某地区工业增加值和员工人数

项目		增加值(万元)	员工人数(人)
内资企业	大型	9 750	13 800
	中型	8 600	45 000
	小型	4 200	10 050
外商投资企业	大型	7 300	7 500
	中型	5 200	10 400
	小型	4 400	4 500

（三）宾词的设计

宾词指标的设计在统计表的设计中占有重要位置。宾词指标的设计与统计表内容的繁简关系很大。大致有两种设计方式：一种是简单设计，将宾词指标作平行配置，一一排列（见表 3－14）；另一种是复合设计，把各个指标结合起来，作层叠配置，分层排列（见表 3－15）。

表 3—14　　某地区工业企业的员工性别和工龄(2018 年底)

企业按经济成分分组	企业数	员工总数	性别		工龄				
			男	女	1 年以下	1～3 年	3～5 年	5～10 年	10 年以上
(甲)	(1)	(2)	(3)	(4)	(5)	(6)	(7)	(8)	(9)
国有经济									
非国有经济									
合计									

表 3—15　　某地区工业企业的员工性别和工龄(2018 年底)

企业按经济成分分组	企业数	员工总数(百人)			工　龄														
					1 年以下			1～3 年			3～5 年			5～10 年			10 年以上		
		男	女	计	男	女	计	男	女	计	男	女	计	男	女	计	男	女	计
(甲)	(1)	(2)	(3)	(4)	(5)	(6)	(7)	(8)	(9)	(10)	(11)	(12)	(13)	(14)	(15)	(16)	(17)	(18)	(19)
国有经济																			
非国有经济																			
合　计																			

(四)统计表的编制规则

为清楚地展现统计数据,需要合理地设计统计表。统计表的设计要尽可能标准化、规范化,应遵循以下原则:

(1)统计表的各类标题要力求简单、明确,用最简练、精确的文字充分表达统计数据的全部内容及资料所属的时间和空间范围。

(2)统计表的内容要简明扼要,分组层次和宾词指标不宜过多,一般分组不超过三个分组标志。

(3)当统计表的栏目较多时,可加编号(需要说明其相互关系),习惯上,主词用“甲、乙、丙、…”,宾词用“1、2、3、…”等编号。

(4)表内数字填写整齐,位数对准,不能留有空白,同栏数字的单位、小数位要一致。相同数字应全部填写,不可以用“同上”等字样代替,无数据用“—”表示,缺数据用“…”表示。

(5)表中的数字用一种计量单位时,在表的右上端注明,单位不统一时,横行的计量单位可设计专门的计量单位栏,纵栏的计量单位可与纵栏标题写在一起。

(6)统计表的形式,一般是开口式,即表的左右两端不画纵线,表的上下通常用粗线封口。

(7)必要时,统计表应加以注释,连同数字的资料来源等一般写在表的下端,但其内容不宜过多。

二、统计图

统计图是以图形方式形象表现统计数据资料的一种形式。用统计图展现统计数据资料具有鲜明醒目、富于表现、易于理解的特点,因此绘制统计图是统计整理的重要内容之一。

统计图可以揭示现象的规模、水平、内部结构、发展趋势和依存比例关系等,有利于进行统计分析与研究。统计图的类型非常多,常用的统计图主要有柱形图、折线图、饼图、散点图、直方图等。

(一)柱形图

柱形图是用宽度相同的直条的高低或长短来表示各项统计指标数值的大小的图形。根据柱形图表现统计资料内容的不同,分为单式柱形图、复式柱形图和结构柱形图。

1. 单式柱形图

单式柱形图是以若干距离相等的单一条形的高低、长短来表明指标数值大小的一种图形。图 3－1 是根据表 3－16 中数据绘制,即单式柱形图。

表 3－16　　某地历年来进出口额统计表

年份	进口额(亿美元)	出口额(亿美元)	进出口总额(亿美元)	进出口总额增长率(%)
2014	3 255	2 954	6 209	30.2
2015	4 389	4 131	8 520	37.2
2016	5 977	5 321	11 298	32.6
2017	7 621	6 622	14 243	26.1
2018	9 699	7 920	17 619	23.7

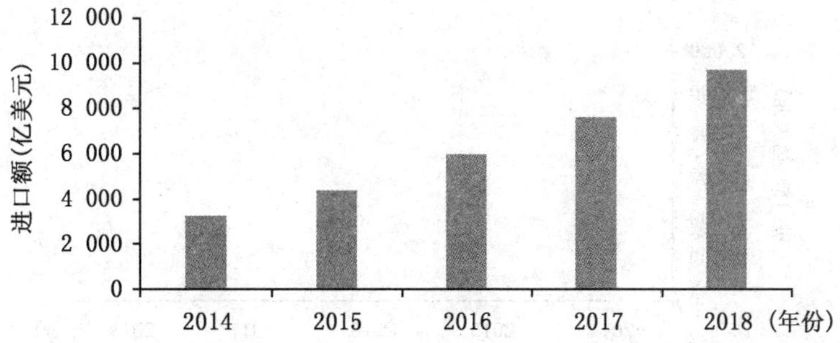

图 3－1　单式柱形图

2. 复式柱形图

复式柱形图是以两个或两个以上的条形为一组,同时平行若干组,以表示统计指标间相互对比关系的一种图形,它既可以进行组与组之间的比较,又可以进行组内比较。复式柱形图能说明较多的问题,所以是一种常见的图形。图 3－2 是根据表 3－16 中数据绘制,即复式柱形图。

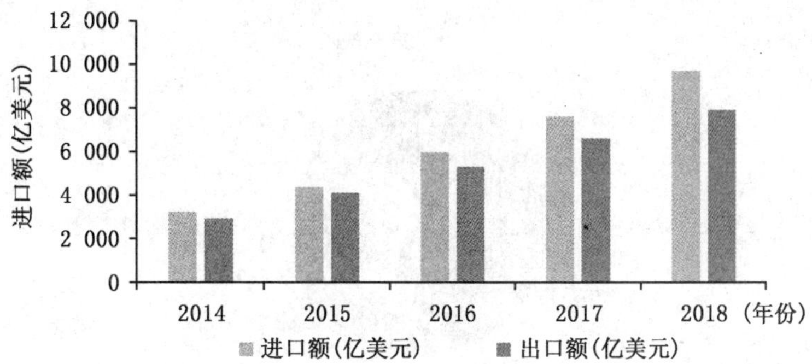

图 3－2　复式柱形图

3. 结构柱形图

结构柱形图是以条形及其内部分段来表明总体内部构成的图形。图 3－3 是根据表 3－16 中的数据绘制，即结构柱形图。

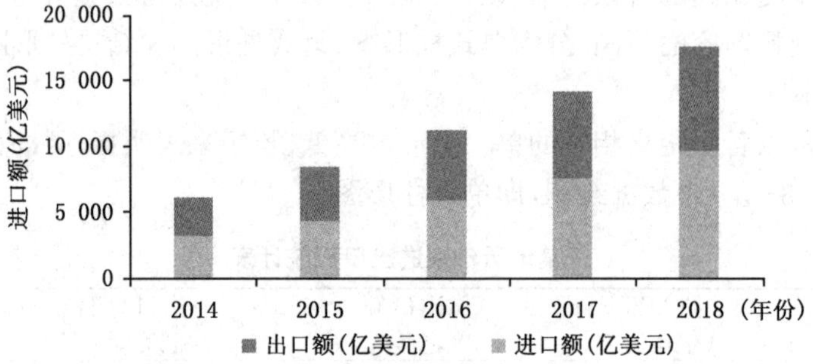

图 3－3 结构柱形图

(二)折线图

折线图是在平面直角坐标系中用折线表现数量变化特征和规律的图形。折线图可以显示随时间(根据常用比例设置)而变化的连续数据，因此非常适用于显示在相等时间间隔下数据的趋势。图 3－4 是根据表 3－16 中数据绘制，即折线图。

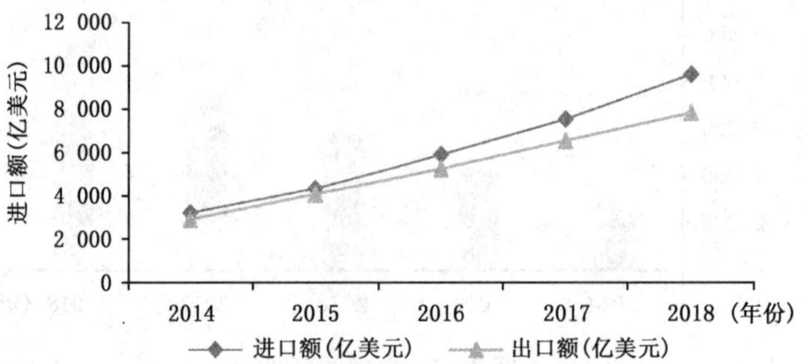

图 3－4 折线图

(三)饼图

饼图是用圆形及圆内扇形的面积来表示数值大小的图形，用于显示数据的次数分布或占比。饼图主要用于表示总体中各组成部分所占的比例，显示结构性问题。图 3－5 是根据表 3－3 中的数据绘制，即饼图。

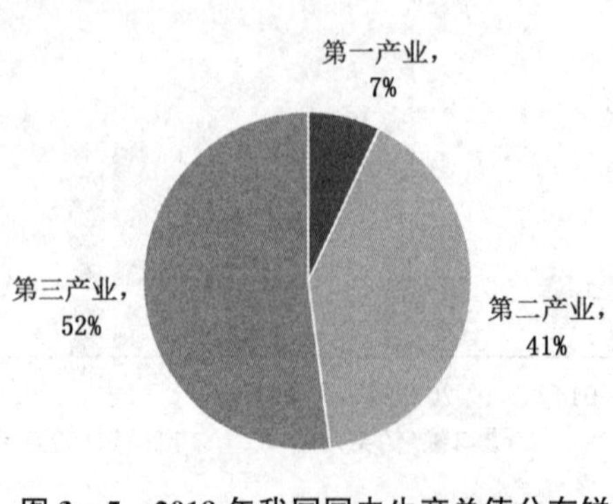

图 3－5 2018 年我国国内生产总值分布饼图

（四）散点图

散点图指在平面直角坐标中，以横轴和纵轴分别代表两个变量，找到数据点在坐标系上的分布图，如图 3—6 所示。它主要用来观察变量间的相关关系，也可以显示数量随时间变化分布情况。

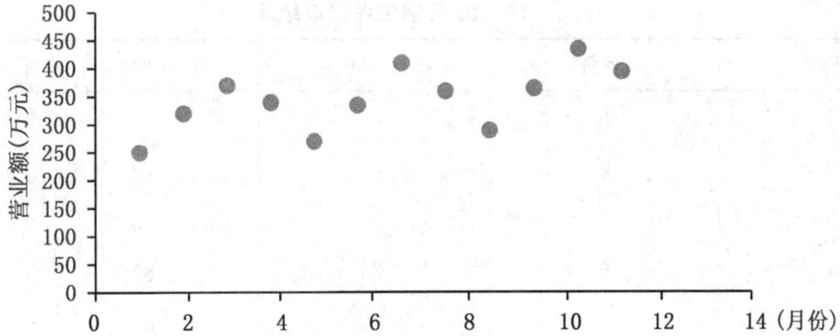

图 3—6　散点图

（五）直方图

直方图是用矩形的宽度（即面积）表示分配数列的图形。在平面直角坐标中，用横轴表示数据分组，纵轴表示频数或频率，这样，各组数据与相应的频数就形成了一个矩形，即直方图。如图 3—7 所示。

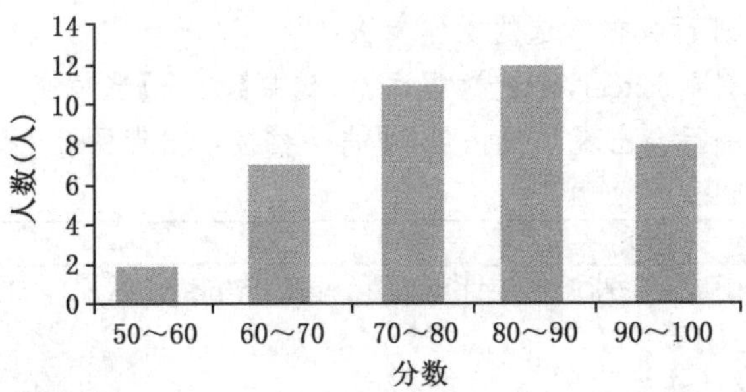

图 3—7　直方图

第六节　用 Excel 2016 进行统计图表制作

本节以例题的形式介绍 Excel 2016 软件进行统计图表制作的应用。

	学习指引： 推荐扫描左边二维码观看用 Excel 2016 进行统计图表制作相关内容。

一、数据筛选

［**例 3—2**］ 表 3—17 是 10 名学生 3 门课程的考试成绩数据(单位:分)。试找出全体男学生的成绩单,管理学成绩高于 90 分的学生,3 门课程成绩都大于 80 分的学生。

表 3—17　　10 名学生考试成绩表

编号	性别	统计学成绩	管理学成绩	经济学成绩
1	女	75	92	82
2	男	77	78	76
3	女	92	93	96
4	女	76	81	78
5	女	86	85	93
6	男	87	87	67
7	女	73	78	78
8	男	65	75	77
9	男	94	90	87
10	女	65	62	63

解:用 Excel 2016 进行数据筛选的操作步骤:

第一步:将数据复制到 Excel,全选数据之后,选择【数据】选项卡,在【排序与筛选】组中,单击【筛选】,表格的第一行会出现下拉按钮,单击下拉按钮出现图 3—8 所示结果。

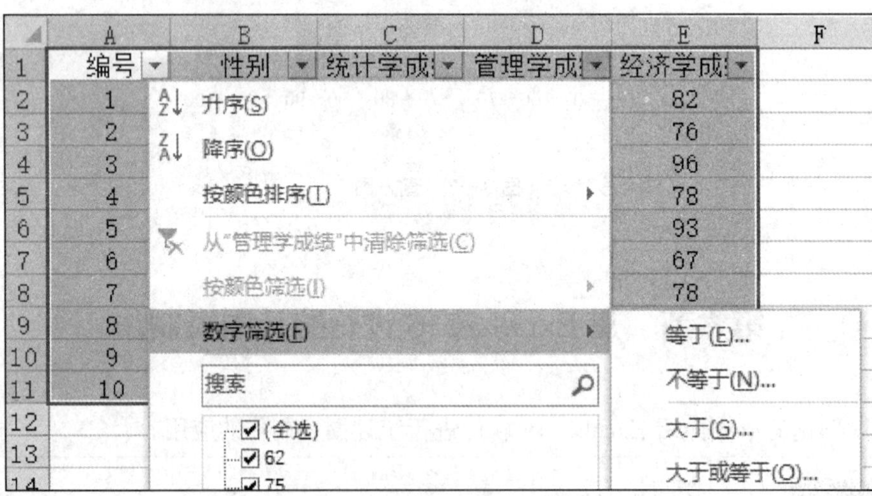

图 3—8　Excel 的数据筛选命令

第二步:要选择全部男同学的成绩单,单击"性别"字段右侧的下拉按钮,打开【筛选】下拉列表框,勾选"男"复选框,操作如图 3—9 所示,结果如图 3—10 所示。

第三步:要筛选管理学成绩高于 90 分的学生,单击"管理学成绩"字段右侧的下拉按钮,在

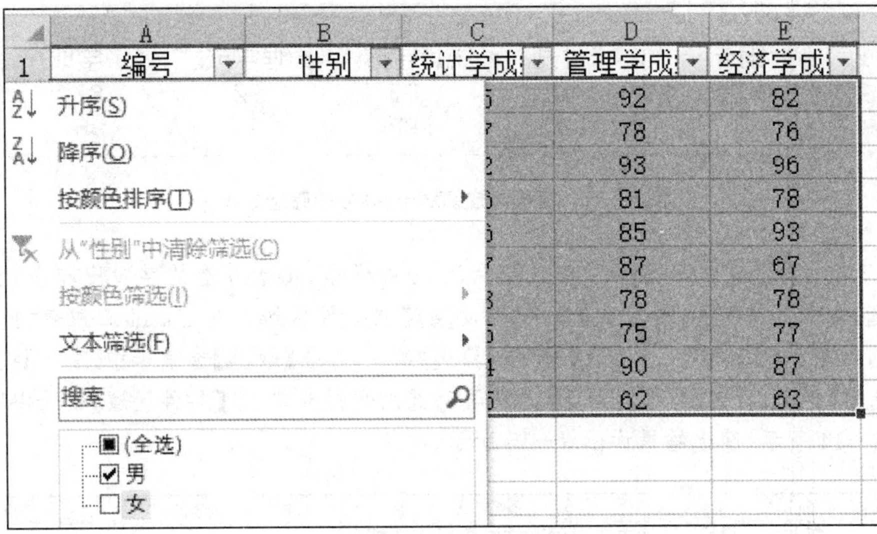

图 3—9　Excel 的数据筛选条件选择

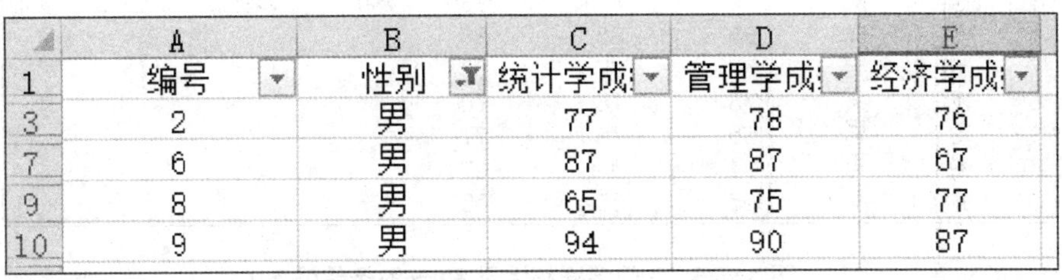

图 3—10　Excel 的数据筛选结果

【筛选】下拉列表框中，执行【数字筛选】中的“大于”命令，弹出【自定义自动筛选方式】对话框，如图 3—11 所示，在下拉列表框中选择“90”，单击【确定】按钮，结果如图 3—12 所示。

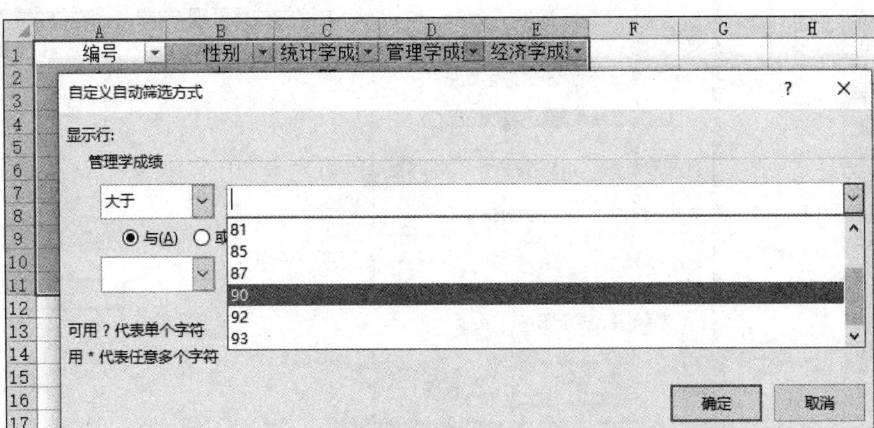

图 3—11　【自定义自动筛选方式】对话框

	A	B	C	D	E
1	编号	性别	统计学成:	管理学成:	经济学成:
2	1	女	75	92	82
4	3	女	92	93	96

图 3—12　管理学成绩高于 90 分的筛选结果

第四步：如何筛选 3 门课程成绩都大于 80 分的学生，由于筛选的字段比较多，需要使用【高级筛选】命令。使用【高级筛选】命令时，必须建立条件区域。在 Excel 工作表的空白区域输入条件，如图 3—13 所示；然后在【排序和筛选】组中，单击【数据】选项卡中【高级】按钮，弹出【高级筛选】对话框，并在【列表区域】中选中要筛选的数据清单，在【条件区域】中选中匹配的条件，如图 3—14 所示，筛选结果如图 3—15 所示。

	A	B	C	D	E	F	G	H
1	编号	性别	统计学成绩	管理学成绩	经济学成绩			
2	1	女	75	92	82			
3	2	男	77	78	76			
4	3	女	92	93	96	统计学成绩	管理学成绩	经济学成绩
5	4	女	76	81	78	>80	>80	>80
6	5	女	86	85	93			
7	6	男	87	87	67			
8	7	女	73	78	78			
9	8	男	65	75	77			
10	9	男	94	90	87			
11	10	女	65	62	63			

图 3—13　3 门课程都大于 80 分的条件输入

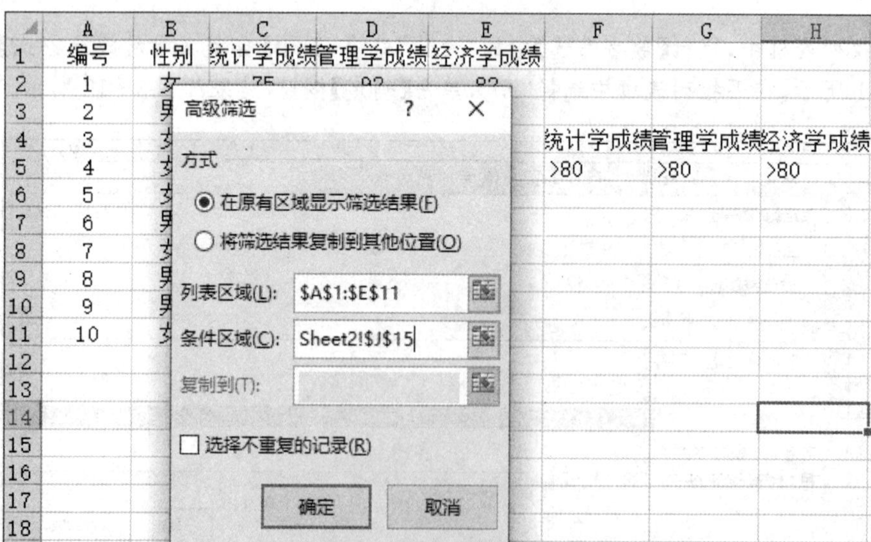

图 3—14　【高级筛选】对话框

	A	B	C	D	E
1	编号	性别	统计学成绩	管理学成绩	经济学成绩
4	3	女	92	93	96
6	5	女	86	85	93
10	9	男	94	90	87

图 3—15　3 门课程成绩都大于 80 分的学生成绩单

二、数据排序

[例 3—3]　根据例 3—2 的数据，按管理学成绩对所有学生升序进行排名。

解：用 Excel 2016 进行数据筛选的操作步骤：

第一步：选中原始数据，选择【数据】选项卡，在【排序和筛选】组中，单击【排序】按钮，弹出【排序】对话框，如图 3—16 所示，设置排序变量和要求。

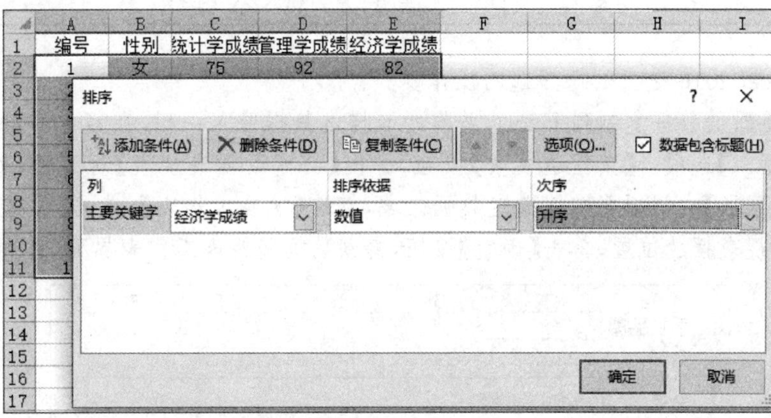

图 3—16　【排序】对话框

第二步：在【排序】对话框中，在【主要关键字】下拉表框中选择【管理学成绩】选项，在【排序依据】下拉列表框中选择【数值】选项，在【次序】下拉列表框中选择【升序】选项，单击【确定】按钮。排序结果如图 3—17 所示。

	A	B	C	D	E
1	编号	性别	统计学成绩	管理学成绩	经济学成绩
2	10	女	65	62	63
3	6	男	87	87	67
4	2	男	77	78	76
5	8	男	65	75	77
6	4	女	76	81	78
7	7	女	73	78	78
8	1	女	75	92	82
9	9	男	94	90	87
10	5	女	86	85	93
11	3	女	92	93	96

图 3—17　按管理学成绩升序排序

三、品质数列的制作

[例 3—3] 一家市场调查公司为研究某市手机品牌的市场占有率，对拥有手机的消费者随机选取了 50 人进行访问，并把这 50 人所拥有的手机品牌结果进行记录，如表 3—18 所示。试将这些原始数据编制成品质分配数列统计表。

表 3—18　　手机品牌的样本数据

vivo	小米	vivo	华为	华为
小米	oppo	小米	vivo	荣耀
苹果	荣耀	小米	苹果	华为
oppo	小米	华为	oppo	华为
oppo	华为	vivo	小米	vivo
荣耀	苹果	oppo	华为	小米
小米	华为	荣耀	vivo	苹果
华为	华为	vivo	苹果	华为
vivo	oppo	小米	oppo	小米
苹果	荣耀	华为	华为	oppo

解：用 Excel 2016 进行数据筛选的操作步骤：

第一步：将原始数据复制到 Excel，并将所有样本数据并入一列，在第一列加上标志“手机品牌”，单击【插入】选项卡【数据透视表】按钮，弹出【创建数据透视表】对话框，如图 3—18 所示。单击【表/区域】右侧折叠按钮选定数据区域，点选【现有工作表】，单击【位置】右侧折叠按钮选择数据透视表摆放位置，单击【确定】按钮，得到数据透视表工作表界面，如图 3—19 所示。

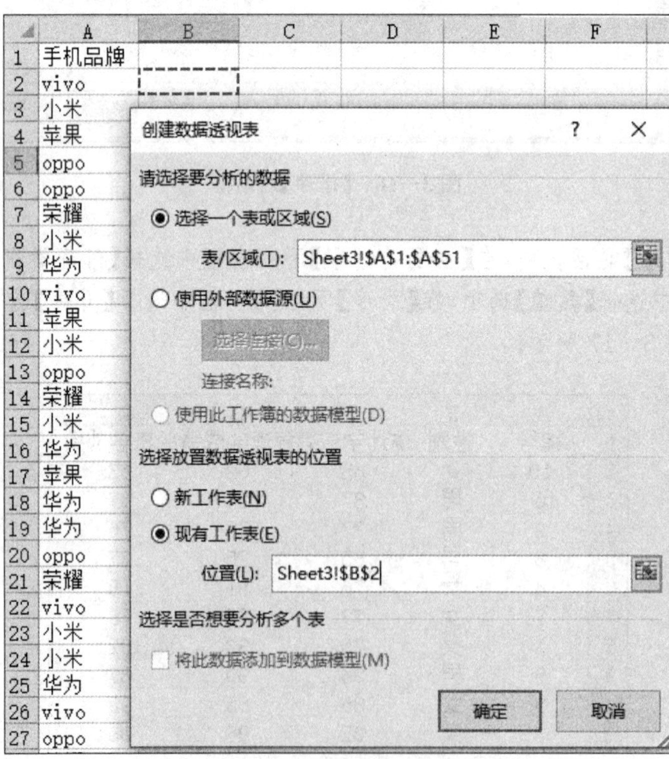

图 3—18 【创建数据透视表】对话框

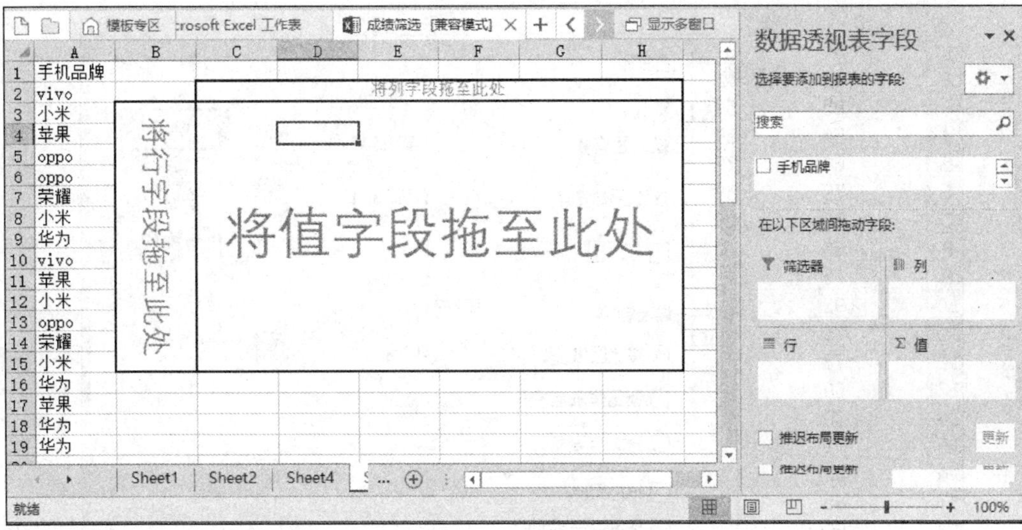

图 3—19　数据透视表工作界面

第二步:数据透视表工作界面中的【手机品牌】字段拖入下面【行标签】和【数值】对话框中。得到图 3—20,即品质数列分布表。

B	C
计数项:手机品牌	
手机品牌	汇总
oppo	8
vivo	8
华为	13
苹果	6
荣耀	5
小米	10
总计	50

图 3—20　Excel 生成的品质数列分布表

四、变量数列的制作

[例 3—4]　根据例 3—1 的数据,制作成组距式分配数列统计表。

解:用 Excel 2016 进行数据筛选的操作步骤:

第一步:将原始数据复制到 Excel,并将所有成绩数据并入一列,在工作表空白区域,输入一列各分组的上限值作为"接收区域",此例为 59、69、79、89、100。

第二步:选择【数据】选项卡,在【分析】栏中,单击【数据分析】,选择【直方图】按钮,单击【确定】,弹出图 3—21。

第三步:在【输入区域】文本中输入原始数据位置,或者折叠按钮选取;在【接收区域】输入第一步中录入的各组上限位置,或者单击折叠按钮选取;勾选【累积百分率】,单击【确定】,然后对输出结果进行适当调整规范得组距式分配数列统计表(如表 3—19 所示)。

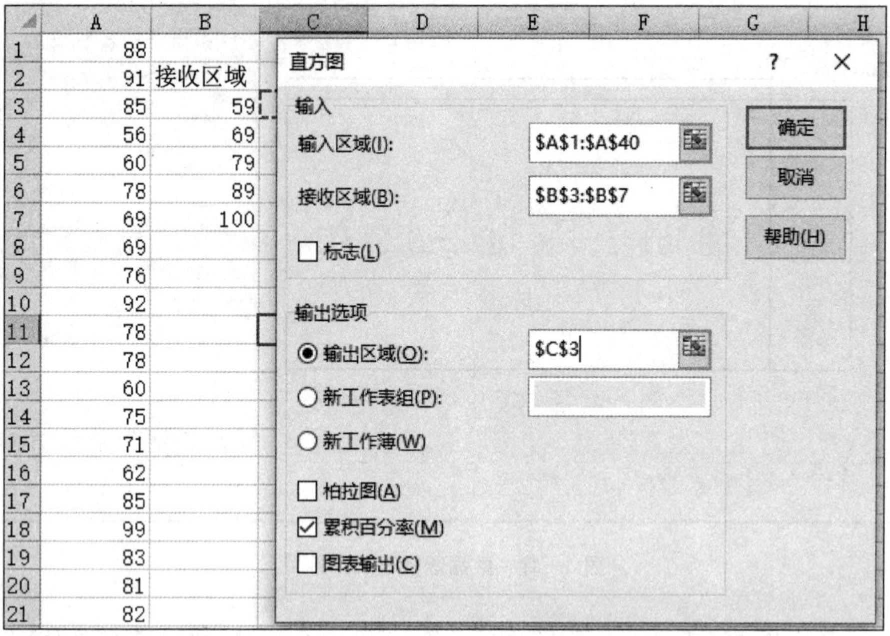

图 3—21 【直方图】对话框

表 3—19 组距式分配数列统计表

成绩分组	频率	累积百分率
0～59	2	5.00%
60～69	7	22.50%
70～79	11	50.00%
80～89	12	80.00%
90～100	8	100.00%
其他	0	100.00%

练习题

一、单项选择题

1. 次数是分配数列组成的基本要素之一，它是指(　　)。

A. 各组单位数占总体单位数的比重

B. 分布在各组的个体单位数

C. 数量标志在各组的划分

D. 以上都不对

2. 某连续变量数列，其末组为 600 以上。又如其邻近组的组中值为 560，则末组的组中值为(　　)。

A. 620　　B. 10　　C. 630　　D. 640

3. 变量数列中各组频率的总和应该是(　　)。

A. 小于1　　B. 等于1　　C. 大于1　　D. 不等于1

4. 某连续变量分为五组：第一组为40～50，第二组为50～60，第三组为60～70，第四组为70～80，第五组为80以上。依习惯上规定(　　)。

A. 50在第一组，70在第四组　　B. 60在第二组，80在第五组

C. 70在第四组，80在第五组　　D. 80在第四组，50在第二组

5. 分配数列有两个组成要素，它们(　　)。

A. 一个是单位数，另一个是指标数　　B. 一个是指标数，另一个是分配次数

C. 一个是分组，另一个是次数　　D. 一个是总体总量，另一个是标志总量

6. 对统计总体按两个及以上标志分组后形成的统计表叫(　　)。

A. 简单表　　B. 简单分组表　　C. 复合分组表　　D. 汇总表

7. 在编制组距数列时，当全距不变的情况下，组距与组数的关系是(　　)。

A. 正比例关系　　B. 反比例关系　　C. 乘积关系　　D. 毫无关系

8. 下列分组中按品质标志分组的是(　　)。

A. 人口按年龄分组　　B. 产品按质量优劣分组

C. 企业按固定资产原值分组　　D. 乡镇企业按工业产值分组

9. 用组中值代表各组内的一般水平的假定条件是(　　)。

A. 各组的次数均相等　　B. 各组的组距均相等

C. 各组的变量值均相等　　D. 各组次数在本组内呈均匀分布

10. 统计表的主词是统计表所要说明的对象，一般排在统计表的(　　)。

A. 左方　　B. 上端中部　　C. 右方　　D. 下方

二、判断题

1. 统计数据整理就是对原始资料的整理。(　　)

2. 能够对统计总体进行分组，是由统计总体中各个单位所具有的差异性特点决定的。(　　)

3. 统计分组的关键是正确选择分组标志和划分各组的界限。(　　)

4. 简单分组涉及总体的某一个标志，复合分组则涉及总体两个以上标志，因此，将两个简单分组排列起来，就是复合分组。(　　)

5. 单项式分配数列的组数等于变量所包含的变量值的个数。(　　)

6. 异距数列是各组组距不都相等的组距数列。(　　)

7. 统计表的主词是说明总体的各种指标。(　　)

8. 统计数据的整理就是对统计报表数据的整理。(　　)

三、计算题

1. 有一个班学生的考试成绩如下：

89	88	76	99	74	60	82	60	93	99
94	82	77	79	97	78	87	84	79	65
98	67	59	72	56	81	77	73	65	66
83	63	89	86	95	92	84	85	79	70

学校规定：60分以下不及格；60～75分为中；76～89分为良；90～100分为优。

要求：把该班学生分为不及格、中、良、优四组，编制一张次数分布表。

2. 某班学生统计学原理考试成绩次数分布如表3—20所示。

表 3—20　　某班学生统计学原理考试成绩表

考分	人数	比率	向上累计		向下累计	
			人数(人)	比率(%)	人数(人)	比率(%)
60 以下	2					
60～70	7					
70～80	11					
80～90	12					
90 以上	8					
合计	40					

要求：根据表 3—20 资料，计算相应的数字，填入表中空格，并说明各指标的意义。

3. 某公司所属 20 家企业某月工业增加值资料如表 3—21 所示。

表 3—21　　某公司所属 20 家企业某月工业增加值

企业编号	工业增加值	企业编号	工业增加值
A	46	K	24
B	68	L	78
C	118	M	92
D	33	N	57
E	79	O	40
F	50	P	60
G	89	Q	72
H	27	R	58
I	127	S	66
J	99	T	74

要求：编制组距数列。

第四章　统计数据的描述性分析

【案例导入】

纽约是不是个富州?

纽约是不是个富州? 纽约州的个人平均收入在美国全部50个州中位居第四,和它的富邻居康涅狄格及新泽西州一起名列前茅(后两州分列一、二名)。但是康涅狄格和新泽西州的住户中位收入分居全国第七和第二名,纽约州却排在第二十九名,比全国平均的中位收入低许多。这是怎么回事? 这只不过是平均数不同于中位数的一个例子。纽约州有许多收入非常高的居民,把平均收入提高许多,但是它的贫困户比例比新泽西和康涅狄格都要高,使得住户中位收入偏低。纽约州并不富裕——它只是同时拥有非常有钱和非常贫穷的居民这两种极端的一个州。

用图表展示数据,是为了从中发现数据的分布情况与特征,如果需要进一步挖掘数据的分布特征和规律性,需要找出反映数据分布与特征的统计指标。一般而言,数据的分布特征及其规律性主要从三个方面进行测量:第一,数据分布的集中趋势,反映数据向中心值靠拢的程度;第二,数据的分散趋势,反映数据远离中心值的程度;第三,数据分布的形状,反映数据分布的偏态与峰态。这三个方向分别描述了数据分布特征的不同方面。

第一节　集中趋势的描述

集中趋势是指一组数据向中心值靠拢的程度,测量集中趋势就是寻找数据中心值的水平或程度,它代表全体数据的一般水平。根据取得这个中心值的方法不同,一般将集中趋势指标分为两类:数值平均数和位置平均数。

一、数值平均数

数值平均数是同质总体内各个个体某一数量标志在一定时间、地点、条件下所达到的一般水平，是反映现象总体综合数量特征的重要指标，又称为平均指标。数值平均数有三种形式：算术平均数、调和平均数和几何平均数。

(一)算术平均数

算术平均数是总体中各个体的某个数量的总和与个体总数的比值，一般用符号 $\overline{X}$ 表示。其基本公式为：

$$\text{算术平均数} = \frac{\text{总体标志总量}}{\text{总体单位数}} \tag{4.1}$$

在实际运算时，由于掌握的资料不同，算术平均数分为简单算术平均数和加权算术平均数。

1. 简单算术平均数

在掌握了没有分组的总体各单位的标志值或已经有了标志总量和总体总量的资料就可以采用这种方法计算。计算公式如下：

$$\overline{X} = \frac{X_1 + X_2 + \cdots + X_n}{n} = \frac{\sum X}{n} \tag{4.2}$$

式中，$\overline{X}$ 代表算术平均数；$X_1, X_2, \cdots, X_n$ 代表各变量值；n 代表变量个数；$\sum$ 代表加和符号。

[例 4—1] 有五名学生的学习成绩分别为：75、91、64、53、82。求他们的平均成绩。

解：$\overline{X} = \frac{\sum X}{n} = \frac{75 + 91 + 64 + 53 + 82}{5} = 73$(分)

2. 加权算术平均数

如果掌握的是经过分组整理后编制的频数分布数列，就需要采用加权算术平均数的方法计算。计算公式如下：

$$\overline{X} = \frac{X_1 f_1 + X_2 f_2 + \cdots + X_n f_n}{f_1 + f_2 + \cdots + f_n} = \frac{\sum Xf}{\sum f} \tag{4.3}$$

式中，$\overline{X}$ 代表加权算术平均数；$X_1, X_2, \cdots, X_n$ 代表各变量值；$f_1, f_2, \cdots, f_n$ 代表各组次数或频数；n 代表变量个数；$\sum$ 代表总和符号。

计算加权算术平均数运用的变量数列资料有两种情况：单项式数列和组距式数列。单项式数列直接对各组变量值进行加权平均计算即可，而组距式数列需要先求出各组变量值的组中值，然后对组中值进行加权平均计算。

[例 4—2] 某车间工人人数和日产量情况如表 4—1 所示，求工人平均日产量。

表 4—1 **某车间工人生产情况**

按日产量分组 X	工人人数 f	日总产量 Xf
30	1	30
32	2	64
34	2	68
36	3	108
38	1	38

续表

按日产量分组 X	工人人数 f	日总产量 Xf
40	1	40
合计	10	348

解：$\overline{X}=\frac{\sum Xf}{\sum f}=\frac{438}{10}=43.8$(件)

由上可知，加权算术平均数 $\overline{X}$ 数值的大小不仅受到各组标志值 X 大小的影响，同时还受到各组次数 f 的影响。各组次数具有权衡各组变量值轻重的作用，某一组的次数越大，则该组的变量值对平均数的影响就越大，反之越小。实际上，我们将(4.3)式变形为下面的形式，就更能清楚地看出这一点。

$$\overline{X}=\frac{\sum Xf}{\sum f}=\sum X\frac{f}{\sum f} \tag{4.4}$$

由(4.4)式可以清楚地看出，加权算术平均数受各组变量值 X 和各组权数即频率 $\frac{f}{\sum f}$ 大小的影响。频率越大，相应的变量值计入平均数的份额也越大，对平均数的影响就越大；反之，频率越小，相应的变量值计入平均数的份额也越小，对平均数的影响就越小。这就是权数权衡轻重作用的实质。

[例 4—3] 某校工商管理专业 2018 级学生 50 人，上学期统计学课程考试成绩被整理成表 4—2，请根据表中资料计算该年级学生统计学课程的平均成绩。

表 4—2　　2018 级学生统计学考试成绩汇总表

考分	人数	组中值	比重 $f/\sum f$	$X(f/\sum f)$
60 以下	2	55	0.04	2.20
60～70	5	65	0.10	6.50
70～80	12	75	0.24	18.00
80～90	20	85	0.40	34.00
90 以上	11	95	0.22	20.90
合计	50	—	1.00	81.60

解：$\overline{X}=\frac{\sum Xf}{\sum f}=\sum X\frac{f}{\sum f}=81.60$

需要说明的是，以组中值作为各组标志值的代表值是带有假定性的，即假定各组内标志值的分布是均匀的，组中值等于组平均数。但实际上各组的标志值在组内的分布可能是均匀的，也可能不是，因此以组中值作为组平均数通常存在着一定的误差，据以计算出来的算术平均数是一个近似值。

算术平均数在统计学中具有重要的地位，它是进行统计分析和统计推断的基础。从统计思想上看，算术平均数是一组数据的中心所在，它是消除了一些随机因素影响后或者数据误差相互抵消后的必然性的结果。例如每年分季度的观测数据，各年同季的数据由于受一些偶然性随机因素的影响，其数值表现出一定的差异性，但将各年同季的数据加以平均，计算的算术平均数，就消除了一些随机因素的影响，反映出季节变动必然性的数量特征。再如，对同一事物进行多次测量，由于测量误差所致，或者其他因素的偶然影响，使得测量结果不一致，但利用算术平均数作为其代表值，则可以使误差相互抵消，反映出事物固有的数量特征。另外，算术平均数具有下面一些重要的数学性质，这些数学性质在实际中有着广泛的应用，同时也体现了算术平均数的统计思想。

3. 算术平均数的数学性质

算术平均数有两个重要的数学性质。

(1)各变量值与其算术平均数的离差之和等于零，即

$$\sum(X-\overline{X})=0 \text{ 或 } \sum(X-\overline{X})f=0$$

(2)各变量值与其算术平均数的离差平方和最小，即

$$\sum(X-\overline{X})^2=\text{最小值 或 }\sum(X-\overline{X})^2f=\text{最小值}$$

需要注意的是，算术平均数有一些弱点：第一，它容易受到极端值的影响，使 $\overline{X}$ 的代表性变小，且受极大值的影响大于受极小值的影响；第二，当组距数列为开口组时，由于组中点不易确定，使 $\overline{X}$ 的代表性也不是很可靠。

(二)调和平均数

调和平均数又称"倒数平均数"，它是各个变量值倒数的算术平均数的倒数，通常用 H 表示。根据所掌握的资料不同，调和平均数有简单调和平均数和加权调和平均数两种。

1. 简单调和平均数

如果掌握的资料是未分组的总体各单位的标志值和标志总量，则用简单调和平均数计算平均指标。其计算公式为：

$$H=\frac{1+1+\cdots+1}{\frac{1}{X_1}+\frac{1}{X_2}+\cdots+\frac{1}{X_n}}=\frac{n}{\sum\frac{1}{X}} \tag{4.5}$$

式中，H 代表调和平均数；n 代表标志总量；其余符号与前相同。

［例4—4］ 某商品在淡季、平季、旺季的价格分别是100元、116元、140元，假设分别以淡季、平季、旺季的价格购买一元的这种商品，求该商品的平均价格。

解：$H=\frac{n}{\sum\frac{1}{X}}=\frac{3}{\frac{1}{100}+\frac{1}{116}+\frac{1}{140}}=\frac{3}{0.02576}=116.46$（元）

从形式上看，调和平均数和算术平均数有明显的区别，但从计算内容上来看，两者是一致的，均为总体标志总量与总体单位总量的对比。

2. 加权调和平均数

如果掌握的资料是各组的标志值和标志总量，而未掌握各组单位数，则用加权调和平均数计算平均指标。其计算公式为：

$$H=\frac{m_1+m_2+\cdots+m_n}{\frac{m_1}{X_1}+\frac{m_2}{X_2}+\cdots+\frac{m_n}{X_n}}=\frac{\sum m}{\sum\frac{m}{X}} \tag{4.6}$$

式中，m 代表各组标志总量，其余符号与前相同。

［例 4—5］　某食堂购进某种蔬菜，相关资料如表 4—3 所示。求这种蔬菜的平均价格。

表 4—3　　某种蔬菜价格资料及其计算表

	价格(元/千克)	购买金额(元)	购买量(千克)
	x	m	$\frac{m}{x}$
早	1.00	10.0	10.0
午	1.20	15.0	12.5
晚	1.10	20.0	18.2
合计	—	45.0	40.7

解：根据表 4—3 计算食堂购进这种蔬菜的平均价格为：

$$H=\frac{\sum m}{\sum \frac{m}{X}}=\frac{10.0+15.0+20.0}{40.7}=\frac{45.0}{40.7}=1.106(\text{元 / 千克})$$

加权算术平均数与加权调和平均数是计算平均指标时常常用到的两个指标。加权算术平均数中的权数一般情况下是资料已经分组得出分配数列的情况下标志值的次数。而加权调和平均数的权数是直接给定的标志总量。在经济统计中，经常因为无法直接得到被平均标志值的相应次数的资料而采用调和平均数形式来计算，使调和平均数的计算结果与加权算术平均数的计算结果相同，所以：

$$\overline{X}=\frac{\sum m}{\sum \frac{m}{X}}=\frac{\sum Xf}{\sum f} \tag{4.7}$$

（三）几何平均数

几何平均数又称对数平均数，它是若干项变量值连乘积开其项数次方的算术根，通常用 G 表示。当所掌握的变量值本身是比率的形式，而且各比率的乘积等于总的比率，这时就应该采用几何平均数计算平均比率。根据所掌握的资料不同，可分为简单几何平均数和加权几何平均数。

1. 简单几何平均数

如果掌握的资料是未分组的总体各单位的标志值和标志总量，其计算公式为：

$$G=\sqrt[n]{X_1 \cdot X_2 \cdot \cdots \cdot X_n}=\sqrt[n]{\prod X} \tag{4.8}$$

式中，G 代表几何平均数；$\prod$ 代表连乘符号；n 代表变量值个数。

［例 4—6］　某企业生产某种产品需经三个连续作业车间才能完成，求该企业的平均产品合格率，具体数据如表 4—4 所示。

表 4—4　　各车间生产及合格率情况

车间	投入量	产出量	合格率(%)
一	1 000	800	80
二	800	720	90
三	720	504	70

解：因为成品的合格率等于三个车间产品合格率的连乘积，所以要用几何平均数来计算三个车间的平均合格率，即：

$G=\sqrt[3]{80\%\times90\%\times70\%}=\sqrt[3]{50.4\%}=79.58\%$

2. 加权几何平均数

当掌握的数据资料为分组资料，且各个变量值出现的次数不相同时，就要用加权方法计算几何平均数，其公式为：

$$G=\sqrt[\sum f]{X_1^{f_1}\cdot X_2^{f_2}\cdot\cdots\cdot X_k^{f_k}}=\sqrt[\sum f]{\prod X^f} \tag{4.9}$$

式中，f 为各变量值的次数或权数。

[例 4—7] 某地区 GDP 2008～2012 年平均发展速度为 107.2%，2013～2015 年平均发展速度为 108.7%，2016～2017 年平均发展速度为 110%，求该地区 2008～2017 年间的平均发展速度。

解：由于总速度是各年发展速度连乘形成的，该资料提供的各时段的平均发展速度所代表的时间长度又有所不同，所以根据该资料求平均发展速度需用加权的几何平均法。所要求的平均发展速度为：

$$G=\sum{}^{f}\sqrt{\prod X^f}=\sqrt[10]{1.072^5\times1.087^3\times1.1^2}=108.2\%$$

二、位置平均数

位置平均数是根据标志值在变量数列中所处的位置来确定的平均数，它与数值平均数相比具有不受极端数值影响的特点。通常的位置平均数包括众数和中位数。

（一）众数

众数是指在总体中出现次数最多的标志值，通常用 M_0 表示，它能够直观地反映客观现象分布的集中趋势，因此在现实中有非常广的应用。例如，在大批量生产的男式皮鞋中，有多种尺码，其中 41 码是销售量最多的尺码，则这个 41 码也就是众数，可以代表男式皮鞋尺码的一般水平，宜大量生产，而其他尺码生产量可以相应少一些。

众数是通过发生次数的多少来确定的，数据太少时，不宜用众数，因此，确定众数所使用的资料大多是分组数列。

1. 根据单项式数列确定众数

根据单项式数列确定众数比较容易，出现次数最多的变量值就是众数。

[例 4—8] 某商店某月女式毛衣销售量资料如表 4—5 所示，试确定女式毛衣尺码的一般水平。

表 4—5　　女式毛衣销售情况

尺码	销售量	比重(%)
80	6	5
85	8	15
90	48	40
95	30	25

续表

尺码	销售量	比重(%)
100	12	10
105	6	5
合计	110	100

解：由表 4—5 可知，90 尺码的女式毛衣的销售量 48 件为最多，占比 40%，因此众数 $M_0=$ 90。

2. 由组距式数列计算众数

由组距式数列计算众数，首先要根据各组次数确定众数所在的组，在此基础上判断是否为等距数列，若为等距数列，那么次数最多的那个组就是众数所有组。若为异距数列，需要将其换算成次数密度(或标准组距次数)，换算后次数密度最多的一组即为众数所在组。然后利用下列公式计算众数的近似值。

$$下限公式：M_0=L+\frac{\Delta_1}{\Delta_1+\Delta_2}\cdot d \tag{4.10}$$

$$上限公式：M_0=U-\frac{\Delta_1}{\Delta_1+\Delta_2}\cdot d \tag{4.11}$$

式中：M_0 代表众数；L 代表众数所在组的下限；U 代表众数所在组的上限；Δ_1 代表众数所在组次数与前一组次数之差；Δ_2 代表众数所在组次数与后一组次数之差；d 代表众数所在组的组距。

众数的下限公式和上限公式是等价的，用两个公式计算的结果完全相同，但一般采用下限公式。

[例 4—9]　某班统计学成绩如表 4—6 所示，求该班统计学平均成绩。

表 4—6　某班统计学成绩情况表

考　分	人数(人)	比重(%)
50～60	2	5.0
60～70	7	17.5
70～80	11	27.5
80～90	12	30.0
90～100	8	20.0
合　计	40	100.0

解：首先确定众数组：次数最多者是 12，对应的分组是 80～90，则 80～90 组就是众数所在组。

然后用公式计算众数的近似值：

按下限公式：

$$\begin{aligned}M_0&=L+\frac{\Delta_1}{\Delta_1+\Delta_2}\cdot d\\&=80+\frac{12-11}{(12-11)+(12-8)}\times 10\\&=80.2\end{aligned}$$

按上限公式：

$$\begin{aligned}M_0&=U-\frac{\Delta_2}{\Delta_1+\Delta_2}\cdot d\\&=90-\frac{12-8}{(12-11)+(12-8)}\times 10\\&=80.2\end{aligned}$$

计算结果说明，无论用下限公式，还是用上限公式都可以得到相同的结果。

从众数的计算可看到众数的特点：第一，众数是一个位置平均数，它只考虑总体分布中最频繁出现的变量值，而不受各单位标志值的影响，从而增强了对变量数列一般水平的代表性。不受极端值和开口组数列的影响。第二，众数是一个不容易确定的平均指标，当分布数列没有明显的集中趋势而趋均匀分布时，则无众数可言；当变量数列是不等距分组时，众数的位置也不好确定。

（二）中位数

中位数是将总体各单位的标志值按大小顺序排列，处于数列中点位置的标志值为中位数，通过用 M_e 表示。中位数将数列分为相等的两部分，一部分的标志值小于中位数，另一部分的标志值大于中位数。在许多情况下，不易计算平均值时，可用中位数代表总体的一般水平。例如，人口年龄中位数，可表示人口总体年龄的一般水平。中位数的确定需要根据所掌握资料不同而定。

1. 由未分组资料确定中位数

根据未分组资料确定中位数时，首先将标志值按大小顺序排列，然后根据公式 $(n+1)/2$ 确定中位数的位置，再根据中位数的位置找出对应的标志值。当 n 为奇数时，则居于中间位置的那个标志值就是中位数。当 n 为偶数时，则中间位置的两个标志值的算术平均数为中位数。

［例 4—10］ 有五个工人生产某产品件数，按序排列分别为 20，23，26，29，30，求中位数。

解：中位数位置 $=\frac{n+1}{2}=\frac{5+1}{2}=3$，第 3 位工人日产 26 件产品为中位数，即：$M_e=26$（件）。

［例 4—11］ 有六个工人生产某产品件数，按序排列分别为 20，23，26，29，30，32，求中位数。

解：中位数位置 $=\frac{n+1}{2}=\frac{6+1}{2}=3.5$

这表明中位数是第三、第四人的平均数：$M_e=\frac{26+29}{2}=27.5$（件）。

2. 单项式分组资料确定中位数

直接可用公式 $\frac{\sum f}{2}$ 确定中位数的位次，再根据位次用较小累计次数或较大累计次数的方法将累计次数首次超过中位数位次的组确定为中位数组，该组的标志值即为中位数。

［例 4—12］ 有某企业员工生产零件资料如表 4—7 所示，求中位数。

表 4—7　　某企业员工日产零件中位数计算表

日产零件分组(件)	工人数(人)	较小制累计	较大制累计
26	3	3	80
31	10	13	77
32	14	27	67
34	27	54	53
36	18	72	26
41	8	80	8
合计	80	—	—

解：中位数位置$=\dfrac{\sum f}{2}=\dfrac{80}{2}=40$

这说明中位数在累计次数首次超过 40 的那一组，从向上累计和向下累计都可以看出，即 $M_e=34$(件)。

3. 组距式分组资料确定中位数

由组距式数列确定中位数，应该先按 $\dfrac{\sum f}{2}$ 的公式求出中位数所在组的位置，然后再用比例插值法确定中位数的近似值，计算公式如下：

下限公式：

$$M_e=L+\frac{\dfrac{\sum f}{2}-S_{m-1}}{f_m}\cdot d \tag{4.12}$$

上限公式：

$$M_e=U-\frac{\dfrac{\sum f}{2}-S_{m+1}}{f_m}\cdot d \tag{4.13}$$

式中：L 代表中位数组的下限；U 代表中位数组的上限；f_m 代表中位数组的次数；S_{m-1} 代表中位数所在组以前各组的累计次数；S_{m+1} 代表中位数所在组以后各组的累计次数；$\sum f$ 代表总次数；d 代表中位数所在组的组距。

［例 4—13］　某企业工人日产量资料如表 4—8 所示，求中位数。

表 4—8　　某企业员工日产零件中位数计算表

按日产量分组(千克)	工人数(人)	较小制累计	较大制累计
50～60	10	10	164
60～70	19	29	154
70～80	50	79	135
80～90	36	115	85
90～100	27	142	49

续表

按日产量分组(千克)	工人数(人)	较小制累计	较大制累计
100～110	14	156	22
110 以上	8	164	8
合计	164	—	—

解：中位数位置 $=\frac{\sum f}{2}=\frac{164}{2}=82$

这说明中位数在累计次数首次超过 82 的那一组，从向上累计和向下累计都可以看出，中位数组为 80～90。用下限公式求得：

$$M_e=L+\frac{\frac{\sum f}{2}-S_{m-1}}{f_m}\cdot d=80+\frac{82-79}{36}\times 10=80.83(\text{千克})$$

用上限公式求得：

$$M_e=U-\frac{\frac{\sum f}{2}-S_{m+1}}{f_m}\cdot d=90-\frac{82-49}{36}\times 10=80.83(\text{千克})$$

计算结果说明，无论用下限公式，还是用上限公式都可以得到相同的结果。

从中位数的计算可看到众数的特点：第一，中位数不受极端值及开口组的影响，具有稳健性。第二，各单位标志值与中位数离差的绝对值之和是个最小值。

第二节　离中趋势的描述

集中趋势只是数据分布的一个特征，它所反映的是一组数据向其中心靠拢的程度，但仅有数据的中心位置还不足以较全面描述一组数据分布的规律性，还需要考察数据的离中趋势，也称离散程度。

例如某车间有两个生产小组，都是 7 名员工，各人日产件数如下：

甲组：20，40，60，70，80，100，120

乙组：67，68，69，70，71，72，73

甲、乙两组的平均每人日产量相等，都为 70 件。但甲组各员工日产件数相差很大，分布很分散；而乙组各员工日产件数相差不大，分布很集中。因此，虽然平均数都是 70 件，对甲组来说，其代表性要小很多；对乙组来说，代表性相对较大。

描述数据离中趋势的指标包括：极差、四分位差、平均差、标准差、离散系数。

一、极差

极差又称“全距”，指一组数据中最大的标志值与最小标志值的离差。用来说明标志值变动范围的大小，通常用 R 表示极差，即：

$$R=X_{\max}-X_{\min} \tag{4.14}$$

如前例中：

甲组日产量件数 $R=120-20=100$(件)

乙组日产量件数 $R=73-67=6$(件)

从 R 的计算可以看出，甲组员工日产量差异大于乙组员工日产量差异。极差数值越小，反映变量值越集中；反之，极差数值越大，反映变量值越分散。

对于组距数列求极差，可以用最高组的上限与最低组的下限求离差，对于开口组，若不知极端值，则无法求极差。

从极差的计算可看到极差的特点：极差计算简便，含义直观，通常情况下也可以说明离中程度大小的问题，但极少被单独使用，主要是因为其计算过程仅仅是基于数据中两个极端值求离差，所以极受极端值的影响。因此，极差是一个粗略的指标，不能全面反映总体各单位的离中趋势。

二、四分位差

将总体各单位的标志值按大小顺序排列，然后将数列分为四等分，形成三个分割点（Q_1、Q_2、Q_3），这三个分割点称为四分位数（其中第二个四分位数 Q_2 就是数列的中位数 M_e）。四分位差就是第三个四分位数 Q_3 与第一个四分位数 Q_1 之差，通常用 $Q.D.$ 表示，即：

$$Q.D.=Q_3-Q_1 \tag{4.15}$$

对一个变量数列的资料，四分位差就是舍去数列中最低的 1/4 和最高的 1/4 数值，仅用中间那部分标志值的极差来充分反映集中于数列中间 50%数值的差异程度。四分位差越小，表明数据越集中；反之，四分位差越大，表明数据越分散。

（一）根据未分组资料求 $Q.D.$

先求出 Q_1 和 Q_3 对应的位置，然后根据位置求出 $Q.D.$ 的值。

$$Q_1\text{ 的位置}=\frac{n+1}{4} \tag{4.16}$$

$$Q_3\text{ 的位置}=\frac{3(n+1)}{4} \tag{4.17}$$

式中，n 为变量值的个数。

如果上式计算结果是整数，四分位数就是该位置对应的值；如果计算结果是小数，则四分位数等于该位置的下侧值加上按比例分摊位置两侧数值的差值。

[例 4－14]　某数学补习班小组 11 人年龄(岁)分别为：17，19，22，24，25，28，34，35，36，37，38，求四分位差。

解：Q_1 的位置$=\frac{n+1}{4}=\frac{11+1}{4}=3$，则 $Q_1=22$(岁)

Q_3 的位置$=\frac{3(n+1)}{4}=\frac{3(11+1)}{4}=9$，则 $Q_3=36$(岁)

所以 $Q.D.=Q_3-Q_1=36-22=14$(岁)

这表明，该小组有一半人的年龄集中在 22～36 岁，且他们之间最大差异为 14 岁。

（二）根据分组资料求 $Q.D.$

其步骤如下：

(1)先求出 Q_1 和 Q_3 对应的位置：

$$Q_1\text{ 的位置}=\frac{\sum f}{4} \tag{4.18}$$

$$Q_3\text{ 的位置}=\frac{3\sum f}{4} \tag{4.19}$$

(2)求向上累计次数，在累计次数中找 Q_1 和 Q_3 所在组。若是单项式数列，则 Q_1 和 Q_3 所在组的标志值就是 Q_1 和 Q_3 的数值；若是组距数列，确定了 Q_1 和 Q_3 所在组后，用以下公式求 Q_1 和 Q_3 的近似值。

$$Q_1=L_1+\frac{\frac{\sum f}{4}-S_{Q_1-1}}{f_1}\cdot d_1 \tag{4.20}$$

$$Q_3=L_3+\frac{\frac{3\sum f}{4}-S_{Q_3-1}}{f_3}\cdot d_3 \tag{4.21}$$

式中：L_1，L_3 分别为 Q_1 和 Q_3 所在组的下限；f_1，f_3 分别为 Q_1 和 Q_3 所在组的次数；d_1，d_3 分别为 Q_1 和 Q_3 所在组的组距；S_{Q_1-1}，S_{Q_3-1} 分别为 Q_1 和 Q_3 所在组前一组的累计次数；$\sum f$ 为总次数。

[例 4—15] 根据某车间工人日产零件分组资料(见表 4—9)，求 Q.D. 的值。

表 4—9　　某车间工人日产零件分组情况

按日产零件分组(件)	工人数(人)	累计工人数(人)(较小制)
5～10	12	12
10～15	46	58
15～20	36	94
20～25	6	100
合　计	100	—

解：Q_1 的位置$=\frac{100}{4}=25$，则 Q_1 在第二组，即 10～15 组

Q_3 的位置$=\frac{3\times100}{4}=75$，则 Q_3 在第三组，即 15～20 组

$$Q_1=10+\frac{\frac{100}{4}-12}{46}\times5=11.41(\text{件})$$

$$Q_3=15+\frac{\frac{3\times100}{4}-58}{36}\times5=17.36(\text{件})$$

$Q.D.=Q_3-Q_1=17.36-11.41=5.95$(件)

这表明有一半工人的日产量分布在 11.41 件至 17.36 件之间，且相差 5.95 件。

从四分位差的计算可看到四分位差的特点：四分位差不受两端各 25%数值的影响，能对开口组数列的差异程度进行测定；用四分位差可以衡量中位数的代表性高低，四分位差越小，

中位数的代表性越大，反之，四分位差越大，中位数的代表性就越小；四分位差不反映所有标志值的差异程度，它所描述的只是次数分配中一半的离差，所以也是一个比较粗略的指标。

三、平均差

平均差就是总体各单位的标志值与算术平均数的离差绝对值的平均数，它能综合反映总体中各单位标志值的差异程度，通常用 $A.D.$ 表示。平均差越大，表示离中趋势越大，则平均数的代表性越小；反之，平均差越小，表示离中趋势越小，平均数的代表性越大。其计算公式为：

$$\text{未分组资料：}A.D.=\frac{\sum|X-\overline{X}|}{n} \tag{4.22}$$

$$\text{分组资料：}A.D.=\frac{\sum|X-\overline{X}|f}{\sum f} \tag{4.23}$$

对于未分组资料，采用简单平均法计算；对于分组资料，采用加权平均法计算。

［例 4－16］ 表 4－10 为某乡耕地化肥施用量统计表，求 $A.D.$ 的值。

表 4－10　　某乡耕地化肥施用量的平均差计算表

按每亩耕地化肥施用量分组（千克）	耕地面积 f（万亩）	组中值 X	总施肥量 Xf（万千克）	$X-\overline{X}$	$\|X-\overline{X}\|f$
5～10	30	7.5	225	－8.85	265.5
10～15	70	12.5	875	－3.85	269.5
15～20	100	17.5	1750	1.15	115
20～25	50	22.5	1125	6.15	307.5
25～30	10	27.5	275	11.15	111.5
合计	260	—	4250	—	1069

解：$\overline{X}=\frac{\sum Xf}{\sum f}=\frac{4\,250}{260}=16.35$（千克／亩）

$$A.D.=\frac{\sum|X-\overline{X}|f}{\sum f}=\frac{1\,069}{260}=4.11\text{（千克／亩）}$$

计算结果表明总平均化肥施用量与各组施用量之间的平均离差为 4.11 千克/亩。

从平均差的计算可看到平均差的特点：平均差是根据全部标志值与平均数离差而计算出的指标，能全面反映标志值的差异程度。但平均差计算有绝对值符号，不适合代数方法的演算使其应用受到限制，所以仍有加以改进的必要。

四、标准差

标准差是总体中各单位标志值与其算术平均数离差平方平均数的平方根，通常用 σ 表示。标准差的意义与平均差基本相同，也是各项离差的平均数。但在数学处理上，标准差是采用平方的方法来避免正负离差相互抵消。标准差是标志离中趋势指标中使用较多的指标。标准差的平方称为方差，通常用 σ^2 表示。

由于所掌握的资料不同，标准差的计算公式也有简单和加权两种形式。

$$\text{未分组资料：}\sigma=\sqrt{\frac{\sum(X-\overline{X})^2}{n}} \tag{4.24}$$

$$\text{分组资料：}\sigma=\sqrt{\frac{\sum(X-\overline{X})^2 f}{\sum f}} \tag{4.25}$$

［**例 4—17**］ 以例 4—11 数据资料为例，求标准差。

表 4—11　　某企业员工日生产量的标准差计算表

按日产量分组（千克）	员工数 f（人）	组中值 X	$X-\overline{X}$	$(X-\overline{X})^2 f$
50～60	10	55	−27.62	7 628.6440
60～70	19	65	−17.62	5 898.8236
70～80	50	75	−7.62	2 903.2200
80～90	36	85	2.38	203.9184
90～100	27	95	12.38	4 138.1388
100—110	14	105	22.38	7 012.1016
110 以上	8	115	32.38	8 387.7152
合计	164	—	—	36 172.5616

$$\text{解：}\sigma=\sqrt{\frac{\sum(X-\overline{X})^2 f}{\sum f}}=\sqrt{\frac{36\ 172.561\ 6}{164}}=14.86(\text{千克})$$

五、离散系数

前面介绍的极差、四分位差、平均差和标准差都是反映一组数值分散程度的绝对值，其数值的大小，不仅取决于数值的分散程度，而且还与变量值水平的高低、计量单位的不同有关。所以，不宜直接利用上述离散指标对不同水平、不同计量单位的现象进行比较，应当先做无量纲化处理，即将上述的反映数据的绝对差异程度的变异指标转化为反映相对分散程度的指标，然后再进行对比。

离散系数是反映一组数据相对离散程度的指标，是各离散指标与其算术平均数的比值。离散系数是一个无名数，可以用于比较不同数列的离散程度。离散系数通常用 V 表示，常用的离散系数有平均差系数和标准差系数，其计算公式分别为：

$$V_M=\frac{A.D.}{\overline{X}}\times 100\% \tag{4.26}$$

$$V_\sigma=\frac{\sigma}{\overline{X}}\times 100\% \tag{4.27}$$

［**例 4—18**］ 甲乙两组工人的平均工资分别为 138.14 元、176 元，标准差分别为 21.32 元、24.67 元。求两组工人工资水平的离散系数。

解：

$$V_{\sigma\text{甲}}=\frac{21.32}{138.14}\times 100\%=15.43\%$$

$$V_{\sigma\text{乙}}=\frac{24.67}{176}\times 100\%=14.02\%$$

从标准差来看，乙组工人工资水平的标准差比甲组大，但不能断言，乙组平均工资的代表性小。这是因为两组工人的工资水平处在不同的水平上，所以不能直接根据标准差的大小作结论。而正确的方法要用消除了数列水平的离散系数比较。从两组的离散系数可以看出，甲组相对的差异程度大于乙组，因而乙组平均工资的代表性要大。

[例 4－19]　某地 6 岁男童身高均数为 123.10cm，标准差为 4.71cm，体重的均数为 22.29kg，标准差为 2.26kg。问该地男童的身高差异程度大还是体重差异程度大？

解：该地男童身高的离散系数 $V_{\sigma身高}=\dfrac{4.71}{123.10}\times100\%=3.83\%$

该地男童体重的离散系数 $V_{\sigma体重}=\dfrac{2.26}{22.29}\times100\%=10.14\%$

从两组的离散系数可以看出，该地男童体重的离散系数大于该地男童身高的离散系数，因此该地男童身高离散程度小于该地男童体重的离散程度。

第三节　分布形态的描述

集中趋势和离中趋势是数据分布的两个重要特征，但要全面描述数据的分布特点，还需要知道数据分布的形状是否对称、偏斜程度以及扁平程度等。这就需要对数据的分布形态进行描述，即计算偏度与峰度指标。

一、偏度

偏度是测定一个次数分布的非对称程度的统计指标。相对于对称分布，偏度有两种：一种是左向偏态，简称左偏型；另一种是右向偏态，简称右偏型。具体如图 4－1 所示。

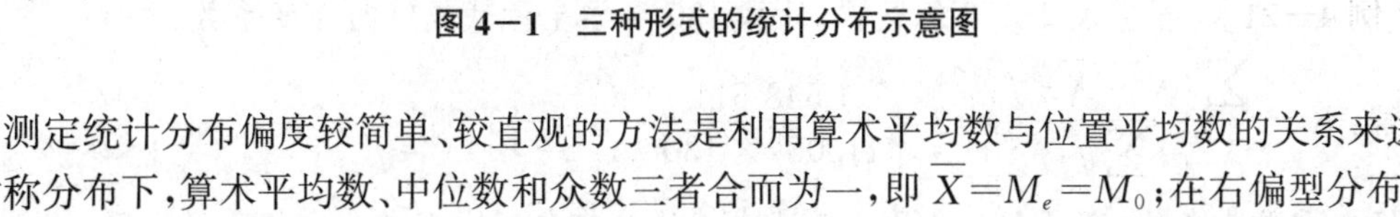

图 4－1　三种形式的统计分布示意图

测定统计分布偏度较简单、较直观的方法是利用算术平均数与位置平均数的关系来进行，在对称分布下，算术平均数、中位数和众数三者合而为一，即 $\overline{X}=M_e=M_0$；在右偏型分布条件下，则 $\overline{X}>M_e>M_0$；在左偏型分布条件下，则 $\overline{X}<M_e<M_0$。显然，判断偏度的方向并不难，但要准确地测试偏度则需要计算相应的统计量，即偏态系数（记为 SK）。计算公式为：

$$未分组资料：SK=\frac{n}{(n-1)(n-2)}\sum\left(\frac{X-\overline{X}}{\sigma}\right)^3 \tag{4.28}$$

$$分组资料：SK=\frac{\sum(X-\overline{X})^3f}{\sigma^3\sum f} \tag{4.29}$$

如果 $SK=0$，则说明一组数据是对称分布的；如果 $SK>0$，则说明一组数据是右偏分布；

如果 $SK<0$,则说明一组数据是左偏分布。当 SK 大于 1 或小于 −1,为高度偏态分布;当 SK 在 0.5～1 或 −1～−0.5 之间,为中等偏态分布;当 SK 越接近 0,偏斜程度就越低。

[例 4−20] 某校工商管理专业 130 名学生管理学成绩如表 4−12 所示,求偏态系数 SK。

表 4−12　　某校工商管理专业 130 名学生管理学成绩统计表

按成绩分组	频数(f)	组中值
60 以下	10	55
60～70	24	65
70～80	43	75
80～90	38	85
90～100	15	95
合计	130	—

解:$SK=\dfrac{\sum (X-\overline{X})^3 f}{\sigma^3 \sum f}=\dfrac{-34\ 268.9}{175\ 400.2}=-0.195$

偏态系数为负值,但数值较小,这说明 130 名学生的考试成绩为左偏分布,但偏斜程度较小。

二、峰度

峰度是对数据分布平峰或尖峰程度的测度。峰度通常是与正态分布相比较而言,把又细又长的分布称为尖峰分布,把又扁又平的分布称为平峰分布。测度统计量是峰度系数,通常用 K 来表,其计算公式为:

$$未分组资料:K=\frac{n(n+1)\sum (X-\overline{X})^4-3\left[\sum (X-\overline{X})^2\right]^2(n-1)}{(n-1)(n-2)(n-3)\sigma^4} \tag{4.30}$$

$$分组资料:K=\frac{\sum (X-\overline{X})^4 f}{\sigma^4 \sum f}-3 \tag{4.31}$$

由于正态分布的峰度系数为 0,因此当 $K>0$ 时,数据为尖峰分布,即数据的分布更集中;当 $K<0$ 时,数据为扁平分布,即数据的分布越分散。

[例 4−21] 根据表 4−12 的数据,计算 130 名学生考试成绩的峰度系数。

解:$K=\dfrac{\sum (X-\overline{X})^4 f}{\sigma^4 \sum f}-3=\dfrac{4\ 548\ 511}{11.05^4\times 130}-3=-0.653$

峰态系数为负值,说明 130 名学生考试成绩的分布与标准正态分布相比更扁平。

第四节　用 Excel 2016 进行描述统计分析

本节以例题的形式介绍用 Excel 2016 软件进行统计量描述的应用。

	学习指引： 推荐扫描左边二维码观看用 Excel 2016 进行描述统计分析相关内容。

［**例 4—22**］　某高校工商管理专业共有 60 名学生，其统计学课程期末考试成绩如表 4—13 所示，试对表中数据进行描述性统计分析。

表 4—13　　某高校工商管理专业统计学课程期末考试成绩

93	88	76	86	90	75	72	64	98	74
69	78	68	57	83	73	67	58	73	75
83	68	95	84	92	64	90	62	77	78
77	76	76	67	78	71	75	70	87	71
75	95	67	79	89	84	90	75	68	81
96	66	73	56	82	68	79	91	63	84

解：用 Excel 2016 的操作步骤：

第一步：调出数据分析功能，在 Excel 界面依次选择【文件】—【选项】—【加载项】—【转到】—【分析工具库】—【确定】，完成以上操作后“数据”菜单中出现“数据分析”则操作成功，如图 4—2 所示；

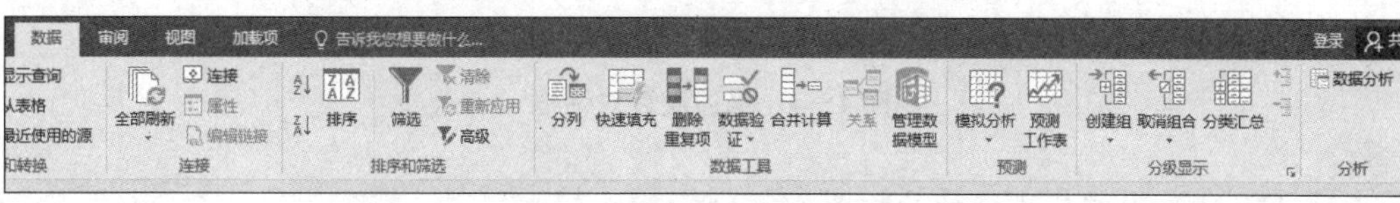

图 4—2　数据—数据分析菜单

第二步：将原始数据复制到 Excel，并将所有数据并入一列；

第三步：选择【数据】菜单，并选择【数据分析】命令，弹出【数据分析】对话框。

第四步：在分析工具中选择【描述统计】，并点击【确定】，如图 4—3 所示。

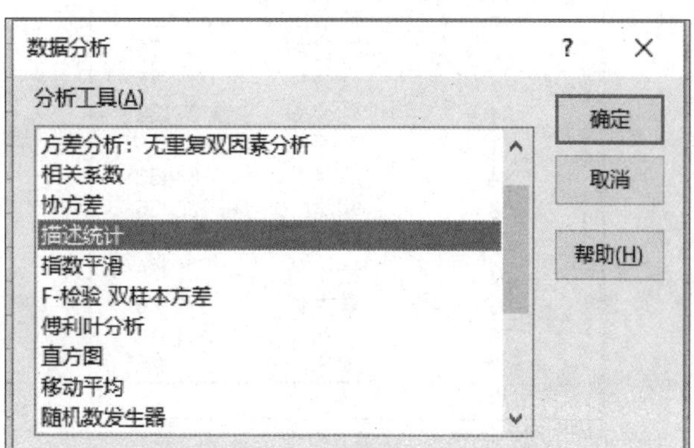

图 4—3　数据分析对话框

第五步：在出现的对话框中，将原始数据所在区域输入【输入区域】，在【分组方式】中选择

【逐列】,在【输出选项】中选择结果的输出位置;选择【汇总统计】,并点击【确定】,如图4—4所示。

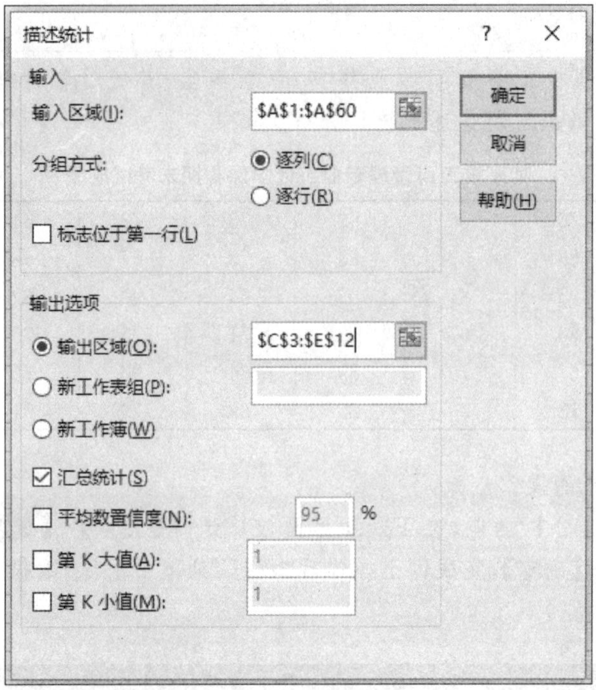

图4—4 描述统计对话框

最后,Excel输出的描述统计量如图4—5所示。

A	B	C	D
93			
69			
83		列1	
77			
75		平均	76.98333
96		标准误差	1.339005
75		中位数	76
73		众数	75
64		标准差	10.37188
71		方差	107.576
84		峰度	-0.64452
68		偏度	0.122735
76		区域	42
68		最小值	56
95		最大值	98
76		求和	4619
67		观测数	60
73			

图4—5 Excel输出的描述统计量

如果不需要同时获取全部的描述统计量,只要求得到某些个别指标时,也可以直接计算统计函数,表4—14给出了用Excel计算描述统计量的几个主要函数。

表 4—14　**Excel 中的描述统计函数**

函数名称	语法	功能
MODE	MODE(number1，number2,…)	计算众数
MEDIAN	MEDIAN(number1，number2,…)	计算中位数
QUARTILE	QUARTILE(array,quart)	计算四分位数
AVERAGE	AVERAGE(number1，number2,…)	计算平均数
HARMEAN	HARMEAN(number1，number2,…)	计算简单调和平均数
GEOMEAN	GEOMEAN(number1，number2,…)	计算几何平均数
AVEDEV	AVEDEV(number1，number2,…)	计算平均差
STDEV	STDEV(number1，number2,…)	计算样本标准差
STDEVP	STDEVP(number1，number2,…)	计算总体标准差
SKEW	SKEW(number1，number2,…)	计算偏态系数
KURT	KURT(number1，number2,…)	计算峰态系数

练习题

一、单项选择题

1. 分析统计资料，可能不存在的平均指标是(　　)。

A. 众数　　B. 算术平均数　　C. 中位数　　D. 几何平均数

2. 下面四个平均数中，只有(　　)是位置平均数。

A. 算术平均数　　B. 中位数　　C. 调和平均数　　D. 几何平均数

3. 关于算术平均数的性质，不正确的描述是(　　)。

A. 各变量值对算术平均数的偏差和为零

B. 算术平均数受抽样变动影响微小

C. 算术平均数受极端值的影响微小

D. 各变量值对算术平均数偏差的平方和，小于它们对任何其他数偏差的平方和

4. N 个变量值连乘积的 N 次方根，即为(　　)。

A. 几何平均数　　B. 算术平均数　　C. 中位数　　D. 调和平均数

5. 在一个左偏的分布中，小于平均数的数据个数将(　　)。

A. 超过一半　　B. 等于一半　　C. 不到一半　　D. 视情况而定

6. 一个右偏的频数分布，一般情况下，(　　)的值最大。

A. 中位数　　B. 众数　　C. 算术平均数　　D. 几何平均数

7. 在社会统计学中，(　　)是反映集中趋势最常用、最基本的平均指标。

A. 中位数　　B 算术平均数　　C. 众数　　D. 几何平均数

8. 对于钟形分布，当 $\overline{X}-M_o>0$ 时为(　　)。

A. 左偏　　B. 右偏　　C. 正态　　D. 不一定

9. 离中趋势指标中，以两数之差为计算基准的是(　　)。

A. 极差　　B. 平均差　　C. 标准差　　D. 方差

10. 比较两个性质不同的变量数列的平均数的代表性大小，必须计算(　　)。

A. 标准差　　B. 平均差　　C. 极差　　D. 标准差系数

11. 设有甲乙两个变量数列，甲数列的平均数和标准差分别为 20 和 2.5，乙数列的平均数

和标准差分别为50和5.2，这些数据说明(　　)。

A. 甲数列的稳定性高于乙数列　　B. 甲数列的稳定性低于乙数列

C. 甲乙两数列的稳定性相同　　D. 甲乙两数列的稳定性无法比较

12. 某企业2016年职工平均工资为5 200元，标准差为110元，2017年职工平均工资增长了40%，标准差扩大到150元。职工平均工资的离中趋势(　　)。

A. 增大　　B. 减小　　C. 不变　　D. 不能比较

二、判断题

1. 无论分布曲线是左偏还是右偏，中位数都居算术平均数和众数之间。(　　)

2. 各标志值平方和的算术平均数是 $\frac{\sum X^2}{n}$。(　　)

3. 中位数是处于任意数列中间位置的那个数。(　　)

4. N 个变量值连乘积的平方根，即为几何平均数。(　　)

5. 各变量值的算术平均数的倒数，称调和平均数。(　　)

6. 根据分组资料计算的算术平均数，只是一个近似值。(　　)

7. 当各组的变量值所出现的频率相等时，加权算术平均数中的权数就失去作用，因而，加权算术平均数也就等于简单算术平均数。(　　)

8. 比较两组数列的平均数代表性时，标准差系数越小，说明平均数的代表性越大。(　　)

三、计算题

1. 已知某社区50名退休老人的年龄如下：

81、56、76、67、79、62、72、61、77、62、60、73、65、58、70、60、59、69、58、68、80、59、62、59、83、68、63、70、69、59、64、75、66、74、65、87、58、81、68、63、56、58、77、57、72、65、65、61、73、79

要求：

(1)编一频数分布数列(要求：第一组下限取56；组距取4)；

(2)求该社区退休老人年龄的算术平均数和中位数；

(3)求该社区退休老人年龄的标准差和标准差系数。

2. 对100名吸烟者作调查，每日吸烟量统计如表4—15所示。

表4—15　　100名吸烟者每日吸烟量统计

每日吸烟量(支)	1～5	6～10	11～15	16～20	21～25	25～30	31～35
人数	9	18	30	22	16	3	1

要求：

(1)这是离散变量类型还是连续变量类型？

(2)求平均每人每日吸烟量；

(3)指出中位数组和众数组。

3. 求下列数字的算术平均数、中位数和众数。

57,66,72,79,79,80,123,130

4. 某班学生年龄资料如下：(单位：岁)

17,18,16,20,18,17,17,18,24,19,19,18,16,20,19,17,19,16,20,21,17,18,19,16,18,

17，18，20，23，21，17，18，22，22，21

要求：按每一岁编制一个变量数列，并计算平均年龄、中位数和众数。

5. 某乡某年粮食亩产量资料如表 4—16 所示。

表 4—16　某乡某年粮食亩产量

按亩产量分组（斤）	亩数
400 以下	90
400～500	175
500～600	740
600～700	385
700 以上	120
合计	1 510

要求：计算该乡的平均亩产量和亩产量的中位数。

6. 根据表 4—17，求：(1)中位数；(2)众数；(3)四分位差。

表 4—17　某少教所少年犯入所前的作案次数

作案次数（次）	频数	作案次数（次）	频数
3 次或以下	57	6	98
4	115	7	72
5	146	8 次或以上	33

7. 已知一数列为：2，3，5，7，8，试求其平均差。

8. 某年级学生一次考试的成绩如表 4—18 所示，求学生成绩分布的全距、标准差系数。

表 4—18　某年级学生一次考试的成绩

成绩（分）	50～60	60～70	70～80	80～90	90～100
学生数（人）	15	18	30	20	6

9. 求下列数字的全距、标准差和标准差系数。

26　37　43　21　58

10. 某医生测得 30 名女大学生血清总蛋白（单位：g/L）资料如表 4—19 所示。

表 4—19　30 名女大学生血清总蛋白含量

74.3	78.8	68.8	78.0	70.4	80.5	80.5	69.7	71.2	73.5
79.5	75.6	75.0	78.8	72.0	72.0	72.0	74.3	71.2	72.0
75.9	73.5	78.8	74.3	75.8	65.0	74.3	71.2	69.7	68.0

要求：

(1)计算众数、中位数和平均数；

(2)根据定义公式计算四分位数；

(3)计算极差和标准差；

(4)计算偏态系数和峰态系数；

(5)对于女大学生血清总蛋白含量的分布特征进行分析。

第五章 时间序列分析与预测

【案例导入】

预测销售额

某蔬菜公司为确定未来的发展计划，需要建立一个系统，这个系统将会使该公司能够至少提前一个季度预测出某个季度的蔬菜营业额。为建立这个系统，研究人员搜集了近3年12个季度的蔬菜营业额数据，如表5—1、图5—1所示。

表5—1 **某蔬菜公司3年12个季度的蔬菜营业额** 单位：万元

季度	1	2	3	4	5	6	7	8	9	10	11	12
营业额	250	320	370	340	270	335	410	360	290	365	435	395

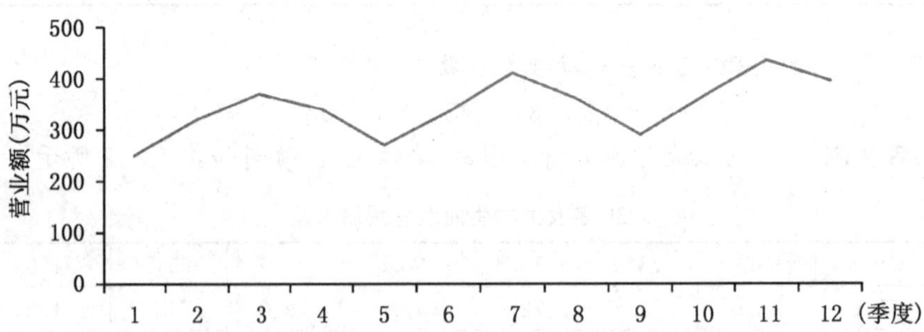

图5—1 某蔬菜公司3年12个季度蔬菜营业额

结合图5—1来观察表5—1中的数据，12个季度的蔬菜营业额是有波动的，有的季度营业额高一些，有的低一些。但这种波动又是具有某种规律性的：首先，12个季度的蔬菜营业额大体上是沿着向上的方向上下波动，表现出一种长期稳定的上升趋势；其次，如果以一年为周期进行观察的话，每一年里各个季度的蔬菜营业额又都在按照某种固定的模式上下波动，第一季度最低，第二季度开始上升，第三季度继续上升，第四季度开始下降，显然这与一年里的四季更替有关。研究人员已经意识到，在公司近 3 年 12 个季度的蔬菜营业额数据中，一定包含着蔬菜营业额未来变动的有用信息。关键是采用什么方法将其中的有用信息充分挖掘出来，用于预测蔬菜营业额未来变动情况。本章将要介绍的时间序列分析方法可用于解决此类问题。

任何社会经济现象都有一个产生和发展的过程，要准确、全面地认识社会经济现象，仅对事物进行静态分析还不够。对不断发展变化的客观事物还应随时间演变的过程去研究。时间序列分析主要用于描述和探索现象随时间发展变化的数量规律性，反映社会经济现象发展变化的过程和特点。研究现象变化的规律和未来趋势，为预测未来、规划发展提供依据。

第一节　时间序列分析概述

时间序列是指标数值按时间顺序排列而成的数列，又称序时数列。它是将某一指标在各个不同时间上的数值按时间先后顺序编制所形成的数列。时间序列的作用有：第一，便于动态比较；第二，有利于对未来情况的预测；第三，可揭示现象的动态演变关系。

一、时间序列的分类

按指标形式划分，时间序列可以分为绝对指标时间序列、相对指标时间序列和平均指标时间序列三种类型。其中，绝对指标时间序列是原始序列（又称基本序列），又分为时期序列和时点序列。其余两种时间序列是派生序列。

（一）绝对指标时间序列

按时间顺序将一系列绝对指标排列起来所形成的序列称为绝对指标时间序列，用来反映客观事物在某个时期（或时点）达到的绝对水平及其发展规律的情况。按照指标所反映的社会经济现象所属的时间不同，绝对时间序列又分为时期序列和时点序列。

1. 时期序列

当绝对时间序列中的各指标值所反映的是客观事物在一段时期内发展过程的结果或总量时，称为时期序列。时期序列是通过连续登记数据资料并累计得到的，如企业的产品销售额、利润等，其主要特点如下：

（1）时期序列指标的可加性。时期序列中的各指标值表示在一段时间内发展变化的总量，各值相加后得到的是更长一段时间内发展变化过程的总量。例如，将企业每个月的利润总额累加得到的企业全年的利润总额。因此，时期序列的指标具有可加性，各指标值相加具有实际意义。

（2）时期序列指标值大小与时间长短直接相关。时期序列中，每个指标所包含的时间长度称为“时期”。时期的长短主要根据研究目的而定，一般来说时期越长指标数值就越大；反之，时期越短指标值就越小。因此，时期序列中各指标值的大小与其所属时期长短有直接关系。

（3）时期序列指标值采用连续登记方式取得。时期序列中各指标值反映客观事物在一段时期内发展的结果，因此必须把该段时间内事物所发生的数量变化逐一登记，并进行累加，才能得到所需的指标值。

2. 时点序列

当绝对时间序列中的各指标值反映的是客观事物在某一时点上（瞬间）的水平时，这种序列称为时点序列，如地区的人口数、土地面积及企业的产品库存等，其主要特点如下：

(1)时点序列指标值不具有可加性。时点序列中的各指标值，只表示现象在一定时点上的状态，各值相加后得到的数值不能综合反映现象在几个点上的状态。因此，时点序列的指标不具有可加性，各指标值相加没有实际意义。

(2)时点序列中的指标值大小与时间间隔长短不直接相关。时点序列中，两个相邻指标所属的时间差距称为时点间隔。时点序列不具有可加性，时点间隔长短对指标值没有直接的影响。例如，企业产品库存年初未必比年末少(或多)。因此，时点序列中，各指标值的大小与其所属时间间隔长短没有直接关系。

(3)时点序列指标采用间隔登记方式取得。时点序列中，各指标值反映客观事物在时点上(瞬间)达到的水平，因此只要在要求的时点上进行登记，不同时点上的资料用以反映现象的发展过程，无须对两个时点间的现象所发生的数量逐一登记。

(二)相对指标时间序列

按时间顺序把不同时期(时点)的相对指标排列起来所形成的序列称为相对指标时间序列，反映客观经济现象之间相互关系(对比关系)的发展变化过程，说明社会经济现象的比例关系、结构、速度等变化情况。在相对指标时间序列中，由于各指标值的基数不同，因此不具可加性。

(三)平均指标时间序列

按时间顺序将各个时期(或时点)的平均指标排列起来所形成的序列称为平均指标时间序列，反映客观经济现象一般水平的变化过程和发展趋势。平均指标时间序列中的各项指标值也不具有可加性。

二、时间序列的编制原则

编制时间序列的目的是通过对同一指标不同时间的数值对比分析，来研究社会经济现象的发展变化规律。因此，在编制时间序列时必须遵循两个基本原则：一是时间单位的选择必须根据具体的研究任务来确定；二是保证序列中各指标之间的可比性。

(一)依据研究任务确定时间单位

一般情况下，在对社会经济现象进行中长期分析时，通常采用年作为时间序列的时间单位，即以年度资料作为研究对象。如果要分析季节性波动或年度资料缺失以致不能反映现象变化过程时，可选择季度、月份作为时间单位。当对微观过程进行分析时，除常规采用年、季、月等作为时间单位外，还可以根据分析研究的需求采用日、时、分等作为时间单位。

(二)指标数据的可比性

时间序列分析的基本任务就是对序列中的数据进行对比分析。因此，保证序列中各指标间的可比性，就成为编制时间序列的最基本原则。

1. 保证时间跨度或时间间隔相等

在时期序列中，指标值的大小与时期的长短密切相关，如果时期长短不一就无法进行直接的比较。因此，要求时期序列中的各指标间的时间跨度相等，以便于对比分析。

在时点序列中，虽然指标值反映的是现象在某一时点上达到的水平，其值的大小与时间间隔长短没有直接的关系，似乎不涉及时间长短的问题，但是只有保持相同的时间间隔才能准确地反映现象变化的规律。

2. 保证总体范围一致

例如，要研究某一地区的经济发展情况，首先要注意的是在研究时间该地区的行政区域划分是否有变化,如果有变化前后期的时间就不具有可比性,须进行适当的调整保证总体范围的一致性后,进行比较分析才具有实际意义。

3. 保证指标含义和经济内容一致

指标的经济内容和含义不同,就不能混合编制在一个时间序列中。因为经济内容和含义不同的指标没有可比性,将其对比分析无法得到可信的结论,所以,在统计年鉴中经济指标的含义和内容随着时间的变化,有时会发生变化,在编制时间序列时应进行调整,使前后指标所包含的内容一致。

4. 保证指标的计算方法一致

在指标的总体范围、经济内容相同的前提下,指标的计算方法也应一致,这样的计算结果才具有可比性。例如,在分析劳动生产率的变动时,产量指标是实物量指标还是价值量指标,劳动力指标是全部职工还是生产工人,没有统一规定计算出来的劳动生产率指标显然不具有可比性,这种时间序列无法正确反映劳动生产率的变化情况。

5. 保证指标的计算价格和计量单位一致

统计指标的计算价格有现行价格和不变价格之分,如果指标价格不一致将导致指标含义缺乏可比性。因此,在编制时间序列时,指标的计算价格和计量单位要统一。

第二节　时间序列的水平指标

在静态指标分析时,常用均值、方差等指标来概括反映分布数列的特征和分布规律。对于时间序列,我们将采用动态指标来概括说明事物发展变化的总体特征,常用的动态分析指标分为水平指标和速度指标两大类。

时间序列的水平指标有发展水平、平均发展水平、增长量和平均增长量四种。其中,发展水平和平均发展水平是一组,平均发展水平是对发展水平一般趋势的描述;增长量和平均增长量是一组,平均增长量是对增长量一般水平的描述。

一、发展水平

发展水平是时间序列中每一个具体的指标数值,它反映的是社会经济现象在各个时期内实际达到的规模或水平。发展水平可以是绝对数、相对数或平均数。

一般情况下,常用字母"a"来表示发展水平,时间序列中各期的发展水平为 a_0、a_1、a_2、…、a_n。其中,第一期的指标值为期初水平(用 a_0 表示),最后一期的指标值为期末水平(用 a_n 表示)。在时间序列分析中需要研究时期的发展水平称为报告期水平(或计算期发展水平,用 a_n 表示),研究中作为比较基础的发展水平为基期水平(用 a_0 表示)。值得注意的是,期初水平与期末水平、基期水平与报告期水平的概念是相对的,不是绝对不变的。随着研究的目的、任务的变化,现在的期末水平可能变成日后的期初水平;现在的报告期水平也可能成为将来研究的基期水平。

二、平均发展水平

平均发展水平又称为序时平均数或动态平均数,用 $\bar{a}$ 表示,是将时间序列中不同时期的发展水平加以平均而得到的平均数。平均发展水平从动态上说明现象在某一时期内发展变化的一般水平,它与一般平均数有共同之处,但又有明显的区别:平均发展水平是对同一现象不同时间上发展水平的平均,是从动态角度说明现象在某一时间内发展变化的一般水平;而一般平均数是对同质总体中各个个体单位标志值的平均,是从静态角度说明其在一定时间上的一般水平。

由于序时平均数是根据时间序列计算出来的,而时间序列按其指标形式可以分为绝对指标序列、相对指标序列和平均指标序列,因此,序时平均数的计算应根据时间序列的分类采用不同的计算方法,有的需要根据绝对指标序列的计算方法来计算,有的需要根据相对指标序列和平均指标序列的计算方法来计算。其中,绝对指标序时平均数的计算方法是最基本的。

(一)绝对指标时间序列序时平均数的计算

绝对指标时间序列又分为时期序列和时点序列,两者具有明显的差异,由于两者的指标性质不同,计算序时平均数的方法亦有所不同。

1. 时期序列序时平均数的计算

由于时期指标序列中的指标具有可加性,而其序列中各指标之和等于全期总量,因此,其序时平均数的计算方法采用简单算术平均数即可,即:

$$\bar{a}=\frac{a_1+a_2+\cdots+a_n}{n}=\frac{\sum a}{n} \tag{5.1}$$

式中,$\bar{a}$ 表示序时平均数;$a_1,a_2,\cdots,a_n$ 表示各期发展水平;n 表示时期项数。

[例 5—1] 某小微企业 2018 年上半年的每月工业增加值如表 5—2 所示。

表 5—2　　某小微企业 2018 年上半年的工业增加值

月份	1月	2月	3月	4月	5月	6月
增加值(万元)	214	186	235	392	357	282

试计算该企业 2018 年上半年月平均工业增加值。

解:企业的工业增加值为时期指标,所以该数列为时期数列,所以根据式(5.1)得企业的月平均工业增加值为:

$$\bar{a}=\frac{\sum a}{n}=\frac{214+186+235+392+357+282}{6}=278(\text{万元})$$

2. 时点序列序时平均数的计算

由于时点序列中的指标值都是瞬间的资料,不是连续登记的资料,两点之间都有一定的间隔。严格地说,时点序列是不连续的,但是在经济统计中一般将"日"作为最小的计算单位,因此,如果时点序列的资料是逐日登记的,就将其视为连续时点序列。根据时点序列掌握的资料不同,可将其分为连续时点序列和间断时点序列,两者均有间隔相等和间隔不等两种形式,因此时点序列序时平均数的计算有四种计算公式。

(1)连续时点序列序时平均数的计算。

在统计上,通常将按日登记的时点序列称为连续时点序列。具体分为两种情况:一是逐日登记排列的时点序列;二是非逐日登记的连续时点序列。

对于逐日登记逐日排列的时点序列可视为时期序列,其序时平均数的计算方法与时期序列相同亦采用简单算术平均数即可。

$$\bar{a}=\frac{a_1+a_2+\cdots+a_n}{n}=\frac{\sum a}{n} \tag{5.2}$$

非逐日登记的连续时点序列，其数据资料不是逐日登记的，而是在数据发生变化时才登记的。但是，在整个研究期间各时点的数据资料均是已知的，故称其为连续时点序列，其序时平均数的计算应以变量持续时间为权数的加权算术平均数，即：

$$\bar{a}=\frac{a_1f_1+a_2f_2+\cdots+a_nf_n}{f_1+f_2+\cdots+f_n}=\frac{\sum af}{\sum f} \tag{5.3}$$

式中，f 表示权数，即时间间隔；其他符号与式(5.1)同。

[例 5—2]　某企业 2018 年 12 月份商品库存记录如表 5—3 所示。

表 5—3　　某商品库存记录表

日期	1～4 日	5～7 日	8～13 日	14～20 日	21～23 日	24～28 日	29～30 日
商品库存(台)	49	52	39	29	43	38	51

解：商品库存为时点指标，从表 5—3 可得该数据为非逐日登记的连续时点序列，所以根据式(5.3)得：

$$\bar{a}=\frac{\sum af}{\sum f}=\frac{49\times4+52\times3+39\times6+29\times7+43\times3+38\times5+51\times2}{30}=40\text{（台）}$$

(2)间断时点序列序时平均数的计算。

间断时点序列一般是由月末、季末或年末等较大的时间单位登记的时点资料排列所形成的数列。间断时点序列分为等间隔时点序列和不等间隔时点序列。

等间隔时点序列是相邻两个时点间，时间跨度是相同的，根据一般产业假设的方法，即假设每个相邻时点之间的指标数值变化是均匀的，则用两点的平均数来代表时点指标在这两点间的指标值，即将时点值转化为时期值。这样利用每两点间的平均数代替各期的时期值，然后利用时期序列序时平均数计算方法得到等间隔间断时点指标序列序时平均数的计算公式为：

$$\bar{a}=\frac{\frac{a_1+a_2}{2}+\frac{a_2+a_3}{2}+\frac{a_3+a_4}{2}+\cdots+\frac{a_{n-1}+a_n}{2}}{n-1}=\frac{\frac{a_1}{2}+a_2+a_3+\cdots+\frac{a_n}{2}}{n-1} \tag{5.4}$$

式(5.4)称为首尾折半法，利用这种方法计算出来的时点序列序时平均数具有一定的假设性，即假定现象在相邻两点间的变化是均匀的。

[例 5—3]　某企业 2018 年第二季度商品库存量如表 5—4 所示，计算该企业 2018 年第二季度商品平均库存量。

表 5—4　　某企业 2018 年第二季度商品库存量

日期	3 月 31 日	4 月 30 日	5 月 31 日	6 月 30 日
库存量(件)	3 000	3 300	2 680	2 800

解：现假定商品库存每月变化是均匀的，本月初与上月末的库存量相等。则各月平均库存量为：

4 月份 $\bar{a}=\frac{3\ 000+3\ 300}{2}=3\ 150$(件)

5 月份 $\bar{a}=\frac{3\ 300+2\ 680}{2}=2\ 990$(件)

6 月份 $\bar{a}=\frac{2\ 680+2\ 800}{2}=2\ 740$(件)

则第二季度平均商品库存量 $\bar{a}=\frac{3\ 150+2\ 990+2\ 740}{3}=2\ 960$(件)

上述计算第二季度平均库存量的两个步骤可以合并简化为：

$$\bar{a}=\frac{\frac{3\ 000+3\ 300}{2}+\frac{3\ 300+2\ 680}{2}+\frac{2\ 680+2\ 800}{2}}{3}=\frac{3\ 150+2\ 990+2\ 740}{3}=2\ 960(\text{件})$$

把上面的计算过程概括为一般公式：

$$\bar{a}=\frac{\frac{a_1+a_2}{2}+\frac{a_2+a_3}{2}+\cdots+\frac{a_{n-1}+a_n}{2}}{n-1}=\frac{\frac{a_1}{2}+a_2+a_3+\cdots+a_{n-1}+\frac{a_n}{2}}{n-1}$$

以上就是"首尾折半法"的推算过程。

当间断登记的时点指标序列，时间间隔不等时，简单使用式(5.4)就不合适了，这时可以用间隔时间的长短作为权数，结合式(5.4)得到时间间隔不等的间断时点序列序时平均数的计算公式为：

$$\bar{a}=\frac{\frac{a_1+a_2}{2}f_1+\frac{a_2+a_3}{2}f_2+\cdots+\frac{a_{n-1}+a_n}{2}f_{n-1}}{\sum f} \tag{5.5}$$

[例 5—4] 某城市 2018 年各时点的人口数如表 5—5 所示，计算该城市 2018 年平均人口数。

表 5—5　　某城市 2018 年各时点的人口数

日期	1 月 1 日	5 月 1 日	8 月 1 日	12 月 31 日
人口数(万人)	256.2	257.1	258.3	259.4

解：人口数为时点指标，从表 5—5 可以看出该数据为间隔不等的时点序列，根据式(5.5)：

$$\bar{a}=\frac{\frac{256.2+257.1}{2}\times4+\frac{257.1+258.3}{2}\times3+\frac{258.3+259.4}{2}\times5}{4+3+5}=\frac{3\ 094}{12}=257.83(\text{万人})$$

(二)相对指标时间序列序时平均数的计算

相对指标时间序列属于派生的时间序列，是由两个具有联系的绝对时间序列相应项对比而得的一种时间序列。相对指标分为静态相对指标(结构相对指标、比例相对指标)和动态相对指标(发展速度、增长速度等)，在此仅介绍静态相对指标序时平均数的计算方法。相对指标时间序列中的指标值不具有可加性，因此，不适于直接加法求平均值，而应通过分别计算分子和分母的序时平均数，然后再通过对比求出相应数列的序时平均数。即相对指标时间序列为 c_0、c_1、c_2、…、c_n，其中 $c=\frac{a}{b}$，则若要计算出 c 的序时平均数，应首先计算时间序列 a_0、a_1、a_2、

$\cdots$、a_n 和时间序列 b_0、b_1、b_2、$\cdots$、b_n 的序时平均数 $\bar{a}$ 和 $\bar{b}$，即：

$$\bar{c}=\frac{\bar{a}}{\bar{b}} \tag{5.6}$$

式中，$\bar{c}$ 表示相对指标时间序列的序时平均数；$\bar{a}$ 表示分子数列的序时平均数；$\bar{b}$ 表示分母数列的序时平均数。

需要注意的是，在求分子、分母的序时平均数时，应首先判断分子序列和分母序列的序列类型，再利用相应的序时平均数的计算公式准确地计算出分子、分母的序时平均数，这样求出的相对指标序时平均数才是正确的。

［例 5—5］　某商场 2018 年第四季度商品销售、库存和商品流转次数资料如表 5—6 所示。试计算该商场 2018 年第四季度的平均商品流转次数(提示：商品流转次数＝商品销售额/商品库存额)。

表 5—6　　某商场 2018 年第四季度商品流转次数计算表

月份	9	10	11	12
商品销售额(万元)	—	2 800	3 080	3 466
月末库存额(万元)	981	1 173	1 393	1 175
商品流转次数(次)	—	2.6	2.4	2.7

解：商品流转次数(用 c 表示)是一个相对指标，其值为商品销售额(用 a 表示)与商品库存(用 b 表示)的比值，即有 $c=\frac{a}{b}$。则根据公式(5.6)需要分别计算出商品销售额和库存额的序时平均数。

商品销售额是时期指标，根据公式(5.1)得：

$$\bar{a}=\frac{2\ 800+3\ 080+3\ 466}{3}=\frac{9\ 346}{3}$$

商品库存额为时点指标，根据式(5.4)得：

$$\bar{b}=\frac{\frac{981}{2}+1\ 173+1\ 393+\frac{1\ 175}{2}}{3}=\frac{3\ 466}{3}$$

最后根据式(5.6)得：

$$\bar{c}=\frac{\bar{a}}{\bar{b}}=\frac{9\ 346}{3\ 466}=2.56(\text{次})$$

(三)平均指标时间序列序时平均数的计算

平均指标时间序列也是派生的时间序列，可以由静态平均数和动态平均数(或序时平均数)组成。静态平均数的分子多属于标志总量，分母多属于总体单位总量，因此其时间序列也是由两个绝对指标时间序列相应对比形成的。故计算静态指标序时平均数与相对指标序时平均数的计算方法一致，也是分别计算分子和分母的序时平均数，然后对比计算。而由序时平均数组成的时间序列的序时平均数的计算方法则比较简单，等间隔时采用简单算术平均数，间隔不等时可以时期为权数计算其加权算术平均数。

三、增长量

增长量(增减量)是时间序列中两个不同时期发展水平之差,又称为增长水平。它反映社会经济现象在一定时期内增长的绝对水平,其计算公式为:

$$增长量=报告期水平-基期水平 \tag{5.7}$$

由于选择的基期不同,增长量可以分为逐期增长量和累计增长量。逐期增长量是选择前一个时期为基期计算的增长量,而累计增长量则是选择某一个固定的时期为基期,即:

各期逐期增长量为:a_1-a_0、a_2-a_1、…、a_n-a_{n-1}

各期累计增长量为:a_1-a_0、a_2-a_0、…、a_n-a_0

逐期增长量和累计增长量之间存在如下的数量关系。

(1)逐期增减量之和等于相应时期的累计增减量。用符号表示为:

$$(a_1-a_0)+(a_2-a_1)+\cdots+(a_n-a_{n-1})=(a_n-a_0)$$

(2)每两个相邻的累计增减量之差等于相应时期的逐期增减量。用符号表示为:

$$(a_n-a_0)-(a_{n-1}-a_0)=(a_n-a_{n-1})$$

[例5—6] 根据表5—1的资料,计算某蔬菜公司3年12个季度的蔬菜营业额的逐期增长量和累计增长量。

表5—7　　某蔬菜公司3年12个季度的蔬菜营业额资料　　单位:万元

季度	1	2	3	4	5	6	7	8	9	10	11	12
营业额	250	320	370	340	270	335	410	360	290	365	435	395
逐期增长量	—	70	50	−30	−70	65	75	−50	−70	75	70	−40
累计增长量	—	70	120	90	20	85	160	110	40	115	185	145

解:(1)逐期增长量

第2季度逐期增长量=320−250=70(万元)

第3季度逐期增长量=370−320=50(万元)

第4季度逐期增长量=340−370=−30(万元)

其余各季度逐期增长量以此类推。

(2)累计增长量

第2季度累计增长量=320−250=70(万元)

第3季度累计增长量=370−250=120(万元)

第4季度累计增长量=340−250=90(万元)

其余各季度累计增长量以此类推。

四、平均增长量

平均增长量是时间序列中各逐期增长量的序时平均数,又称平均增长水平。它表明客观现象在一定时期内平均每期的增长量。平均增长量也是一种序时平均数,是逐期增长量动态序列的序时平均数,反映现象的平均增长水平,其计算公式为:

$$平均增长量=\frac{逐期增长量之和}{逐期增长量个数}=\frac{累计增长量}{时间序列项数-1} \tag{5.8}$$

［例5—7］　某局连续7年的电报份数如表5—8所示，试计算平均增长量。

表5—8　某局连续7年的电报份数　单位：万份

年份	1	2	3	4	5	6	7
发展水平	11.76	12.62	12.75	13.50	14.66	15.94	16.07
逐期增减量		0.86	0.13	0.75	1.16	1.28	0.13
累计增减量		0.86	0.99	1.74	2.90	4.18	4.31

解：$平均增长量=\frac{累计增长量}{逐期增长量项数}=\frac{4.31}{6}=0.718$（万份）

第三节　时间序列的速度指标

时间序列的速度指标又称为时间序列的相对数指标，常用的速度指标有发展速度、平均发展速度、增长速度和平均增长速度四种，它们之间具有密切的关系，其中发展速度是最基本的速度指标。

一、发展速度

发展速度是以相对数的形式来反映时间序列的分析指标，是时间序列中报告期水平与基期水平之比。发展速度是表明现象发展变化程度的动态相对指标，计算公式为：

$$发展速度=\frac{报告期水平}{基期水平} \tag{5.9}$$

根据选择的基期不同，发展速度可以分为环比发展速度和定基发展速度。环比发展速度是选择报告期前一个时期为基期计算的发展速度，通常用来说明现象的逐期发展变化程度。其计算公式为：

$$环比发展速度=\frac{报告期水平}{前一期水平} \tag{5.10}$$

定基发展速度是选择某一个固定时期的发展水平作为基期计算的发展速度，它表示现象在较长时间内总的发展变化程度，有时也叫作总速度。其计算公式为：

$$定基发展速度=\frac{报告期水平}{最初水平} \tag{5.11}$$

以上公式用符号表示为：

环比发展速度：$\frac{a_1}{a_0},\frac{a_2}{a_1},\frac{a_3}{a_2},\cdots,\frac{a_n}{a_{n-1}}$

定基发展速度：$\frac{a_1}{a_0},\frac{a_2}{a_0},\frac{a_3}{a_0},\cdots,\frac{a_n}{a_0}$

定基发展速度与环比发展速度的关系：

(1)定基发展速度等于相应时期的各个环比发展速度的连乘积。即：

$$\frac{a_1}{a_0}\times\frac{a_2}{a_1}\times\frac{a_3}{a_2}\times\cdots\times\frac{a_n}{a_{n-1}}=\frac{a_n}{a_0}$$

(2)每两个相邻的定基发展速度之商等于相应时期的环比发展速度。即：

$$\frac{a_n}{a_0}:\frac{a_{n-1}}{a_0}=\frac{a_n}{a_{n-1}}$$

由此可见，各期环比发展速度的连乘积等于对应时期的定基发展速度。在实际应用中，经常运用上述关系进行速度指标的换算。

二、增长速度

增长速度又称增长率，是增长量与基期水平之比。增长速度反映社会经济现象增长程度的动态对应指标，其计算公式为：

$$增长速度=\frac{增长量}{基期水平}=\frac{报告期水平-基期水平}{基期水平}=\frac{报告期水平}{基期水平}-1=发展速度-1 \tag{5.12}$$

根据增长速度的概念和计算公式，增长速度不仅是增长量的函数，同时它与发展速度也存在密切的关系——增长速度等于发展速度减 1。

同样由于选择的基期不同，增长速度也可以分为环比增长速度和定基增长速度。环比增长速度选择的基期是报告期的上一个时期，表明的是现象逐期的增长程度。定基增长速度选择的基期是某一个固定的时期，表明的是现象在较长时间内总的增长程度。

$$环比增长速度=\frac{逐期增长量}{前一期水平}=环比发展速度-1=\frac{a_n-a_{n-1}}{a_{n-1}}=\frac{a_n}{a_{n-1}}-1$$

$$定基增长速度=\frac{累计增长量}{最初水平}=定基发展速度-1=\frac{a_n-a_0}{a_0}=\frac{a_n}{a_0}-1$$

值得注意的是，环比增长速度与定基增长速度之间并不像逐期增长量与累计增长量，环比发展速度与定基发展速度一样具有直接的累加或乘积的关系。

[例 5—8] 某企业 2014～2018 年每年发电量如表 5—9 所示，计算在此期间该企业发电量(单位：千瓦小时)的定基发展速度、环比发展速度、定基增长速度、环比增长速度。

表 5—9　　某企业 2014～2018 年发电量

年份		2014	2015	2016	2017	2018
发电量(千瓦小时)		47 130	49 875	54 316	57 945	58 106
发展速度(%)	定基	100	105.8	115.2	122.9	123.3
	环比	—	105.8	108.9	106.7	100.3
增长速度(%)	定基	—	5.8	15.2	22.9	23.3
	环比	—	5.8	8.9	6.7	0.3

解：以 2016 年为例计算时间序列的各指标：

定基发展速度=54 316/47 130=115.2%

环比发展速度=54 316/49 875=108.9%

定基增长速度=(54 316−47 130)/47 130=15.2%

环比增长速度=(54 316−49 875)/49 875=8.9%

其余年份同理，读者可以自行计算。

三、平均发展速度和平均增长速度

平均发展速度与平均增长速度统称为平均速度。平均速度是指各期环比速度的平均数，表明现象在一定时期内平均发展变化的程度。

平均发展速度是各期环比发展速度的动态平均数，说明某种现象的平均发展速度。平均发展速度虽然是一种动态平均数，但它不能用普通的序时平均数的计算方法求得。由于发展速度具有序列前后衔接（前期的报告期为后期的基期）及连乘积关系（环比发展速度连乘积等于定基发展速度），因此平均发展速度的计算适合采用几何平均数。

$$\overline{X}=\sqrt[n]{X_1 \cdot X_2 \cdot X_3 \cdot \cdots \cdot X_n}=\sqrt[n]{\frac{a_1}{a_0} \cdot \frac{a_2}{a_1} \cdot \frac{a_3}{a_2} \cdot \cdots \cdot \frac{a_n}{a_{n-1}}}=\sqrt[n]{\frac{a_n}{a_0}}=\sqrt[n]{R} \tag{5.13}$$

式中，$\overline{X}$ 表示平均发展速度；X 表示各期的环比发展速度；n 表示经历的时期数（环比发展速度的个数）。

平均增长速度又称年增长率，是各期环比增长速度的平均数，它表明现象在一定时期内的平均化（增减）程度。同样，平均增长速度也不适合采用普通的序时平均数的计算方法求得。根据增长速度与发展速度的关系：增长速度＝发展速度－1，可以得出：

$$\text{平均增长速度}=\text{平均发展速度}-1 \tag{5.14}$$

平均发展速度大于1时，平均增长速度为正值，表明现象在这段时间内总体上是增加的，则这个指标可称为“平均递增速度”或“平均递增率”；反之，当平均发展速度小于1时，平均增长速度为负值，表明现象在此期间内呈下降趋势，该指标可称为“平均递减速度”或“平均递减率”。

仍然以例5－8的数据为例，若根据最初水平和最末水平计算平均发展速度：

$$\overline{X}=\sqrt[n]{\frac{a_n}{a_0}}=\sqrt[4]{\frac{58\ 106}{47\ 130}}=105.37\%$$

若根据各环比发展速度计算平均发展速度：

$$\overline{X}=\sqrt[n]{X_1 \cdot X_2 \cdot X_3 \cdot \cdots \cdot X_n}=\sqrt[4]{105.8\% \times 108.9\% \times 106.7\% \times 100.3\%}=105.37\%$$

若根据总速度计算平均发展速度：

$$\overline{X}=\sqrt[n]{R}=\sqrt[4]{123.3\%}=105.37\%$$

四、增长率（增长速度）分析注意事项

增长率是常用的动态序列分析指标，是以百分数表示的抽象化指标。在运用增长率进行分析时应注意以下问题。

（一）注意年化增长率

前述增长率通常是指年度增长率，是根据年度数据计算而得的。在实际工作中，经常遇到用月度数据或季度数据等计算增长率的情况。为了便于比较，通常需要用这些月度数据或季度数据计算年度增长率，这个年度增长率称为年化增长率，其计算公式为

$$\text{年化增长率}=\left(\frac{y_n}{y_0}\right)^{\frac{m}{n}}-1 \tag{5.15}$$

式中，m 为一个年度中的时期数；n 为总的时间间隔时期数。例如，用月度数据计算年化增长率时，$m=12$；用季度数据计算年化增长率时，$m=4$。

[例 5—9] 已知某市 2017 年 3 月的财政收入总额为 240 亿元，2019 年 6 月的财政收入总额为 300 亿元，请计算该市财政收入的年化增长率。

解：已知财政收入数据是月份资料，则 $m=12$(1 年有 12 个月)，2017 年 6 月～2019 年 6 月的时间间隔为 27 个月，则 $n=27$。所以

$$年化增长率=\left(\frac{y_n}{y_0}\right)^{\frac{m}{n}}-1=\left(\frac{300}{240}\right)^{\frac{12}{27}}-1=10.43\%$$

因此，2017 年 6 月～2019 年 6 月该市的财政收入总额的年化增长率为 10.43%。

(二)适当选择基期并结合基期水平进行分析

保证基期指标在整个研究时期的同质性。从数量关系上看，基期水平低会导致增长率的快速提高，就此掩盖了低水平的事实。因此，通常用增长 1%的绝对值来考察增长率与发展水平的关系。

$$增长\ 1\%的绝对值=\frac{前期水平}{100}=\frac{a_{i-1}}{100} \tag{5.16}$$

(三)联系各期增长率补充说明平均增长率

从式(5.13)和式(5.14)可知增长率只计算期初水平和期末水平两个数据，忽略了中间各个时期的具体变化，据此结果分析可能会产生误解或得出错误的结论。因此，有必要补充各期的增长率进行分析。

(四)平均增长率应与各基本指标结合分析

平均增长率是根据各个基本指标计算得出的，在用其进行分析时，应结合发展水平、增长量、环比发展速度、定基发展速度等基本指标进行分析研究。这样才能深入了解现象的全面发展、具体过程和特点，从而对客观事物有准确、完整的认识。

第四节　长期趋势的测定与预测

时间序列分析是研究随时间推移指标的变化规律。时间序列是由多种复杂因素共同作用的结果。为深入分析事物变化的规律性，须对时间序列的各因素进一步分析与测定。

一、时间序列的构成与分解

(一)时间序列的构成因素

时间序列中，不同因素对指标变化的作用不同，导致指标变化的结果也不尽相同，从而形成不同的数列。按性质和作用划分，时间序列的影响因素大致可归纳为长期趋势、季节变动、循环变动和不规则变动四种。

1. 长期趋势

长期趋势(T)是指随时间的推移时间序列中的指标值朝一个方向持续上升或下降的变化趋势，它反映了客观事物的主要变化趋势。例如，受科技进步和人才素质提高的影响，我国国内生产总值总体呈上升趋势。

2. 季节变动

季节变动(S)是指由于受到自然条件或其他因素的影响，时间序列中指标随时间的推移而发生的有规律的周期性的波动。它反映了客观事物的变化受到自然条件或其他客观因素的

影响。例如,农作物的产量受生产季节的影响导致农产品供应量的季节变动。

季节变动的周期性比较强,而且周期比较稳定。这种“季节”可以是自然条件也可以是客观条件或人为因素。因此,季节的周期可以是以年为周期的,也可以是以其他时间单位为周期的。例如,一般农作物的产量以年为周期,一年四季;公园、商场的客流量以周为周期,一周七天等。

3. 循环变动

循环变动(C)是指在较长的时间内,时间序列中指标值随时间的推移而表现出来的有规律的变化趋势。不同于长期趋势,其变化不是单一方向的持续变动;也不同于季节变动,其变化没有固定的周期规律。循环变动的规律性不甚明显,一般很难掌握,例如,股票价格变动情况等。

3. 不规则变动

不规则变动(I)是指由于偶然因素的影响,时间序列中各指标值呈现的无规则变动,也可称为剩余变动。不规则变动又可分为突然变动和随机变动,突然变动是指如战争、地震等突发事件所引起的变化;随机变动是指由于多种随机因素所产生的影响。通常所说的不规则变动是指随机变动。

(二)时间序列的模型分析

通过上述分析,时间序列是由长期趋势、季节变动、循环变动和不规则变动四类因素构成。若将形成时间序列的因素与时间序列的关系按一定的假设,用一定的数学关系式表达,就形成了时间序列的分解模型。时间序列的分解模型主要有加法模型和乘法模型两种。

1. 加法模型

假设构成时间序列的四个因素是相互独立的,则时间序列各期水平的数值可视为四个因素的加总,即:

$$Y=T+S+C+I \tag{5.17}$$

2. 乘法模型

如果构成时间序列的四个因素之间存在着某些相互影响的关系,四个因素对现象发展的影响是相互的,则时间序列各期水平的数值就是四个因素的乘积,即:

$$Y=T\cdot S\cdot C\cdot I \tag{5.18}$$

时间序列分析一般采用乘法模型,把受各个因素影响的变动分析测定出来,为决策提供依据。事实上,有些现象的时间序列并非四种变动俱在,从长期来看,揭示经济现象发展的长期趋势和测定其受季节变动的影响,对于每一个具体的时间序列来讲都是十分重要的问题。本节阐述长期趋势的测定与预测方法,下节阐述季节变动的测定与预测方法。

二、长期趋势测定与预测的方法

长期趋势是研究社会经济现象在一段时期内持续向上或向下发展变动的趋势。测定长期趋势的目的是:首先,把握现象变化的趋势;其次,探索现象变化的规律性,为统计预测储备资料;最后,测定长期趋势为更好地测定季节变动提供依据。

长期趋势有两种基本的表现形式,即直线趋势和曲线趋势,直线趋势是指现象在研究期内的变动轨迹大致呈一条直线或近似呈一条直线。直线变化趋势表明现象在研究期间内是逐期增加(或减少)的,而且每期的增加量是基本相同的。曲线趋势是指现象在研究期内的变动轨迹不在一条直线上,而是呈某种数学曲线形式的波浪式前进,如抛物线、指数曲线等。曲线变动趋势的各期增长量和变化率是变动的。但是,在曲线变动趋势发展过程中,若仅取其中一小段时间加以研究,曲线形式往往表现为直线形式。因此,曲线可以认为是若干条直线的组合,直线是曲线的特殊表现形式,故直线趋势是最简单的,也是最基本的趋势。

长期趋势的测定就是要排除一些偶然因素的影响,研究现象发展变化的规律,并对其发展变化的总趋势做出判断。长期趋势的测定方法很多,常用的有时距扩大法、移动平均法、分段平均法、指数平滑法、最小二乘法等。

(一)移动平均法

移动平均法是对原序列按一定的期数逐项移动计算平均数,计算一系列的序时平均数,形成一个新的、派生的时间序列来替代原有序列,从而对原数列进行修匀,消除原序列中不规则变动和周期性波动,显示长期趋势的特征。

[例5—10] 某企业各月生产机器台数资料如表5—10所示,采取3项和5项移动平均数分析进行修匀,计算其各个移动平均数。(如表5—11所示)

表5—10　　某企业各月生产机器台数

月份	1	2	3	4	5	6	7	8	9	10	11	12
机器台数(台)	41	42	52	43	45	51	53	40	51	49	56	54

表5—11　　某企业各月生产机器台数的移动平均数

月份	机器台数(台)	3项移动平均数	5项移动平均数
1	41	—	—
2	42	45	—
3	52	45.7	44.6
4	43	46.7	46.6
5	45	46.3	48.8
6	51	49.7	46.4
7	53	48	48
8	40	48	48.8
9	51	46.7	49.8
10	49	52	50
11	56	53	—
12	54	—	—

应用移动平均法分析长期趋势时,应注意下列四点:

1. 用移动平均法对原时间序列修匀,修匀程度的大小与原数列移动平均的项数多少有关例如,用5项移动平均比3项移动平均修匀程度更大些(如图5—2)。这就是说,修匀的项数越多,效果越好,即趋势线越平滑。

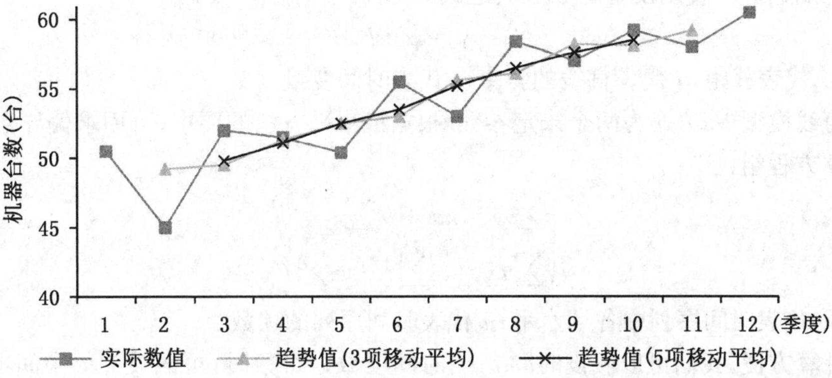

图 5－2　移动平均法趋势线配合图

2. 移动平均法所取项数的多少，应视资料所反映的特定社会经济现象而定

取几项进行移动平均为好，若现象有周期变动，则以周期为长度。例如，季度资料可 4 项移动平均；各年月资料，可 12 项移动平均；五年一周期，可 5 项移动平均。移动平均法可消除周期变动。

3. 若采用奇数项移动平均(如上例"3 项")，则平均值是对准在奇项的居中时间处，一次可得趋势值

如表 5－11 所示，3 项移动中第一个移动平均数为(41＋42＋52)/3＝45(台)，即可对正 2 月份的原值。第二个移动平均数为(42＋52＋43)/3＝45.7(台)，即可对正为 3 月份的原值等。若采用偶数项移动平均时，则平均值也居中，因未对正原来的时间，所以要将第一次移动的平均值再进行两项"移正平均"，得出移正值时间序列，以显示现象变动趋势，如表 5－20 采用 4 项移动平均。由于偶数项移动平均比较复杂，因此，一般都用奇数项移动平均。

4. 修匀后的数列，较原数列项数少

移动时采用的项数越多，虽能更好地进行修匀，但所得趋势值的项数就越少。当 N 为奇数，首尾各减少$(N-1)/2$项；当 N 为偶数，首尾各减少 $N/2$ 项。

(二)最小平方法

最小平方法又称最小二乘法，是用一定的数学模型对原有的时间序列拟合一条适当的趋势线来进行修匀，是测定长期趋势常用的方法。根据最小平方法的原理，建立模型必须符合以下条件：

(1)原有时间序列中各期的指标值(y)与根据拟合模型求得的趋势值(y_c)的离差平方之和为最小，即 $\sum(y-y_c)^2=$最小值。

(2)原有时间序列中各期指标值(y)与根据拟合模型求得的趋势值(y_c)的离差之和为零，即 $\sum(y-y_c)=0$。

长期趋势的类型很多，有直线型，也有曲线型，而最小平方法既可用于配合直线，也可以用于配合曲线，所以它是分析长期趋势十分普遍和理想的方法。下面主要介绍用最小平方法配合直线模型、抛物线模型及指数曲线模型进行拟合与预测。

1. 直线模型

当时间序列中现象发展变化的逐期增长量基本不变时，可以考虑拟合直线模型来测定现

象变动的长期趋势。直线模型的数学表达式为：

$$y_c = a + bt \tag{5.19}$$

式中，a 代表截距；b 代表直线的斜率；t 代表时间变量。

上述直线模型中，a、b 为两个未定参数，根据最小平方法的要求，可用求偏导数的方法，导出以下联立方程组：

$$\begin{cases} \sum y = na + b\sum t \\ \sum ty = a\sum t + b\sum t^2 \end{cases}$$

式中，y 代表时间序列中各期水平；n 代表时间序列的项数。

为了计算方便，我们可以假设时间 t：当时间项数为奇数时，可假设 t 的中间项为 0，这时时间项依次排列为：…，−3，−2，−1，0，1，2，3，…；当时间项数为偶数时，时间项依次排列为：…，−5，−3，−1，1，3，5，…，这时，$\sum t = 0$，则以上联立方程组简化为：

$$\begin{cases} \sum y = na \\ \sum ty = b\sum t^2 \end{cases}$$

则参数 a、b 即可简化为：

$$\begin{cases} a = \dfrac{\sum y}{n} \\ b = \dfrac{\sum ty}{\sum t^2} \end{cases}$$

［例 5—11］ 某地区粮食产量资料见表 5—12 所示，采用最小平方法建立粮食随时间变化的拟合模型。

表 5—12　　某地区粮食产量

年份	粮食产量（万千克）	逐期增长量	年份	粮食产量（万千克）	逐期增长量
2010	217	—	2015	253	11
2011	230	13	2016	280	27
2012	225	−5	2017	309	29
2013	248	24	2018	343	34
2014	242	−6			

解：根据上表资料初步计算分析，可视为逐期增长量大体相等（也可以画一个散点图进行观察，可以得出长期趋势比较接近直线），所以可以配合一个直线模型，列表说明其计算方法，见表 5—13 所示。

表 5—13　　某地区粮食产量直线模型计算表

年份	t	y	ty	t^2	y_c
2010	−4	217	−868	16	203.71
2011	−3	230	−690	9	217.98

续表

年份	t	y	ty	t^2	y_c
2012	−2	225	−450	4	232.25
2013	−1	248	−248	1	246.51
2014	0	242	0	0	260.78
2015	1	253	253	1	275.05
2016	2	280	560	4	289.31
2017	3	309	927	9	303.58
2018	4	343	1 372	16	317.85
合计	—	2 347	856	60	2 347.02

将表 5—13 数据资料代入联立方程式得：

$$\begin{cases}2\,347=9a\\856=60b\end{cases}$$

可得：$a=260.78$；$b=14.27$。则粮食产量随时间变化的直线模型为 $y_c=260.78+14.27t$，据此可以预测该地区 2019 年的粮食产量。也即当 $t=5$ 时，$y_c=260.78+14.27\times5=332.13$（万千克）。

应该指出的是，时间变量的取值不同，得出的线性模型是不同的，但是根据这些模型预测的未来年度的变量值，相同年份的预测值应该是相同的。

2. 抛物线模型

当时间序列中各期现象的逐期增长量的增长量（二级增长量）基本不变时，可以考虑抛物线模型来测定现象的长期趋势。抛物线模型的数学表达式为：

$$y_c=a+bt+ct^2 \tag{5.20}$$

上述抛物线模型中，a、b、c 为三个未定参数，根据最小平方方法的要求，可用求偏导数的方法，导出以下联立方程组：

$$\begin{cases}\sum y=na+b\sum t+c\sum t^2\\\sum ty=a\sum t+b\sum t^2+c\sum t^3\\\sum t^2y=a\sum t^2+b\sum t^3+c\sum t^4\end{cases}$$

同理，为了计算方便，可以通过假设 t，使 $\sum t=0$，$\sum t^3=0$，则以上联立方程组简化为：

$$\begin{cases}\sum y=na+c\sum t^2\\\sum ty=b\sum t^2\\\sum t^2y=a\sum t^2+c\sum t^4\end{cases}$$

［例 5—12］ 某企业某产品产量资料见表 5—14 所示，采用最小平方法建立产量随时间变化的拟合模型。

表 5—14　　某企业某产品产量

年份	产品产量（吨）	逐期增长量	二级增长量
2010	988	—	—

续表

年份	产品产量(吨)	逐期增长量	二级增长量
2011	1 012	24	—
2012	1 043	31	7
2013	1 080	37	6
2014	1 126	46	9
2015	1 179	53	7
2016	1 239	60	7
2017	1 307	68	8
2018	1 382	75	7

解:根据上表资料初步计算分析,可视为二级增长量大体相等(也可以画一个散点图进行观察,可以得出长期趋势比较接近抛物线),所以可以配合一个抛物线模型,列表说明其计算方法,见表5—15所示。

表5—15　　某企业某产品产量抛物线模型计算表

年份	t	y	ty	t^2	t^2y	t^4	y_c
2010	−4	988	−3 952	16	15 808	256	988.27
2011	−3	1 012	−3 036	9	9 108	81	1 011.64
2012	−2	1 043	−2 086	4	4 172	16	1 042.39
2013	−1	1 080	−1 080	1	10 800	1	1 080.52
2014	0	1 126	0	0	0	0	1 126.03
2015	1	1 179	1 179	1	1 179	1	1 178.92
2016	2	1 239	2 478	4	4 956	16	1 239.19
2017	3	1 307	3 921	9	11 763	81	1 306.84
2018	4	1 382	5 528	16	22 112	25	1 381.87
合计	—	10 356	2 952	60	70 178	708	10 355.67

将表5—15数据资料代入联立方程式得:

$$\begin{cases}10\ 356=9a+60c\\2\ 952=60b\\70\ 178=60a+708c\end{cases}$$

用消元法,可得:$a=1\ 126.03$,$b=49.20$,$c=3.69$。

则该企业该产品产量随时间变化的抛物线模型为 $y_c=1\ 126.03+49.20t+3.69t^2$,据此可以预测该企业该产品2020年的产量。也即当 $t=6$ 时,$y_c=1\ 126.03+49.20\times6+3.69\times6^2=1\ 554.07$(吨)。

3. 指数模型

当时间序列中各期现象的环比发展速度或环比增长速度基本不变时，可以考虑拟合指数模型来测定现象的长期趋势。指数模型的数学表达式为：

$$y_c=ab^t \tag{5.21}$$

用指数模型分析长期趋势时，通常的做法是将指数模型转化为直线模型，然后再按直线模型的拟合方法进行参数估计，最后再将直线模型还原为指数模型。具体方法为将式(5.21)等号两边同时取对数得：

$$\lg y_c=\lg a+t\lg b \tag{5.22}$$

设$Y=\lg y_c$，$A=\lg a$，$B=\lg b$，则指数模型(5.22)就转化为线性模型$Y=A+Bt$。应用直线模型的测定方法可以求得A和B。再通过反对数计算就可以求得$a=10^A$，$b=10^B$，即将直线模型还原为指数模型。

[例5-13]某地区工业增加值资料如表5-16所示，采用最小平方法建立工业增加值随时间变化的拟合模型。

表5-16　某地区工业增加值

年　份	增加值(百亿元)	各年环比增长速度(%)
2013	5.3	—
2014	7.2	36
2015	9.6	33
2016	12.9	34
2017	17.1	33
2018	23.2	36

解：根据上表资料初步计算分析，可视为各年环比增长速度大体相等(也可以画一个散点图进行观察，可以得出长期趋势比较接近指数曲线)，所以可以配合指数模型，列表说明其计算方法，如表5-17所示。

表5-17　某地区工业增加值指数曲线方程计算表

年　份	增加值y	t	$Y=\lg y$	$t\lg y$	t^2	$\lg y_c$	y_c
2013	5.3	−5	0.724 3	−3.621 5	25	0.726 9	5.331 5
2014	7.2	−3	0.857 3	−2.571 9	9	0.854 3	7.150 0
2015	9.6	−1	0.982 3	−0.982 3	1	0.981 8	9.588 9
2016	12.9	1	1.110 6	1.110 6	1	1.109 2	12.817
2017	17.1	3	1.233 0	3.699 0	9	1.236 7	17.241
2018	23.2	5	1.365 5	6.827 5	25	1.364 2	23.133
合 计	75.3	0	6.273 0	4.461 4	70	—	75.267 5

将表5-17数据资料代入直线模型联立方程式得：

$$\begin{cases}6.2730=6A\\4.461\,4=60B\end{cases}$$

可得：$A=1.0455$，$B=0.06373$。则 $a=10^A=10^{1.0455}=11.1045$，$b=10^B=10^{0.06373}=1.1581$。

指数模型为：$y_c=ab^t=11.1045\times1.1581^t$，据此可以预测该地区 2019 年工业增加值。也即当 $t=7$ 时，$y_c=11.1045\times1.1581^7=31.03$（百亿元）。

上面介绍了时间序列模型拟合的一般方法。在实际应用中，应根据研究者在对现象变动规律的基本认识，并绘制序列指标随时间变动的散点图的基础上，通过感性的观察和理性的分析正确地拟合趋势线。只有如此才能正确地测度时间序列的长期趋势。

第五节　季节变动的测定与预测

季节变动是现象受自然或社会因素影响，而形成的有规律的周期性变动。它和长期趋势是影响时间序列的常态因素，测定季节变动，认识时间序列的季节变化规律，对于适时组织生产，克服季节变动带来的不良影响具有十分重要的作用。我们研究季节变动的目的在于了解研究期内现象各期变动情况及变动大小，据此组织生产。同时，可以在时间序列中消除季节变动因素的影响，从而了解在没有季节变动的情况下客观现象的变动情况。

测定季节变动的方法有很多，从其是否考虑受长期趋势的影响来看，有两种方法：一是不考虑长期趋势的影响，直接根据原始的时间序列来计算，常用的方法是同期平均法；二是根据剔除长期趋势影响后的数列资料来计算，常用的方法是移动平均趋势剔除法。不管使用哪种方法来计算季节变动，都必须用 3 年或更多年份的资料作为基本数据进行计算分析，这样才能较好地消除偶然因素的影响，使季节变动的规律性更切合实际。

一、同期平均法

同期平均法也称简单平均法。若是月资料就按月平均；若是季资料则按季平均。其计算步骤如下：

（1）列表，将各年同月（季）数据列在同一栏内（行或列）；

（2）将各年同月（季）数值加总，求出月（季）平均数；

（3）计算研究期间总的月（季）平均数；

（4）计算季节比率，其公式为：

$$\text{季节比率}=\frac{\text{各月（季）平均数}}{\text{全期各月（季）平均数}}\times100\% \tag{5.23}$$

需要注意的是，季节比率是衡量现象各月（季）水平与全期平均水平的比值，在研究时，周期内各季的季节比率之和应等于一个周期内的季节长度。即按季度资料计算的四季季节比率之和等于 4（或 400%），按月份资料计算的各月季节比率之和等于 12（或 1200%）。由于在计算过程中多次的四舍五入等因素影响，导致实际计算的季节比率与理论值有一定的误差，这时就需要对季节比率进行调整校正。季节比率的校正系数为：

$$\text{校正系数}=\frac{\text{季节比率的理论值}}{\text{实际计算出季节比率之和}} \tag{5.24}$$

$$\text{调整后的季节比率}=\text{调整前的季节比率}\times\text{校正系数} \tag{5.25}$$

［例 5－14］　某企业 2016～2018 年围巾销售量资料见表 5－18 所示，假设 2019 年 4 月份围巾的销售量为 50 万条，试用同期平均法预测 2019 年 10 月的销售量。

表 5－18　　季节比率计算表　　单位：万条

年份＼月份	1	2	3	4	5	6	7	8	9	10	11	12	合计
2016	82	72	62	38	20	5	3	4	11	80	90	85	552
2017	110	65	70	40	28	7	4	5	13	96	148	134	720
2018	123	81	84	45	45	9	5	6	15	94	161	144	812
合计	315	218	216	123	93	21	12	15	39	270	399	363	2 084
月平均数	105	72.7	72	41	31	7	4	5	13	90	133	121	57.9
季节比率(%)	181.35	125.56	124.35	70.81	53.54	12.09	6.91	8.64	22.34	155.44	229.71	208.98	1 199.83

解：根据同期平均法按月平均计算季节比率过程如表 5－18 所示。2019 年 4 月份围巾的销售量为 50 万条，则 2019 年 10 月份销售量预测值为：

$$10\text{月份销售量预测值}=\frac{50}{70.81\%}\times 155.44\%=109.76(\text{万条})$$

二、移动平均趋势剔除法

当时间序列具有明显的长期趋势和季节变动时，可用移动平均趋势剔除法剔除长期趋势影响后，再来测定其季节变动。首先要用移动平均法计算时间序列长期趋势的趋势值，而后从原时间序列中剔除长期趋势值，再测定季节比率。一般来说，对于各因素属于乘积形式的现象，应采用原始序列除以长期趋势值剔除长期趋势；对于各因素属于和的形式的现象，应采用原序列减去长期趋势值剔除长期趋势。

仍以上题为例，为方便计算，这里把上例的月资料改为季资料，见表 5－19 所示，计算季节比率。

表 5－19　　某企业 2016～2018 年各季度围巾销售量　　单位：万条

年份＼季度	第 1 季	第 2 季	第 3 季	第 4 季
2016	216	63	18	255
2017	245	75	22	378
2018	288	99	26	399

1. 除法剔除趋势值求季节比率

第一，用移动平均法求出长期趋势。见表 5－20 中，因是季度资料，所以先用 4 项移动平均后，再做 2 项移正平均，便得到趋势值 y_c。

表 5－20　　某企业 2016～2018 年围巾销售量剔除长期趋势计算表

季度		销售量 y（万条）	4 项移动平均	2 项移正平均 y_c	趋势值剔除	
					除法 $y/y_c\times100\%$	减法 $y-y_c$
第 1 年	Ⅰ	216		—	—	—
	Ⅱ	63		—	—	—
	Ⅲ	18	138	141.625	12.71	－123.625
	Ⅳ	255	145.25	146.75	173.76	108.25
第 2 年	Ⅰ	245	148.25	148.75	164.71	96.25
	Ⅱ	75	149.25	164.625	45.56	－89.625
	Ⅲ	22	180	185.375	11.87	－163.375
	Ⅳ	378	190.75	193.75	195.097	184.25
第 3 年	Ⅰ	288	196.75	197.25	146.01	90.75
	Ⅱ	99	197.75	200.375	49.41	－101.375
	Ⅲ	26	203	—	—	—
	Ⅳ	399		—	—	—

第二，剔除长期趋势。用原序列除以同一时期的趋势值。

第三，求季节比率。用表 5－20 中 y/y_c 得到的数据重新编排成表 5－21 的基本数据，再按季求其平均的季节比率。

第四，调整季节比率。

校正系数$=\dfrac{季节比率的理论值}{实际计算出季节比率之和}=\dfrac{400\%}{399.564\%}=1.00109$，然后用 1.001 09 乘以各季的平均季节比率，表中第 1 季度的季节比率＝1.001 09×1.553 6＝1.555 3(或 155.53%)，以此类推。

表 5－21　　除法剔除长期趋势后季节比率计算表

年份＼季度	第 1 季	第 2 季	第 3 季	第 4 季	合计
2016	—	—	12.71	173.76	
2017	164.71	45.56	11.87	196.097	
2018	146.01	49.41	—	—	
合　计	310.72	94.97	24.58	368.857	
平　均	155.36	47.485	12.29	184.429	399.564
校正系数	1.001 09	1.001 09	1.001 09	1.001 09	
季节比率(%)	155.53	47.54	12.30	184.63	400

2. 减法剔除趋势值求季节比率

为叙述方便，仍以上例说明计算方法。

第一，用移动平均法求出长期趋势。

第二，剔除长期趋势。用原序列减去同一时期的趋势值。

第三，计算同期平均数。用表 5—20 中 $y-y_c$ 得到的数据重新编排成表 5—22 的基本数据，再计算同季平均数。

第四，分摊余数得季节变差。把同期平均数合计数分摊到各时期的同期平均数中去，即：

$$季节变差=同期平均数-\frac{\sum 同期平均数}{时期数} \tag{5.26}$$

如表 5—22，第一季度季节变差=93.5−0.75/4=93.5−0.187 5=93.312 5(万条)，式中 0.187 5 即为校正系数。

表 5—22　　减法剔除长期趋势后季节变差计算表

年份＼季度	第 1 季	第 2 季	第 3 季	第 4 季	合计
2016	—	—	−123.625	108.25	
2017	96.25	−89.625	−163.375	184.25	
2018	90.75	−101.375	—	—	
合计	187	−191	−287	292.5	
平均	93.5	−95.5	−143.5	146.25	+0.75
校正数	−0.187 5	−0.187 5	−0.187 5	−0.187 5	
季节变差	93.312 5	−95.687 5	−143.687 5	146.062 5	0

季节变差的意义是，以移动平均的长期趋势为基础，各季度上下波动的标准幅度，其计量单位是原资料的销售量“万条”。

第六节　用 Excel 2016 进行时间序列预测

本节以例题的形式介绍 Excel 2016 软件进行长期趋势与季节变动的测定与预测的应用。

学习指引：
推荐扫描左边二维码观看用 Excel 2016 进行时间序列预测相关内容。

一、直线模型拟合与预测

［例 5—15］　根据表 5—12 的数据资料，利用最小平方法确定直线模型，并利用 Excel 2016 预测该地区 2019 年的粮食产量。

解：用 Excel 2016 拟合直线模型并预测的操作步骤：

第一步：将原始数据输入 Excel 中，利用【数据】选项卡中【数据分析】功能，选择【回归】选项，如图 5—3 所示。

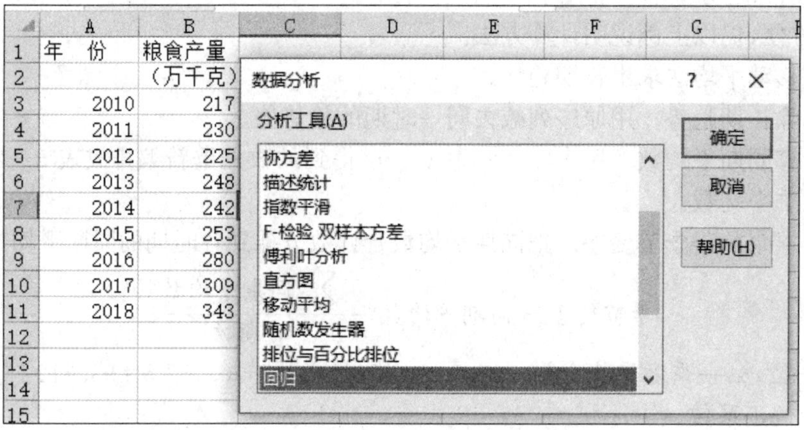

图 5—3 数据分析对话框

第二步：完成回归对话框内容，在【Y 值输入区域】输入“B2:B10”，在【X 值输入区域】输入“A2:A10”，选择好【输出区域】，如图 5—4，点【确定】即可输出图 5—5。

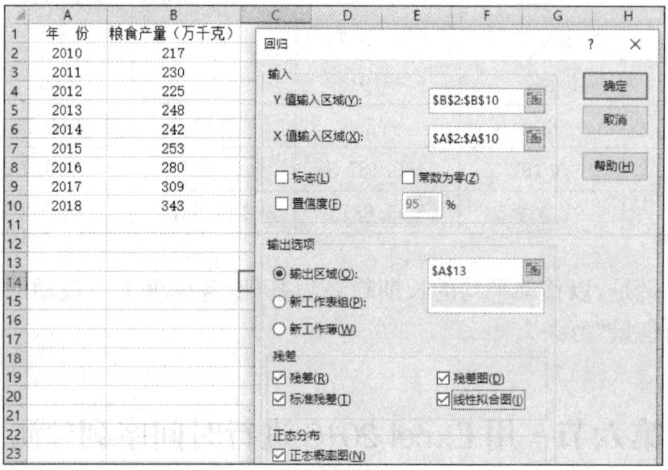

图 5—4 回归对话框

	A	B	C	D	E	F	G	H	I
13	SUMMARY OUTPUT								
14									
15	回归统计								
16	Multiple R	0.928171214							
17	R Square	0.861501803							
18	Adjusted R Squ	0.841716346							
19	标准误差	16.74723384							
20	观测值	9							
21									
22	方差分析								
23		df	SS	MS	F	ignificance F			
24	回归分析	1	12212.27	12212.27	43.54217	0.000305			
25	残差	7	1963.289	280.4698					
26	总计	8	14175.56						
27									
28		Coefficients	标准误差	t Stat	P-value	Lower 95%	Upper 95%	下限 95.0%	上限 95.0%
29	Intercept	-28472.28889	4354.39	-6.53876	0.000322	-38768.8	-18175.8	-38768.8	-18175.8
30	X Variable 1	14.26666667	2.162059	6.598649	0.000305	9.15421	19.37912	9.15421	19.37912

图 5—5 Excel 输出的回归分析表

输出的结果由以下三个部分组成：第一部分是回归统计，第二部分是方差分析，第三部分为参数估计相关内容。其中，第一部分和第二部分将在第九章进行详细介绍，这里重点介绍第三部分。第三部分包括回归方程的截距(Intercept)、斜率(X Variable 1)、截距和斜率的标准误差、用于检验的回归系数的 t 统计量(t Stat)、P 值(P-value)，以及截距和斜率的置信区间等。

根据回归分析表中的参数估计部分内容，求得的直线模型为：

$$y_c = -28\,472.289 + 14.267t$$

将 $t=2019$ 代入以上直线模式，可预测 2019 年该地区的粮食产量为 332.13 万千克。

下面将时间变量进行重新定义，使 $\sum t=0$，验证一下用新的时间变量预测 2019 年的粮食产量是否与原时间变量预测的结果相同。将时间变量定义如下(见图 5—6)：

	A	B	C
1	年　份	粮食产量（万千克）	t
2	2010	217	-4
3	2011	230	-3
4	2012	225	-2
5	2013	248	-1
6	2014	242	0
7	2015	253	1
8	2016	280	2
9	2017	309	3
10	2018	343	4

图 5—6　对时间进行重新定义

采用相同的方法得出回归分析表如图 5—7 所示。

	A	B	C	D	E	F	G	H	I
1	SUMMARY OUTPUT								
2									
3	回归统计								
4	Multiple R	0.928171							
5	R Square	0.861502							
6	Adjusted R	0.841716							
7	标准误差	16.74723							
8	观测值	9							
9									
10	方差分析								
11		df	SS	MS	F	ignificance F			
12	回归分析	1	12212.27	12212.27	43.54217	0.000305			
13	残差	7	1963.289	280.4698					
14	总计	8	14175.56						
15									
16		Coefficients	标准误差	t Stat	P-value	Lower 95%	Upper 95%	下限 95.0%	上限 95.0%
17	Intercept	260.7778	5.582411	46.71418	5.39E-10	247.5775	273.9781	247.5775	273.9781
18	X Variable	14.26667	2.162059	6.598649	0.000305	9.15421	19.37912	9.15421	19.37912

图 5—7　Excel 输出的回归分析表

根据回归分析表中的参数估计部分内容，求得的直线模型为：

$$y_c = 260.778 + 14.267t$$

将 $t=5$ 代入以上直线模型，可预测 2019 年该地区的粮食产量为 332.13 万千克。

以上两种不同的时间变量可以证明，时间变量的取值不同，得出的线性模型是不同的，但是根据这些模型预测的未来年度的变量值，相同年份的预测值应该是相同的。

另外，预测2019年该地区的粮食产量，也可以用【FORECAST】函数，步骤如下：

第一步：打开【公式】菜单，选择【插入函数】，在【函数分类】中选择【全部】，在“函数名”中选择【FORECAST】，按【确定】键，如图5—8所示。

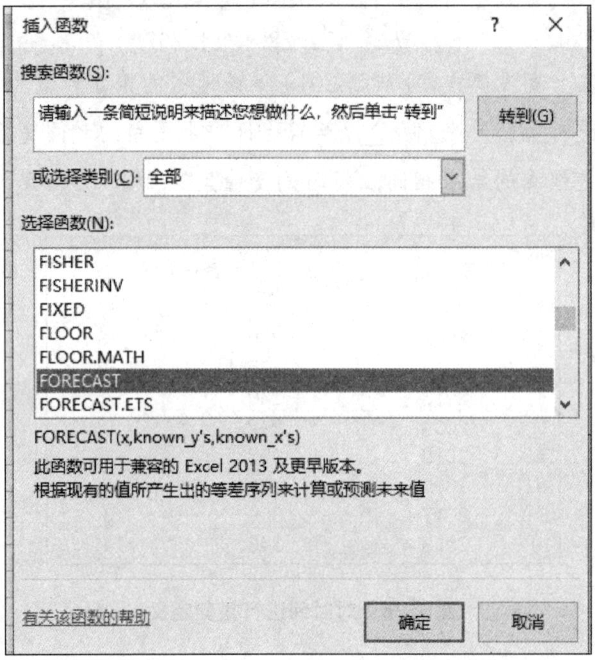

图5—8 插入函数对话框

第二步：在弹出的【函数参数】对话框中的【X】中输入预测期的时间代码“2019”；

在“Known-ys”中输入粮食产量的样本数据；在“Known-xs”中输入时间代码，点击【确定】按钮。如图5—9所示。

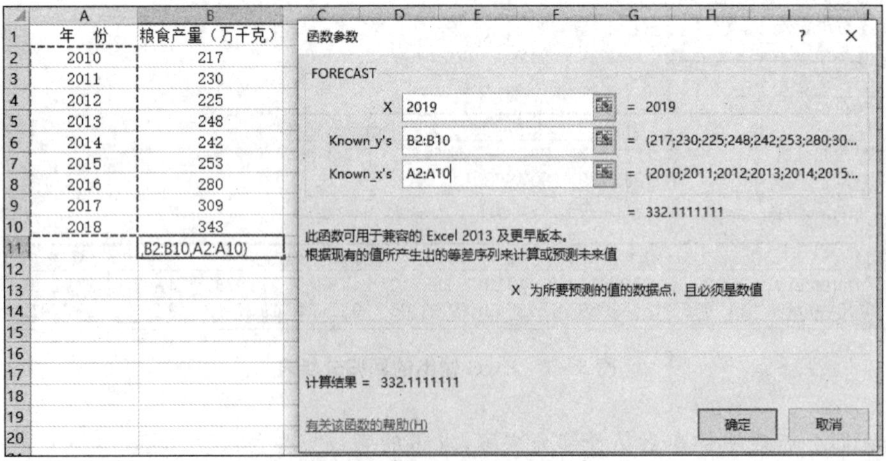

图5—9 FORECAST函数参数

第三步:最后返回的数值“332.111 11”即为对 2019 年该地区的粮食产量的预测值。

二、抛物线模型拟合与预测

［**例 5－16**］　根据表 5—14 的数据资料,利用最小平方法确定抛物线模型,并利用 Excel 2016 预测 2020 年该企业该产品产量。

解:用 Excel 2016 拟合抛物线模型并预测的操作步骤:

第一步:将年份序号依次设置为 1,2,3,4,…,9,并计算 t 值的平方,然后依次点击【数据】—【数据分析】—【回归】。

第二步:在【回归】对话框中【X 值输入区域】中,输入 t 值及 t 平方,在【Y 值输入区域】中输入产品产量,单击【确定】即可。操作过程如图 5—10 所示,输出回归分析结果如图 5—11 所示。

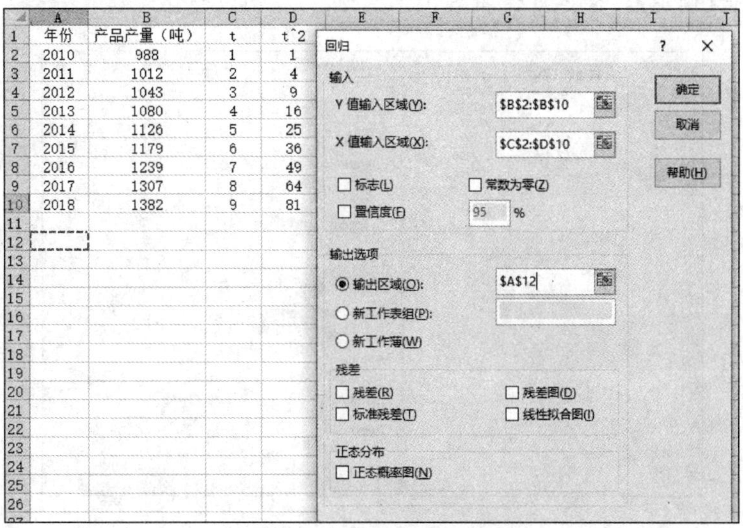

图 5—10　抛物线回归分析

	A	B	C	D	E	F	G	H	I
12	SUMMARY OUTPUT								
13									
14	回归统计								
15	Multipl	0.99999695							
16	R Squar	0.999993899							
17	Adjuste	0.999991866							
18	标准误差	0.389805146							
19	观测值	9							
20									
21	方差分析								
22		df	SS	MS	F	gnificance F			
23	回归分析	2	149443	74721.5	491757.2	2.27E-16			
24	残差	6	0.9117	0.15195					
25	总计	8	149444						
26									
27		Coefficients	标准误差	t Stat	P-value	Lower 95%	Upper 95%	下限 95.0%	上限 95.0%
28	Interce	972.4047619	0.496	1960.51	1.19E-18	971.1911	973.6184	971.1911	973.6184
29	X Varia	12.25194805	0.2277	53.7976	2.77E-09	11.69468	12.80921	11.69468	12.80921
30	X Varia	3.694805195	0.0222	166.349	3.18E-12	3.640456	3.749154	3.640456	3.749154

图 5—11　Excel 输出的抛物线回归分析表

通过 Excel 输出的回归分析表参数估计部分结果，可以拟合抛物线模型为：

$$y_c = 972.4.5 + 12.252t + 3.695t^2$$

将 $t=11$ 代入以上抛物线模型，可预测 2020 年该企业该产品产量为 1 551.07 吨。

三、指数模型拟合与预测

[例 5—17] 根据表 5—16 的数据资料，利用最小平方法确定指数模型，并利用 Excel 2016 预测该地区 2019 年工业增加值。

解：用 Excel 2016 拟合指数模型并预测的操作步骤：

第一步：将指数模型线性化，求出增加值数据取对数，并将年份序号依次设置为 1,2,3,4,5,6。

第二步：在【回归】对话框中【X 值输入区域】中，输入 t 值，在【Y 值输入区域】中输入 "log10(y)"，单击【确定】。操作过程如图 5—12 所示。

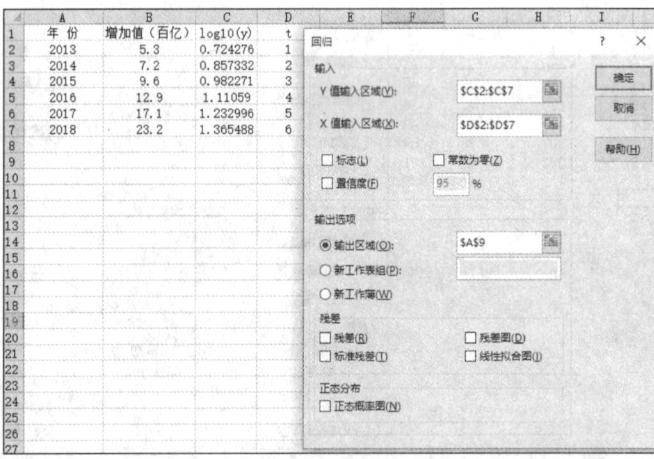

图 5—12 指数模型回归分析

第三步：通过 Excel 输出的回归分析表参数估计部分可知，$A=0.599$，$B=0.127$，再通过反对数计算就可以求得 $a=10^A$，$b=10^B$。输出回归分析结果如图 5—13 所示。

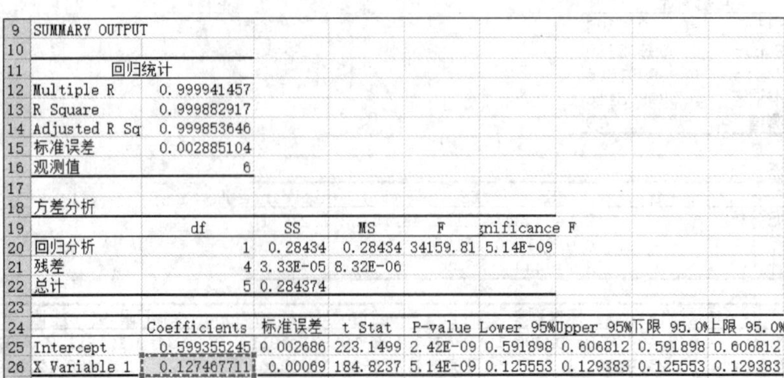

	A	B	C	D	E	F	G	H	I
9	SUMMARY OUTPUT								
10									
11	回归统计								
12	Multiple R	0.999941457							
13	R Square	0.999882917							
14	Adjusted R Sq	0.999853646							
15	标准误差	0.002885104							
16	观测值	6							
17									
18	方差分析								
19		df	SS	MS	F	gnificance F			
20	回归分析	1	0.28434	0.28434	34159.81	5.14E-09			
21	残差	4	3.33E-05	8.32E-06					
22	总计	5	0.284374						
23									
24		Coefficients	标准误差	t Stat	P-value	Lower 95%	Upper 95%	下限 95.0%	上限 95.0%
25	Intercept	0.599355245	0.002686	223.1499	2.42E-09	0.591898	0.606812	0.591898	0.606812
26	X Variable 1	0.127467711	0.00069	184.8237	5.14E-09	0.125553	0.129383	0.125553	0.129383
27		a=	3.975166						
28		b=	=10^B26						

图 5—13 Excel 输出的指数模型回归分析表

根据图 5—13，可得指数模型为：$y_c = ab^t = 3.975\ 166 \times 1.341\ 12^t$，据此可以预测该地区 2019 年工业增加值。也即当 $t=7$ 时，$y_c = 3.975\ 166 \times 1.341\ 12^7 = 31.03$（百亿元）。

练习题

一、单项选择题

1. 时间序列中，数值大小与时间长短有直接关系的是（　　）

A. 平均数时间序列　B. 时期数列　C. 时点数列　D. 相对数时间序列

2. 计算发展速度的分母是（　　）。

A. 报告期水平　B. 基期水平　C. 实际水平　D. 计划水平

3. 某车间月初工人人数资料如表 5—23 所示。

表 5—23　某车间月初工人人数资料

月份	1	2	3	4	5	6	7
月初人数（人）	280	284	280	300	302	304	320

则该车间上半年的平均人数约为（　　）人。

A. 296　B. 292　C. 295　D. 300

4. 某地区某年 9 月末的人口数为 150 万人，10 月末的人口数为 150.2 万人，该地区 10 月的人口平均数为（　　）。

A. 150 万人　B. 150.2 万人　C. 150.1 万人　D. 无法确定

5. 由一个 9 项的时间序列可以计算的环比发展速度（　　）。

A. 有 8 个　B. 有 9 个　C. 有 10 个　D. 有 7 个

6. 采用几何平均法计算平均发展速度的依据是（　　）。

A. 各年环比发展速度之积等于总速度

B. 各年环比发展速度之和等于总速度

C. 各年环比增长速度之积等于总速度

D. 各年环比增长速度之和等于总速度

7. 某企业的产值 2018 年比 2013 年增长了 58.6%，则该企业 2014～2018 年间产值的平均发展速度为（　　）。

A. $\sqrt[5]{58.6\%}$　B. $\sqrt[5]{158.6\%}$　C. $\sqrt[6]{58.6\%}$　D. $\sqrt[6]{158.6\%}$

8. 时间序列在一年内重复出现的周期性波动称为（　　）。

A. 长期趋势　B. 季节变动　C. 循环变动　D. 随机变动

9. 已知各期环比增长速度为 7.1%、3.4%、3.6%、5.3%，则定基增长速度是（　　）。

A. 7.1%×3.4%×3.6%×5.3%

B. (7.1%×3.4%×3.6%×5.3%)−1

C. 107.1%×103.4%×103.6%×105.3%

D. (107.1%×103.4%×103.6%×105.3%)−1

10. 按季平均法测定季节比率时，各季的季节比率之和应等于（　　）。

A. 100%　B. 400%　C. 120%　D. 1 200%

二、判断题

1. 时间序列中的发展水平都是统计绝对数。 ( )
2. 由两个时期数列的对应项相对比而产生的新数列仍然是时期数列。 ( )
3. 由于时点数列和时期数列都是绝对数时间序列，所以，它们的特点是相同的。 ( )
4. 时期数列有连续时期数列和间断时期数列两种。 ( )
5. 只有增长速度大于100％才能说明事物的变动是增长的。 ( )
6. 发展速度＝增长速度＋1。 ( )
7. 平均增长速度可以直接根据环比增长速度来计算。 ( )
8. 把某大学历年招生的增加人数按时间先后顺序排列，形成的时间序列属于时点数列。 ( )
9. 若各期的增长量相等，则各期的增长速度也相等。 ( )
10. 如果季节比率等于1，说明没有季节变动。 ( )

三、计算题

1. 某公司某年9月末有职工250人，10月上旬的人数变动情况是：10月4日新招聘12名大学生上岗，6日有4名老职工退休离岗，8日有3名青年工人应征入伍，同日又有3名职工辞职离岗，9日招聘7名营销人员上岗。

要求：计算该公司10月上旬的平均在岗人数。

2. 某银行2019年部分月份的现金库存额资料如表5—24所示。

表5—24　某银行2019年部分月份的现金库存额资料

日期	1月1日	2月1日	3月1日	4月1日	5月1日	6月1日	7月1日
库存额(万元)	500	480	450	520	550	600	580

要求：

(1)具体说明这个时间序列属于哪一种时间序列。

(2)分别计算该银行2019年第一季度、第二季度和上半年的平均现金库存额。

3. 某单位上半年职工人数统计资料如表5—25所示。

表5—25　某单位上半年职工人数资料

时间	1月1日	2月1日	4月1日	6月30日
人数(人)	1 002	1 050	1 020	1 008

要求：

(1)计算第一季度平均人数；

(2)计算上半年平均人数。

4. 某企业2019年上半年的产量和单位成本资料如表5—26所示。

表5—26　某企业2019年上半年的产量和单位成本资料

月份	1	2	3	4	5	6
产量(件)	2 000	3 000	4 000	3 000	4 000	5 000
单位成本(元)	73	72	71	73	69	68

要求：计算该企业 2019 年上半年的产品单位成本。

5. 某部门各年基本建设投资资料如表 5－27 所示。

表 5－27　　某部门各年基本建设投资资料

年份	2010	2011	2012	2013	2014	2015	2016	2017	2018
投资额度(万元)	1 240	1 291	1 362	1 450	1 562	1 695	1 845	2 018	2 210

要求：

(1)判断投资额发展的趋势接近于哪一种类型；

(2)用最小平方法配合适当的曲线模型；

(3)预测该部门 2019、2020 年基本建设投资额。

6. 某地区 2014～2018 年各年末人口数资料如表 5－28 所示。

表 5－28　　某地区 2014～2018 年各年末人口数资料

年份	2014	2015	2016	2017	2018
年末人口数(万人)	25	30	36	44	53

要求：

(1)判断人口数发展的趋势接近于哪一种类型；

(2)用最小平方法配合适当的曲线模型；

(3)预测该地区 2019 年底人口数。

第六章　统计指数

【案例导入】

A公司出口贸易商品综合变动情况

A公司主要从事运动鞋、服装和玩具三种商品的出口贸易。表6—1是该公司2017年和2018年两年三种商品出口量和出口单价资料。请根据表中资料计算并回答,从公司的角度出发,出口的三种商品“总的来说”(或者是“平均来说”)2018年比2017年出口单价及数量分别是上升还是下降?程度是多少?

表6—1　　A公司商品的出口单价和出口量

商品名称	计量单位	出口单价(元)		出口量(万)	
		2017年	2018年	2017年	2018年
运动鞋	双	40	45	120	150
服装	套	65	58	109	140
玩具	个	180	200	28	22
合计	—	—	—	—	—

根据表6—1中资料,单独看任何一种商品出口单价及出口量都可以知道2018年与2017年相比变动的方向和程度(利用普通的动态相对数,即广义的指数)。例如,反映运动鞋出口价格的变化,为45/40=112.5%,即2018年与2017年相比,运动鞋出口价格上升了12.5%;反映玩具出口量的变化,为22/28=78.57%,即2018年与2017年相比玩具的出口数量下降了21.43%。但是若要反映公司总出口价格和总出口量的综合变动情况,能否将3种商品简单加总或者平均?显然不能。那如何反映此类不能直接加总的复杂现象的综合变动呢?这需要引进一种新的统计工具——统计指数。

第一节　统计指数概述

一、统计指数的概念

统计指数(index mumber)简称指数,它是对社会经济现象进行数量变动分析的一种特殊方法。指数的编制最早起源于物价指数。早在1650年英国人赖斯·沃汉(Rice Voughan)首创物价指数,用于度量物价的变化情况。其后,指数的应用范围不断扩大,其含义也随之发生了变化。

从指数的含义上看,它有广义与狭义之分。广义指数是指任何两个数值对比形成的相对数。因此,前面章节中我们讨论过的计划完成程度相对数、比较相对数、动态相对数等都可以叫指数。狭义指数是指反映不能直接加总、对比的复杂经济现象总体综合变动的特殊的动态相对数。这种不能直接加总、对比的总体是指数理论着重研究的对象,称为复杂现象总体,反映复杂现象总体综合变动状况的指数称为总指数。本章所讨论的指数是狭义指数。

如导入案例,实际上,我们需要求出的是一种特殊的2018年与2017年比较的动态相对数,它能够反映3种不能直接加总的商品(运动鞋、服装、玩具)的综合变动,这个特殊的动态相对数就是我们所说的狭义指数。

可见,统计指数具有如下的特点:一是相对性,指数是一个相对数,它可以度量总体各变量在不同时间的相对变化;二是综合性,指数能够反映复杂现象的综合变动,这是就狭义指数而言的,也是指数理论和方法的核心问题,没有综合性,指数就不可能发展成为一种独立的理论和方法论体系;三是平均性,统计指数所反映的复杂现象的综合变动,实际上也是各简单现象变动的代表性数值反映变动的一般水平,因而具有平均的含义。

正是因为统计指数所具有的特点,它在社会经济生活中起到了重要的作用。

首先,统计指数能反映复杂现象总体在数量上的变动方向和变动程度。统计指数一般是用百分比表示的相对指标,其比值大于或小于100%,表示上升或下降的变动方向;具体比100%大或小的数值,则说明升降变动的相对程度。

其次,统计指数能对现象的总体变动进行因素分析。包括现象总体总量指标、相对指标和平均指标受各个因素变动的影响程度。运用指数分析法,不仅可以从相对数方面分析各构成因素变动对现象总变动的影响程度,还可以从绝对数方面分析其影响的绝对额。

最后,利用连续编制的指数数列,还可以对复杂现象总体长时间发展变化趋势进行分析。这种方法尤其适用于对比分析那些性质不同却有联系的时间数列的变动关系。因为,指数数列的对比能够克服不同性质现象不可比的问题。例如,编制零售物价指数数列,反映一定时期内物价的变动情况;编制每一天的股价指数,反映股票价格的升与跌,等等。

二、统计指数的种类

(一)个体指数和总指数

按指数所反映的对象范围的不同,统计指数可分为个体指数、组(或类)指数和总指数。个体指数是反映单个经济现象变动情况的相对数,属于广义指数。例如,个别产品的数量指数,个别商品的价格指数,等等。显然,个体指数是在简单现象总体的条件下存在的。常用的个体指数如下：

$$商品销售量个体指数k_q=\frac{q_1}{q_0} \tag{6.1}$$

$$价格个体指数k_p=\frac{p_1}{p_0} \tag{6.2}$$

$$成本个体指数k_z=\frac{z_1}{z_0} \tag{6.3}$$

式中：q_1 代表报告期销售量；q_0 代表基期销售量；p_1 代表报告期价格；p_0 代表基期价格；z_1 代表报告期成本；z_0 代表基期成本；k 代表个体指数。

总指数是反映复杂现象总体在数量上平均变动程度的相对数，用 k 表示。例如，综合反映多种产品产量平均变动程度的产品产量总指数 k，综合反映多种产品成本平均变动程度的成本总指数 k，等等。再如，工业产品总产值指数和零售商品物价总指数等总指数，都是在复杂现象总体的条件下进行编制的。它的计算形式有综合指数和平均指数。指数法的应用，要与科学分组相结合，因而在编制总指数的同时，往往还要编制组指数或类指数，借以反映个体内部各部分现象数量上的变动程度。组（或类）指数是反映某一组（或类）指标变动情况的相对数。它是相对于个体指数而言的，实质上还是总指数。

（二）数量指标指数和质量指标指数

按指数所表明的指标性质的不同，统计指数可分为数量指标指数（index number of quantity）和质量指标指数（index number of quality）。数量指标指数反映研究对象总体总规模的变化程度，如工业产品产量指数、商品销售量指数等；质量指标指数反映工作质量或成绩好坏、管理水平高低等变动情况，如产品价格指数、劳动生产率指数、产品成本指数等。在指数的应用中，必须重视这种数量指标指数与质量指标指数的区分，采用不同的编制方法，进行不同情况的动态分析。

（三）定基指数和环比指数

按指数采用基期的不同，统计指数可分为定基指数和环比指数。定基指数指各个时期指数都是采用同一固定时期为基期计算的；环比指数是依次以前一时期为基期计算的。定基指数的基期不依分析时期的变动而变化，可用来反映现象在一个较长时期的变动情况；而环比指数的基期随报告期的变化而变化，可用来反映被研究现象逐期变动的情况。

（四）综合指数和平均数指数

按指数的编制方法不同，统计指数可分为综合指数和平均数指数，综合指数是由两个总量指标对比而形成的指数；平均数指数是以个体指数为基础，采用加权平均方法计算而成的指数。这两种指数形式既各具独立意义，又相互有联系。

（五）动态指数和静态指数

按指数所反映现象的时间不同，统计指数可分为动态指数和静态指数。动态指数是由两个不同时期的同一现象指标值对比而形成的指数；静态指数是指由同时期不同空间同类现象指标值对比而形成的指数，以及同一空间范围内计划指标与实际指标对比而形成的指数。

第二节　综合指数

总指数的编制形式一般有两种，一是综合指数，二是平均指标指数。这两种指数分别根据不同的逻辑进行计算，相互间既有联系，也有区别。其中综合指数是总指数的基本形式，是根据客观现象之间的内在联系，先确定与研究现象有关的同度量因素，把不能直接相加的现象数值转化为可以加总的价值形态总量，再将两个不同时期的总量指标进行综合对比得到相应的相对指标，以测定所研究现象数量的变动程度。

一、综合指数的概念

综合指数(aggregative index)是用综合法对总体各部分数值来进行对比而计算的指数，用以反映总体动态变化。其主要特点是通过对不同时期的两个总量指标的对比以反映现象的动态变化。在指数发展历史过程中，最初产生的是简单综合指数。今天简单综合指数已被加权综合指数代替，因此本章内容在提及综合指数时指的均是加权综合指数。

这种反映总体动态变化的指标又可分成两种：一种是由总体内部各单位的标志值所构成的指标，如价格、成本、工资、劳动生产率等，这类指标反映总体内涵方面的变动，称为质量指标，反映这类指标动态变化的指数称为质量指标指数；另一种是由总体的单位数目或结构所形成的指标，这类指标反映总体规模的变动，称为数量指标，反映这类指标动态变化的指数称为数量指标指数。这两类指数都可以用综合指数来计算和分析，下面分别予以叙述。

综合指数从编制方法来看，具有以下特点：

(1)先综合后对比。即先解决总体中各个个体由于使用价值、经济用途、计量单位、规格、型号等不同不能直接简单相加对比的问题。为此，需要引入一个媒介因素(权数)，使不能直接相加、不能直接对比的现象变成能够直接相加、能够直接对比的现象，这个因素称之为同度量因素。

(2)总量指标中的同度量因素加以固定，以测定所要研究的因素，即指数化指标的影响程度。例如，若要观察两个时期多种商品销售总额中的销售量的影响，需要把两个时期各种商品的价格作为权数固定在同一时期，以测定两个时期各种商品销售量的影响。

(3)分子与分母所研究对象的范围原则上必须一致。

(4)综合指数的计算对资料要求较高，需要使用全面资料。

同度量因素是固定在基期还是报告期呢？用不同时期的同度量因素计算，会得到不同的综合指数编制方法，要从实际出发，根据编制指数和统计研究的目的来确定同度量因素所属的时期。

综上所述，综合指数的编制步骤如下：首先，根据所研究现象的特点和现象之间的联系引入同度量因素，使其可以计算出复杂总体的综合总量；其次，将同度量因素固定，以消除同度量因素变动的影响；最后将两个时期的总量指标进行对比，即可得到综合指数。

二、综合指数的计算及分析

对于加权综合指数，若所测定的是一组项目的数量变动状况，则称为数量指数，如产品产量指数、商品销售量指数等；若所测定的是一组项目的质量变动状况，则称为质量指数，如价格指数、产品成本指数等。但由于权数可以固定在不同时期，因而加权综合指数有不同的计算公式。较为常用的是拉氏指数和派氏指数两种形式。

(一)拉氏指数：同度量因素固定在基期的综合指数

若要反映多种商品价格的综合变动情况，不能简单地直接加总，但可以找到与之对应的商品销售量，因为

商品价格×商品销售量=商品销售额

$$p \times q = pq \tag{6.4}$$

商品销售额具有可加性，如果直接将报告期和基期的商品销售总额对比，得到如下公式：

$$K = \frac{\sum p_1 q_1}{\sum p_0 q_0} \tag{6.5}$$

式中，p、q 分别代表商品的价格和销售量；0、1 分别代表基期和报告期；K 代表总指数。

总指数是商品价格和销售量两种因素共同变动作用的结果，反映的是商品销售总额的变动程度。如果只想反映商品价格的变动程度，可将商品销售量作为同度量因素固定起来，若固定在基期的 q_0 水平上，就得到拉氏质量指数公式：

$$K_p = \frac{\sum p_1 q_0}{\sum p_0 q_0} \tag{6.6}$$

同理，如果只想反映商品销售量的变动程度，可将商品价格作为同度量因素固定起来，若固定在基期的 p_0 水平上，就得到拉氏数量指数公式：

$$K_q = \frac{\sum p_0 q_1}{\sum p_0 q_0} \tag{6.7}$$

上列两式是由德国统计学家拉斯贝尔(Laspeyre)于 1864 年提出的，故被称为拉氏公式。

[例 6—1] 某商店三种商品销售情况如表 6—2 所示。

表 6—2　　商品销售量和商品价格资料

商品名称	计量单位	销售量		价格(元)		销售额			
		基期q_0	报告期q_1	基期p_0	报告期p_1	p_0q_0	p_1q_1	p_0q_1	p_1q_0
甲	支	400	600	0.25	0.2	100	120	150	80
乙	件	500	600	0.4	0.36	200	216	240	180
丙	个	200	180	0.5	0.6	100	108	90	120
合计	—	—	—	—	—	400	444	480	380

解：根据表 6—2 可得拉氏价格指数：

$$K_p = \frac{\sum p_1 q_0}{\sum p_0 q_0} = \frac{380}{400} = 95\%$$

$$\sum p_1 q_0 - \sum p_0 q_0 = 380 - 400 = -20(\text{元})$$

计算结果表明，三种商品的价格水平平均下降 5%，由于价格下跌，使商品销售额减少 20 元，从消费者一方看，使居民少支出 20 元。

拉氏数量指数：

$$K_q = \frac{\sum p_0 q_1}{\sum p_0 q_0} = \frac{480}{400} = 120\%$$

$$\sum p_0 q_1 - \sum p_0 q_0 = 480 - 400 = 80(\text{元})$$

计算结果表明，三种商品的销售量平均增长 20%，由于销售量增长使商店增加销售额 80

元，或居民由于多购买商品而增加支出 80 元。

(二)派氏指数：同度量因素固定在报告期的综合指数

该方法是由另外一位德国统计学家派许(Paasche)于 1874 年提出的，故又称为派氏指数，公式为：

$$派氏质量指标指数：K_p=\frac{\sum p_1q_1}{\sum p_0q_1} \tag{6.8}$$

$$派氏数量指标指数：K_q=\frac{\sum p_1q_1}{\sum p_1q_0} \tag{6.9}$$

[例 6—2]　根据式(6.8)计算派氏指数。

派氏价格指数：

$$K_p=\frac{\sum p_1q_1}{\sum p_0q_1}=\frac{444}{480}=92.5\%$$

$$\sum p_1q_1-\sum p_0q_1=444-480=-36(元)$$

计算结果表明，三种商品的价格水平平均下降了 7.5%，由于价格下跌，使商店减少销售额 36 元，或居民少支出 36 元。

派氏销售量指数：

$$K_q=\frac{\sum p_1q_1}{\sum p_1q_0}=\frac{444}{380}=116.8\%$$

$$\sum p_1q_1-\sum p_1q_0=444-380=64(元)$$

计算结果表明，三种商品的销售量平均增长 16.8%，由于销售量增长使商店增加销售额 64 元。

从以上计算和分析中看到，同一个资料，派氏指数与拉氏指数的结果是不同的。为什么会出现这种现象？现以价格指数为例进行讨论。从包含的因素看，派氏价格指数用报告期的销售量 q_1 作为同度量因素，以基期作为比较标准，销售量从 q_0 变到 q_1，所以派氏价格指数在反映零售商品价格变动的同时，也包含有销售量变动的因素在内，这意味着派氏指数并没有完全排除同度量因素的干扰。用公式表示为：

$$\sum p_1q_1=\sum p_1(q_1-q_0+q_0) \tag{6.10}$$

$$\sum p_0q_1=\sum p_0(q_1-q_0+q_0)=\sum p_0(q_1-q_0)+\sum p_0q_0 \tag{6.11}$$

因此，公式 $I_p=\frac{\sum p_1q_1}{\sum p_0q_1}$ 中包含有 (q_1-q_0) 的影响。从绝对数来看：

$$\sum p_1q_1-\sum p_0q_1=\sum p_1q_0-\sum p_0q_0+\sum(p_1-q_0)(q_1-q_0) \tag{6.12}$$

式中 $\sum(p_1-q_0)(q_1-q_0)$ 被称为价格与销售量的共变影响额。

是不是由于共变影响因素的存在就完全否认派氏指数而全部选择拉氏指数呢？还应该从指数应用的现实经济意义去分析。计算价格指数的目的，是测量商品价格的波动情况，以说明市场物价变动对人民生活的影响程度。如果用拉氏指数公式即同度量因素固定在基期，其分子与分母之差额说明由于物价的变动,居民按过去的购买量及其结构购买商品所支出金额变化的多少,这显然没有什么现实意义。从实际生活角度看,人们更关心在报告期销售量条件下,由于价格变动对实际生活的影响。如果用派氏指数公式即同度量因素固定在报告期,可以同时反映出价格和消费结构的变化,具有比较明确的经济意义,公式的分子与分母之差额,说明由于物价的变动,居民按目前购买量及其结构购买商品所支出金额变化的多少。可见,用派氏指数公式计算价格指数,比较符合价格指数的计算目的。销售量指数的计算目的在于反映销售量的变动,把价格固定在基期水平上意味着在原来价格水平的基础上测定销售量的综合变动是比较恰当的。因此,在编制销售量指数时,一般应采用基期的商品价格作为同度量因素。这种选择同时也是指数体系的要求。

综上所述,在计算质量指标指数时,应采用报告期的数量指标作为同度量因素。在计算数量指标指数时,应采用基期质量指标作为同度量因素。这是编制综合指数的一般原则。

(三)同度量因素固定在某一特定时期的综合指数

将同度量因素固定在某一特定时期的水平上,其公式为:

$$\text{杨格物价指数 } I_p = \frac{\sum p_1 q}{\sum p_0 q} \tag{6.13}$$

$$\text{杨格数量指数 } I_q = \frac{\sum q_1 p}{\sum q_0 p} \tag{6.14}$$

这种方法是英国学者杨格(Young)于 1818 年首先采用的,故又称之为杨格公式。该指数的同度量因素不是基期水平,也不是报告期水平,而是某一典型水平或若干期的平均水平,因此这里的指数时期和同度量因素的时期是不同的。选择固定的同度量因素,不仅简化了指数计算,而且可以避免某些非正常情况所造成的不可比性,从而便于观察现象长期变化发展的趋势。因此,杨格公式在实践中经常采用。当然,同度量因素在间隔一定时期后,随着情况的变化就应及时加以修正和调整。

三、综合指数的其他形式

拉氏指数与派氏指数由于同度量因素固定时期的不同,计算结果存在偏差。以价格综合指数为例,拉氏指数是从维持基期生活水平出发的,其优点是常量权数,各期权数相同,可以相互比较,不足之处是经济意义不显著,没有考虑价格变动实际带来销量的波动。而派氏指数是从维持报告期生活水平出发的,其优点是具有现实经济意义,不足之处是变化权数,各期权数不同,难以互相比较。在实际经济生活中,我们要根据具体情况进行取舍。但无论选择哪种指数,二者都与真实的价格变动存在一定程度的偏误。当价格与数量变动方向一致时,派氏指数偏大,而拉氏指数偏小;当价格与数量变动方向相反时,派氏指数偏小,而拉氏指数偏大。鉴于此,许多经济学家将两公式进行修正,提出了一些综合指数的调整公式,下面介绍其中具有代表性的两种指数。

(一)马歇尔—埃奇沃斯指数

简称马—埃公式,是 1887 年由英国经济学家马歇尔和埃奇沃斯先后提出并推广,该公式综合了拉氏指数与派氏指数,提出以基期和报告期同度量因素的平均值作为权数,计算公式如下:

$$\text{质量指数公式 } \overline{K_p} = \frac{\sum p_1(q_0+q_1)/2}{\sum p_0(q_0+q_1)/2} = \frac{\sum p_1q_0 + \sum p_1q_1}{\sum p_0q_0 + \sum p_0q_1} \tag{6.15}$$

$$数量指数公式\ \overline{K_q}=\frac{\sum q_1(p_0+p_1)/2}{\sum q_0(p_0+p_1)/2}=\frac{\sum q_1p_0+\sum q_1p_1}{\sum q_0p_0+\sum q_0p_1} \tag{6.16}$$

若仅从数值来看，其计算结果介于拉氏指数和派氏指数之间，部分消除了指数偏误问题，但同时，该公式也失去了拉氏指数和派氏指数的经济含义。

(二)费雪理想指数

为了克服拉氏指数和派氏指数存在偏误的问题，美国著名统计学家费雪(Fisher)提出了改良公式，用交叉法将两者指数相乘，并用几何法将其乘积开平方，调和两者的偏误，得出了优良的指数数值。其计算公式如下：

$$质量指数公式\ \overline{K_p}=\sqrt{\frac{\sum p_1q_0}{\sum p_0q_0}\times\frac{\sum p_1q_1}{\sum p_0q_1}} \tag{6.17}$$

$$数量指数公式\ \overline{K_q}=\sqrt{\frac{\sum p_0q_1}{\sum p_0q_0}\times\frac{\sum p_1q_1}{\sum p_1q_0}} \tag{6.18}$$

该公式之所以称为理想公式，是因为费雪提出了对指数优劣的三种检验方法，他搜集了134个指数计算公式，最后只有他提出的公式通过了检验，故而称之为理想指数。但由于费雪理想公式计算复杂，在实际应用中缺乏具体经济含义，在结果上得到的准确性的改进要远小于它在计算中所带来的烦琐，因此后来有很多学者对此提出批评和质疑。

第三节　平均数指数

用综合指数法编制总指数，无论选择哪一种同度量因素，都是把不可度量的变量(如产量、价格)转化为可相加的变量(如产值、销售额)。如果研究的范围比较大，产品的种类比较多，要取得基期和报告期相对应的全面资料是很难的。这就需要从掌握的资料出发，采用总指数的另一种编制形式——平均数指数。平均数指数是从个体指数出发，先计算质量指标和数量指标的个体指数，然后采用加权平均的方法编制总指数。常用的有两种：加权算术平均数指数和加权调和平均数指数。

一、加权算术平均数指数

加权算术平均数指数是对个体指数按加权算术平均法加以计算，即以个体指数为变量值，以一定时期的总值资料为权数，加权算术平均以计算总指数的方法。

[例6—3]　某大学生自主创业，经营绿色早餐摊点，主要销售馅饼、油条两种传统食品。销售资料见表6—3。求该摊点8月与7月总销售量的变动情况。

表6—3　　**绿色早餐摊点销售资料**

商品名称	计量单位	实际销售额(元)		8月销售量与7月销售量增长的百分比
		7月	8月	
馅饼	个	1 500	1 680	−6.667%
油条	千克	9 000	10 450	5.556%
合计	—	10 500	12 130	—

解：步骤如下：

(1)根据已知资料，标出相应字母符号。这里7月的实际销售额为 q_0p_0，8月的实际销售额为 q_1p_1。

(2)先写出销售量的综合指数公式 $\overline{K_q}=\frac{\sum q_1p_0}{\sum q_0p_0}\times 100\%$。

(3)已知分母项资料 $\sum q_0p_0$，缺分子项资料。但根据个体指数 $k_q=\frac{q_1}{q_0}$，可推导出 $q_1=k_qq_0$，则公式变换为：

$$\overline{K_q}=\frac{\sum k_qq_0p_0}{\sum q_0p_0}\times 100\%$$

这里 p_0q_0 为权数，因表现形式与加权算术平均数相同，因而取名加权算术平均数指数。

(4)根据公式中需要的内容，列出相应计算栏目，见表6—4。

表6—4　　绿色早餐摊点销售资料计算

商品名称	计量单位	实际销售额(元)		8月销售量与7月销售量增长的百分比	k_p	$k_qq_0p_0$
		7月(q_0p_0)	8月(q_1p_1)			
馅饼	个	1 500	1 680	−6.667%	0.933 3	1 400
油条	千克	9 000	10 450	5.556%	1.055 6	9 500
合计	—	10 500	12 130	—	—	10 900

(5)将数值代入公式，计算得

$$\overline{K_q}=\frac{\sum k_qq_0p_0}{\sum q_0p_0}\times 100\%=\frac{10\ 900}{10\ 500}\times 100\%\approx 103.81\%$$

$$\sum k_qq_0p_0-\sum q_0p_0=10\ 900-10\ 500=400(\text{元})$$

结果表明：该早餐摊点8月与7月比较，总销量上升了3.81%；由于销量的增加，使销售收入增加了400元。

加权算术平均数指一般适用于数量指数。在实践中，$q_0p_0/\sum q_0p_0$ 常用 W 表示，W 代表权数，这样，即使没有各产品基期资料 q_0p_0，但具有产品价值总量结构 W 资料，就可以求出相应的指数。

二、加权调和平均数指数

加权调和平均数指数是对个体指数按加权调和平均法加以计算，即以个体指数为变量值，以一定时期的总值资料为权数，加权调和平均以计算总指数的方法。

[例6—4]　某大学生自主创业，经营绿色早餐摊点，主要销售馅饼、油条两种传统食品。销售资料见表6—5。求该摊点8月与7月销售价格的变动情况。

表 6—5 **绿色早餐摊点销售情况**

商品名称	计量单位	实际销售额(元)		8月销售量与7月销售量增长的百分比
		7月	8月	
馅饼	个	1 500	1 680	20%
油条	千克	9 000	10 450	10%
合计	—	10 500	12 130	—

解:步骤如下:

(1)根据已知资料,标出相应字母符号。

(2)先写出销售价格的综合指数公式 $\overline{K_p}=\dfrac{\sum p_1q_1}{\sum p_0q_1}\times 100\%$。

(3)已知分子项资料 $\sum p_1q_1$,缺分母项资料。但根据个体指数 $k_p=\dfrac{p_1}{p_0}$,可推导出 $p_0=\dfrac{1}{k_p}p_1$,则公式变换为:

$$\overline{K_p}=\frac{\sum p_1q_1}{\sum \frac{1}{k_p}p_1q_1}\times 100\%$$

这里 p_1q_1 为权数,该公式因表现形式与加权调和平均数相同而得名。

(4)根据公式中需要的内容,列出相应计算栏目,见表 6—6。

表 6—6 **绿色早餐摊点销售情况计算**

商品名称	计量单位	实际销售额(元)		8月销售量与7月销售量增长的百分比	k_p	$\frac{1}{k_p}p_1q_1$
		7月(q_0p_0)	8月(q_1p_1)			
馅饼	个	1 500	1 680	20%	1.2	1 400
油条	千克	9 000	10 450	10%	1.1	9 500
合计	—	10 500	12 130	—	—	10 900

(5)将数值代入公式,计算得

$$\overline{K_p}=\frac{\sum p_1q_1}{\sum \frac{1}{k_p}p_1q_1}\times 100\%=\frac{12\ 130}{10\ 900}\times 100\%\approx 111.28\%$$

$$\sum p_1q_1-\sum \frac{1}{k_p}p_1q_1=12\ 130-10\ 900=1\ 230(\text{元})$$

结果表明:该早餐摊点 8 月与 7 月比较,销售价格上升了 11.28%;由于价格的增加,使销售收入增加了 1 230 元。

加权调和平均数指数一般适用于质量指数。

平均数指数与综合指数既有区别,又有联系。二者的联系在于,在一定的权数下,平均数指数是综合指数的一种变形。但是,作为一种独立的指数形式,平均数指数在实际中不仅作为综合指数的变形使用,而且它本身也具有独特的应用价值。

第四节 指数体系和因素分析

一、指数体系

(一)指数体系的概念

社会经济现象之间的相互联系、相互影响的关系是客观存在的。有些社会经济现象之间的联系可以用经济方程式表现出来,如:

商品销售额=商品销售量×商品销售价格

生产总成本=产品产量×单位产品成本

上述的这种关系,按指数形式表现时,同样也存在这种对等关系。即:

商品销售额指数=商品销售量指数×商品销售价格指数

生产总成本指数=产品产量指数×单位产品成本指数

在统计分析中,将一系列相互联系、彼此间在数量上存在推算关系的统计指数所构成的整体称为指数体系。

上述指数体系,按编制综合指数的一般原理,以符号用公式可写为:

$$\frac{\sum q_1p_1}{\sum q_0p_0}=\frac{\sum q_1p_0}{\sum q_0p_0}\times\frac{\sum q_1p_1}{\sum q_1p_0} \tag{6.19}$$

(二)指数体系的作用

指数体系主要有以下三方面的作用:

(1)指数体系是进行因素分析的根据,即利用指数体系可以分析复杂经济现象总变动中各因素变动影响方向和程度。

(2)利用各指数之间的联系进行指数间的相互推算。例如,我国商品销售量总指数往往就是根据商品销售额总指数和价格总指数进行推算的。即:

商品的销售量指数=销售额指数÷价格指数

(3)用综合指数法编制总指数时,指数体系也是确定同度量因素时期的根据之一。因为指数体系是进行因素分析的根据,要求各个指数之间在数量上要保持一定的联系。因此,编制产品产量指数时,如用基期价格作为同度量因素,那么编制产品价格指数时就必须用报告期的产品产量作为同度量因素;如果编制产品产量指数用报告期价格作为同度量因素,那么编制产品价格指数时就必须用基期的产品产量作为同度量因素。

二、因素分析法

因素分析法是根据指数体系理论从数量方面研究现象总体变动中各因素变动的影响方向、程度和绝对效果的一种分析方法。

(一)因素分析法的种类

1. 两因素分析与多因素分析是按分析时所包含的因素多少而划分的

两因素分析仅对两个因素的变动情况进行分析,它是因素分析的基本方法,如销售价格和销售量对销售额的影响分析。

多因素分析则是对研究对象中包含两个以上因素变动的影响分析，如原材料支出额受产品产量、原材料单耗、原材料单价的影响分析。

2. 总量指标因素分析和平均指标因素分析是按分析指标的种类来划分的

总量指标因素分析是指分析的对象是总量指标，如销售额受销售量和销售价格影响的分析；产值受产量和出厂价格影响的因素分析；原材料支出额受产品产量、原材料单耗、原材料单价的影响分析。

平均指标因素分析是指分析的对象是平均指标，如同一单位不同时期职工平均工资受各类职工工资水平和职工人数构成因素变动影响的分析。

（二）因素分析法的程序

运用因素分析法首先应建立指数体系，并依据指数体系从相对数及绝对数两个方面进行分析计算。其程序如下：(1)根据现象之间的经济关系，建立指数体系；(2)计算被分析指标的总变动程度和增减变动的绝对数；(3)计算各因素的变动程度和对分析指标影响的绝对数；(4)对指数体系间的等量关系进行综合分析。

（三）总量指标的因素分析

1. 总量指标两因素分析

对于复杂总体，由于存在不可同度量问题，因而在进行复杂总体的因素分析时，必须严格遵循综合指数计算的一般原则和方法。

复杂总体总量指标的变动（即总指数），可用如下公式表达：

$$\frac{\sum q_1p_1}{\sum q_0p_0}$$

总指数可分解为数量指标综合指数和质量指标综合指数两因素的乘积。指数体系为：

$$\frac{\sum q_1p_1}{\sum q_0p_0}=\frac{\sum q_1p_0}{\sum q_0p_0}\times\frac{\sum p_1q_1}{\sum p_0q_1} \tag{6.20}$$

绝对额关系为：

$$\sum q_1p_1-\sum q_0p_0=(\sum q_1p_0-\sum q_0p_0)+(\sum p_1q_1-\sum p_0q_1) \tag{6.21}$$

[例 6—5] 某工业企业生产几种使用价值和计量单位都不同的产品，报告期和基期产值及有关资料如表 6—7 所示。

表 6—7　　某工业企业基期、报告期产值情况表

产品名称	计量单位	产品产量		出厂价格(元)		基期产值 q_0p_0（万元）	报告期产值 q_1p_1（万元）	假设产值 q_1p_0（万元）
		基期 q_0	报告期 q_1	基期 p_0	报告期 p_1			
甲	件	6 000	5 000	110	100	66	50	55
乙	箱	10 000	12 000	50	60	50	72	60
丙	台	40 000	41 000	20	20	80	82	82
合计	—	—	—	—	—	196	204	197

解：从表 6—7 资料可以看出，该企业产值的动态指数为：

$$\frac{\sum q_1p_1}{\sum q_0p_0}=\frac{204}{196}=104.08\%$$

报告期产值比基期增加为：

$$\sum q_1p_1-\sum q_0p_0=204-196=8(\text{万元})$$

这个结果是由于产品产量和出厂价格两个因素变动共同引起的。

其中：

产品产量变动影响为：

$$\frac{\sum q_1p_0}{\sum q_0p_0}=\frac{197}{196}=100.51\%$$

产品产量增加使产值的绝对额为：

$$\sum q_1p_0-\sum q_0p_0=197-196=1(\text{万元})$$

产品出厂价格变动影响为：

$$\frac{\sum p_1q_1}{\sum p_0q_1}=\frac{204}{197}=103.55\%$$

出厂价格提高使产值增加的绝对额为：

$$\sum p_1q_1-\sum p_0q_1=204-197=7(\text{万元})$$

用相对数表示：104.08%=100.51%×103.55%。

用绝对额表示：8 万元=1 万元+7 万元。

综上所述，该工业企业报告期的产值比基期增长了 4.08%，增加额为 8 万元，是由于产品产量和出厂价格两因素发生变动共同引起的，其中产品产量增长 0.51%，使产值增加 1 万元，出厂价格增长 3.55%，使产值增加 7 万元。

2. 总量指标多因素分析

上述某工业企业三种产品产值的变动，既受产量变动影响，又受出厂价格影响。假如把产量因素再分解为职工平均人数和全员劳动生产率，那么该企业产值变动就可以分解为职工平均人数、全员劳动生产率和出厂价格三个因素进行分析。

开展复杂总体多因素分析时，要按如下两个原则进行：

首先，把影响复杂总体变动的各个因素，按照数量指标在前、质量指标在后的顺序进行排列。

其次，当分析某一因素对复杂总体变动的影响时，未被分析的后面诸因素要固定在基期水平，而已被分析过的前面诸因素，则要固定在报告期水平。

[例 6—6] 以表 6—8 资料为例，说明复杂总体总量指标的多因素分析方法。

表 6—8　某单位职工平均人数、全员劳动生产率及出厂价格情况表

产品名称	计量单位	职工平均人数(人)		全员劳动生产率		出厂价格(元)	
		基期 q_0	报告期 q_1	基期 m_0	报告期 m_1	基期 p_0	报告期 p_1
A	吨	1 200	1 000	5	5	110	100
B	台	1 000	1 000	10	12	50	60
C	件	800	1 000	50	41	20	20

解：从表 6—8 可以看出，该企业产值受到职工人数(q)、全员劳动生产率(m)和出厂价格

(p)三个因素共同影响。指数体系为：

$$\frac{\sum q_1m_1p_1}{\sum q_0m_0p_0}=\frac{\sum q_1m_0p_0}{\sum q_0m_0p_0}\times\frac{\sum q_1m_1p_0}{\sum q_1m_0p_0}\times\frac{\sum q_1m_1p_1}{\sum q_1m_1p_0}$$

绝对额关系为：

$$\sum q_1m_1p_1-\sum q_0m_0p_0=(\sum q_1m_0p_0-\sum q_0m_0p_0)+(\sum q_1m_1p_0-\sum q_1m_0p_0)+(\sum q_1m_1p_1-\sum q_1m_1p_0)$$

根据表 6—8 整理计算的产值资料如表 6—9 所示。

表 6—9　某企业基期、报告期产值计算表

产品名称	产值(万元)			
	基期 $q_0m_0p_0$	报告期 $q_1m_1p_1$	按报告期平均人数计算的基期产值 $q_1m_0p_0$	按基期价格计算的报告期产值 $q_1m_1p_0$
A	66	50	55	55
B	50	72	50	60
C	80	82	100	82
合计	196	204	205	197

该企业产值的动态指数为：

$$\frac{\sum q_1m_1p_1}{\sum q_0m_0p_0}=\frac{204}{196}=104.8\%$$

报告期产值比基期增加额为：

$$\sum q_1m_1p_1-\sum q_0m_0p_0=204-196=8(\text{万元})$$

其中：职工平均人数变动影响为：

$$\frac{\sum q_1m_0p_0}{\sum q_0m_0p_0}=\frac{205}{196}=104.59\%$$

影响绝对额为：

$$\sum q_1m_0p_0-\sum q_0m_0p_0=205-196=9(\text{万元})$$

全员劳动生产率变动影响为：

$$\frac{\sum q_1m_1p_0}{\sum q_1m_0p_0}=\frac{197}{205}=96.10\%$$

影响绝对额为：

$$\sum q_1m_1p_0-\sum q_1m_0p_0=197-205=-8(\text{万元})$$

出厂价格变动影响为：

$$\frac{\sum q_1m_1p_1}{\sum q_1m_1p_0}=\frac{204}{197}=103.55\%$$

影响绝对额为：

$$\sum q_1 m_1 p_1 - \sum q_1 m_1 p_0 = 204 - 197 = 7(\text{万元})$$

用相对数表示：104.08%=104.59%×96.10%×103.55%。

用绝对额表示：8万元=9万元−8万元+7万元。

综上所述，该企业产值由基期196万元增加到报告期的204万元，增加了8万元，增长率为4.08%，这一结果是由于职工平均人数、全员劳动生产率和产品出厂价格三个因素共同引起的。其中，平均人数增长4.59%，使产值增加9万元；全员劳动生产率下降3.9%，使产值减少8万元；出厂价格增长3.5%，使产值增加7万元。

三因素分析弥补了两因素分析的不足，前面对该企业产值变动情况作产量和单位成本两因素分析时，看到企业增加的8万元产值中，有1万元是由于产量增长所致，另外7万元是出厂价格增长引起的，给人的印象是两个因素都是增长的，这就把产量上升的真相掩盖了，容易给决策者假象，放松对生产的管理和经济核算。通过多因素分析，再把产量进一步分解为职工平均人数和全员劳动生产率，就可看到，全厂职工平均人数报告期比基期是增加的，但劳动生产率却有所下降，产量影响的1万元产值是由职工平均人数增加使产值增加9万元和劳动生产率下降使产值减少8万元所致。问题揭示清楚，便于企业加强管理，提高经济效益。

（四）平均指标的因素分析

1. 平均指标变动的因素分解

在实际问题的研究中，常常需要就平均指标的变动进行对比分析。两个平均数的比值本身就是一个相对数，属于广义的指数范畴，通常称之为平均指标指数，也称总平均数指数。在分组情况下，平均指标也能够分解成两个影响因素。

$$\overline{x} = \frac{\sum xf}{\sum f} \tag{6.22}$$

式中：x 代表每组的变量水平；f 代表各组单位数。

上式还可以写成如下形式：

$$\overline{x} = \sum x \frac{f}{\sum f} \tag{6.23}$$

例如，平均工资实际上受两个因素的影响，一个是各组职工的工资水平，另一个是每组职工所占的比重，因此，类似于综合指数的定义，按照如下方式定义有关平均指标指数。

$$\text{平均指标指数} = \frac{\overline{x}_1}{\overline{x}_0} \tag{6.24}$$

式中：1代表报告期；0代表基期。

这个指数通常称为可变构成指数（简称可变指数），它反映了平均指标的实际变动情况。

$$\text{固定结构指数} = \frac{\sum x_1 \frac{f_1}{\sum f_1}}{\sum x_0 \frac{f_1}{\sum f_1}} \tag{6.25}$$

这个指数也称为固定构成指数，它反映了各组标志值的变动对总平均数的影响。

$$结构变动指数=\frac{\sum x_0 \frac{f_1}{\sum f_1}}{\sum x_0 \frac{f_0}{\sum f_0}} \tag{6.26}$$

这个指数也称为结构影响指数，它反映了总体内各组结构的变动对总平均数的影响。

2. 平均指标变动的因素分析方法

由上述方法定义的有关平均指标指数，构成如下的指数体系。

从相对量角度，公式为：

$$\frac{\overline{x_1}}{\overline{x_0}}=\frac{\sum x_1 \frac{f_1}{\sum f_1}}{\sum x_0 \frac{f_1}{\sum f_1}} \times \frac{\sum x_0 \frac{f_1}{\sum f_1}}{\sum x_0 \frac{f_0}{\sum f_0}} \tag{6.27}$$

即：

可变指数＝固定结构指数×结构变动指数

从绝对量角度，公式为：

$$\overline{x_1}-\overline{x_0}=\left(\sum x_1 \frac{f_1}{\sum f_1}-\sum x_0 \frac{f_1}{\sum f_1}\right)+\left(\sum x_0 \frac{f_1}{\sum f_1}-\sum x_0 \frac{f_0}{\sum f_0}\right) \tag{6.28}$$

即：

平均指标的增加额＝由于变量水平的变动引起的平均指标的增加额
＋由于结构的变动引起的平均指标的增加额

上述公式是对平均指标的变动进行因素分析的基础。

下面通过个例子来说明平均指标的因素分析方法。

[例6—7]　已知某企业基期和报告期职工的月工资情况如表6—10所示。

表6—10　某企业职工月工资情况

工人类别	月工资额(元)		职工人数(人)		工资总额(元)		
	基期(x_0)	报告期(x_1)	基期(f_0)	报告期(f_1)	(x_0f_0)	(x_1f_1)	(x_0f_1)
工种A	700	780	48	40	33 600	31 200	28 000
工种B	750	810	50	60	37 500	48 600	45 000
工种C	800	890	80	80	64 000	66 400	64 000
合计			178	180	135 100	146 200	137 000

解：首先，计算平均工资指数，来说明平均工资的变动情况：

$$报告期的平均工资\ \overline{x_1}=\frac{\sum x_1 f_1}{\sum f_1}=\frac{164\ 200}{180}=812.2(元)$$

$$基期的平均工资\ \overline{x_0}=\sum x_0 \frac{f_0}{\sum f_0}=\frac{135\ 100}{178}=759.0(元)$$

$$可变指数=\frac{\overline{x_1}}{\overline{x_0}}=\frac{812.2}{759.0}=107.0\%$$

$\overline{x}_1-\overline{x}_0=812.2-759.0=53.2$(元)

其次,计算固定结构指数,说明工资水平的变动情况:

$$固定结构指数=\frac{\sum x_1f_1/\sum f_1}{\sum x_0f_1/\sum f_1}=\frac{146\ 200/180}{137\ 000/180}=\frac{812.2}{761.1}=106.7\%$$

$$\frac{\sum x_1f_1}{\sum f_1}-\frac{\sum x_0f_1}{\sum f_1}=812.2-761.1=51.1(元)$$

再计算结构变动指数:

$$结构变动指数=\frac{\sum x_0f_1/\sum f_1}{\sum x_0f_0/\sum f_0}=\frac{137\ 000/180}{135\ 100/178}=100.3\%$$

$$\sum x_0\frac{f_1}{\sum f_1}-\sum x_0\frac{f_0}{\sum f_0}=781.1-759.0=2.1(元)$$

上述指数之间的关系如下:

从相对量角度看,计算式为:

107.0%=106.7%×100.3%

从绝对量角度看,计算式为:

53.2=51.1+2.1

上述计算结果表明:从相对量角度来看,报告期职工平均工资比基期上升了7.0%,这是由于每组平均工资提高使总的平均工资水平提高了6.7%和结构变动使平均工资上升了0.3%两个因素共同作用的结果;从绝对量角度来看,每组平均工资提高使总的平均工资上升了51.1元,每组结构变动使总的平均工资上升了2.1元,两个因素共同作用的结果,导致总的平均工资共增加53.2元。

第五节 常用价格指数简介

一、消费者价格指数

消费者价格指数(consumer price index),英文缩写为CPI,我国称之为居民消费价格指数,它是反映城乡居民家庭购买并用于日常生活消费的一篮子商品和服务项目价格水平随时间而变动的相对数,一般以百分比为表达形式。CPI不是商品价格,是一组商品和服务项目价格变动的平均综合指标。CPI是在居民消费价格统计的基础上编制计算出来的。国际上公认CPI有三大用途,即通货膨胀指标、国民经济核算及支付的调整。

从2001年起,我国采用国际通用做法,逐月编制并公布以2000年价格水平为基期的居民消费价格定基指数,作为反映我国通货膨胀(或紧缩)程度的主要指标。经国务院批准,国家统计局城调总队负责全国居民消费价格指数的编制及相关工作,并组织、指导和管理各省区市的消费价格调查统计工作。

我国编制价格指数的商品和服务项目,根据全国城乡13.3万户城乡居民家庭消费支出构成资料和有关规定确定,目前共包括食品、烟酒、衣着、家庭设备用品及维修服务、医疗保健和个人用品、交通和通信、娱乐教育文化用品及服务、居住八大类，262 个基本分类。

居民消费价格指数就是在对参加全国数据汇总的约 500 个样本市县包括超市、菜市场、百货商场、医院、旅行社等 6.3 万个采价点进行价格调查的基础上，根据国际规范的流程和公式算出来的。在美国构成该指标的主要商品共分七大类，其中包括食品、酒和饮品，住宅，衣着，交通，医药健康，娱乐，其他商品及服务。在美国，消费物价指数由劳工统计局每月公布，有两种不同的消费物价指数。一是工人和职员的消费物价指数，简称 CPW；二是城市消费者的消费物价指数，简称 CPIU。

编制居民消费价格指数需要两类资料：一是各项消费商品和服务的价格变动数据；二是各项消费商品和服务在居民生活中的开支权重。此比例一般每 5 年更换一次，5 年期内各年度适当调整。

编制 CPI 简单地说，可以概括为三大步骤。

第一步：确定基本分类中每个指数商品的代表规格品。目前计算 CPI 的代表规格品既包括商品消费，也包括服务消费；既包括传统消费项目，也包括汽车等“现代消费”。大部分基本分类选择两三个规格品，目前我国编制指数的地区根据其规模选择了 550～750 个代表规格品。这些代表规格品的选择是根据近 4 万户城市居民家庭和 6 万多户农村居民的消费支出构成资料和有关规定决定的。一般而言，大城市的代表规格品多些，小城镇就少些。

规格品的选取并不是随意确定的，选取 CPI 调查的代表规格品要遵循一定的原则。首先，要选择在当地消费、零售量大的商品；其次，要选取价格变动趋势和变动程度有较强的代表性，即选中规格品与未选中规格品的价格变动特征越相关越好：还要选择同基本分类的规格品之间，性质差异越大越好，价格变动特征的相关性越低越好；对选中的规格品应具有较好的销售前景，工业消费品必须是合格产品，产品包装上应有注册商标、产地、规格等级等标识，不合格品不能选为调查代表规格品；每个基本分类的代表规格品的选择数量，原则上不能少于制度规定的最低标准，可根据当地的实际情况适当增减；代表规格品一经确定，原则上一年内不能更改。为保证代表规格品的唯一性，选择代表规格品时要详细描述代表规格品的名称、品牌、产地、规格等级、货号等特征。需要说明的是，对失去代表性的商品和服务项目每年要进行一次调整、补充。

第二步：采集代表规格品的价格。价格调查采用定人、定点、定时的“三定”原则。也就是要求全国 4 000 余名现场调查员必须在固定的时间段内，对调查采价点内确定的调查商品或服务项目价格进行直接调查，调查人员在一段时间内必须是固定的，不能随意更换。对价格变动不频繁的商品和服务项目，如汽车、邮资、报刊、医疗等每月采价 1 次；对于烟酒、家电、服装等一般性调查商品和服务项目，每月要去商场超市采价两三次；与居民生活密切相关，价格变动比较频繁的主副食品价格，如蔬菜、肉、禽、水果，每 5 天采集一次价格，即每个月采价 6 次。而且采集的价格必须是成交价，对于鲜活商品不能取早上的高价和晚上的低价，必须选择固定时间采集的价格，以便准确反映各种商品价格变动的情况。调查员收集的基础数据由县级调查队通过网络上报省级调查总队，省级调查总队审核后上报国家统计局。目前，在 50 个地级市已经实现由调查员通过手持数据采集器将基础数据向国家统计局直接报送，现在已在全国所有 CPI 调查市县推广使用。

第三步：进行价格指数的计算。价格指数的计算包括以下 3 个步骤：一是代表规格品平均价格的计算；二是基本分类指数的计算，包括月环比指数的计算；三是类别及总指数逐级加权平均计算。

世界各国的消费价格指数多用加权算术平均法计算，我国也采用加权算术平均法。其公式为：

$$\overline{k_p}=\sum k_p W \tag{6.29}$$

式中：$\overline{k_p}$ 代表总（类）指数；k_p 代表个体（或类）指数；W 代表权数。

权数是按总指数、大类、中类、小类和代表品分层计算的，每层的权数总和为100。各省的权数按中选的样本市县的资料计算，全国的权数则根据各省的资料计算。

计算时，先计算商品或服务项目的个体指数，然后计算小类、中类、大类指数，最后计算总指数。由小到大，逐步升级，层层平均。

现以城市居民消费价格指数为例，计算详见表6－11。

表6－11　　某城市居民消费价格指数

（　年　月/　年　月）

城市编码：

商品类别及品名	规格等级牌号	计量单位	平均价格（元）		权数	以上年为基期	
			上年	本年		指数（%）	指数×权数
（甲）	（乙）	（丙）	（1）	（2）	（3）	（4）	（5）＝（4）×（3）
总指数					100	105.55	—
一、食品类					34	114.21	3 883.14
1. 粮食					20	110.40	2 208
（1）细粮					88	110.52	9 725.76
面粉	普通粉	千克	4.16	4.74	38	113.94	4 329.72
大米	标二	千克	4.58	4.97	55	108.52	5 968.6
江米	标二	千克	5.20	5.59	5	107.50	537.5
挂面	富强粉	千克	4.56	4.93	2	108.11	216.22
（2）粗粮					12	109.53	1 314.36
2. 淀粉及薯类					1	111.02	111.02
3. 干豆类及豆制品					2	119.06	238.12
4. 油脂类					7	115.76	810.32
5. 肉食及其制品					23	118.32	2 721.36
6. 蛋类					6	109.87	659.22
7. 水产品类					7	106.24	743.68
8. 菜类					9	121.11	1 089.99
9. 调味品					2	108.98	217.96
10. 糖类					2	102.45	204.9
11. 茶及饮料					4	108.43	433.72

续表

商品类别及品名	规格等级牌号	计量单位	平均价格(元)		权数	以上年为基期	
			上年	本年		指数(%)	指数×权数
12. 干鲜瓜果					4	112.08	448.32
13. 糕点饼干					4	115.46	461.84
14. 液体乳及乳制品					4	118.57	474.28
15. 在外用膳食品					3	120.98	362.94
16. 其他食品					2	117.89	235.78
二、烟酒类					6	101.27	607.62
三、衣着类					9	101.14	910.26
四、家庭设备用品及维修服务					10	101.23	1 012.3
五、医疗保健和个人用品					10	100.19	1 001.9
六、交通和通信					11	99.78	1 097.58
七、娱乐教育文化用品和服务					7	102.21	715.47
八、居住类					13	102.05	1 326.65

CPI是宏观经济分析与决策，以及国民经济核算的重要指标。一般来说，CPI的高低直接影响着国家的宏观经济调控措施的出台与力度，如央行是否调息、是否调整存款准备金率等。同时，CPI的高低也间接影响资本市场(如股票市场)的变化。

CPI月度数据由国家统计局通过新闻发布的形式统一对外发布，每月一次。公布形式包括国务院统一安排的新闻发布会和中华人民共和国国家统计局官方网站(http://www.stats.gov.cn)的传播。国家统计局发布CPI的时间，每年都有日程表。

消费价格指数公布内容：①全国及各省(区、市)CPI；②城市CPI；③农村CPI；④8个大类类别指数的环比、同比数据。

二、股票价格指数

股票价格指数即股票指数，是由证券交易所或金融服务机构编制的表明股票行市变动的一种供参考的指示数字。它是通过一定方法计算出的衡量整个股票市场的股票价格总体水平和市场交易状况的一个指标。它是帮助投资者掌握股市现状和分析、判断股市变动趋势的非常重要的尺度和信号，是反映国家或地区社会经济和政治形势变动情况的最敏感指标，是整个经济的晴雨表和政治风云录。

股票价格指数因涨跌迅速，一般要求按日编制。它是以某年某月某日股价作为基期股价(基准日股价)，基准日指数通常定为100，以后各日股价同基日股价计算出百分数，即为各日股票指数。

股票指数通常运用综合指数形式，一般以股票发行量为权数，也有以成交量为权数的。举个简单例子，说明股票指数编制原理，见表6－12。

表 6－12 股票资料

股票名称	发行量(股)	基准日价格(元) p_0	计算日股票价格(元/股)		
			p_1	p_2	p_3
甲	20 000	15	22	19	18
乙	30 000	11	18	19	17
丙	40 000	9	7	10	9

则第一日股票指数为：

$$\frac{\sum qp_1}{\sum qp_0}=\frac{22\times 20\ 000+18\times 30\ 000+7\times 40\ 000}{15\times 20\ 000+11\times 30\ 000+9\times 40\ 000}\times 100\%$$

$$=\frac{1\ 260\ 000}{990\ 000}\times 100\%\approx 127.27\%$$

第二日股票指数为：

$$\frac{\sum qp_2}{\sum qp_0}=\frac{19\times 20\ 000+19\times 30\ 000+10\times 40\ 000}{15\times 20\ 000+11\times 30\ 000+9\times 40\ 000}\times 100\%$$

$$=\frac{1\ 350\ 000}{990\ 000}\times 100\%\approx 136.36\%$$

第三日股票指数为：

$$\frac{\sum qp_3}{\sum qp_0}=\frac{18\times 20\ 000+17\times 30\ 000+9\times 40\ 000}{15\times 20\ 000+11\times 30\ 000+9\times 40\ 000}\times 100\%$$

$$=\frac{1\ 230\ 000}{990\ 000}\times 100\%\approx 124.24\%$$

这说明，第一日股价上涨 27.27%，第二日比第一日上涨了 9.09 个百分点，第三日又比第二日下跌了 12.12 个百分点。

三、几种常见的股票指数

(一)道琼斯股票指数

道琼斯股票指数即股票价格平均指数，是世界上最有影响、使用最广的股价指数。它以在纽约证券交易所挂牌上市的一部分有代表性的公司股票作为编制对象，由 4 种股价平均指数构成：①以 30 家著名的工业公司股票为编制对象的道琼斯工业股价平均指数；②以 20 家著名的交通运输业公司股票为编制对象的道琼斯运输业股价平均指数；③以 15 家著名的公用事业公司股票为编制对象的道琼斯公用事业股价平均指数；④以上述 3 种股价平均指数所涉及的 65 家公司股票为编制对象的道琼斯股价综合平均指数。在 4 种道琼斯股价指数中，以道琼斯工业股价平均指数最为著名，它被大众传媒广泛地报道，并作为道琼斯指数的代表加以引用。

道琼斯股票指数是世界上历史最为悠久的股票指数。第一次公布道琼斯指数是在 1884 年 7 月 3 日，由道琼斯公司的创始人之一、《华尔街日报》首任编辑查尔斯·亨利·道(Charles Henry Dow)编制，登载在其属下的《华尔街日报》上。最初是根据 1 种具有代表性的铁路公司的股票，采用算术平均法进行计算编制而成。自 1897 年起，道琼斯股票价格平均指数开始分成工业与运输业两大类，其中工业股票价格平均指数包括 12 种股票，运输业平均指数则包括

20 种股票，并且开始在道琼斯公司出版的《华尔街日报》上公布。在 1929 年，道琼斯股票价格平均指数又增加了公用事业类股票，使其所包含的股票达到 65 种，并一直延续至今。

现在的道琼斯股票价格平均指数是以 1928 年 10 月 1 日为基期，因为这一天收盘时的道琼斯股票价格平均数恰好约为 100 美元，所以就将其定为基准日。而以后股票价格同基期相比计算出的百分数，就成为各期的股票价格指数，所以现在的股票指数普遍用点做单位，而股票指数每一点的涨跌就是相对于基准日的涨跌百分数。

道琼斯股票价格平均指数是目前世界上影响最大、最有权威性的一种股票价格指数，在纽约证券交易所营业时间里，每隔半小时公布一次。这一股票价格平均指数自编制以来从未间断，可以用来比较不同时期的股票行情和经济发展情况，成为反映美国股市行情变化最敏感的股票价格平均指数之一，是观察市场动态和从事股票投资的主要参考。当然，由于道琼斯股票价格指数是一种成分股指数，采样股票数目较少，而且多是热门股票，且未将近年来发展迅速的服务性行业和金融业的公司包括在内，所以它的代表性也一直受到人们的质疑和批评。

（二）标准普尔股票价格指数

除了道琼斯股票价格指教外，标准普尔股票价格指数在美国也很有影响，它是美国最大的证券研究机构即标准·普尔公司于 1923 年开始编制并发表的股票价格指数。最初采选了 230 种股票，编制两种股票价格指数。到 1957 年，这一股票价格指数的范围扩大到 500 种股票，分成 95 种组合。其中最重要的 4 种组合是工业股票组、铁路股票组、公用事业股票组和 500 种股票混合组。从 1976 年 7 月 1 日开始，改为 400 种工业股票，20 种运输股票，40 种公用事业股票和 40 种金融业股票。几十年来，虽然有股票更迭，但始终保持为 500 种。

（三）日经道琼斯股价指数

日经道琼斯股价指数（日经平均股价）系由日本经济新闻社编制并公布的反映日本股票市场价格变动的股票价格平均数。该指数从 1950 年 9 月开始编制。最初根据东京证券交易所第一市场上市的 225 家公司的股票算出修正平均股价，当时称为“东证修正平均股价”。1975 年 5 月 1 日，日本经济新闻社向道琼斯公司买进商标，采用美国道琼斯公司的修正法计算，这种股票指数也就改称“日经道琼斯平均股价”。1985 年 5 月 1 日在合同期满 10 年时，经两家商议，将名称改为“日经平均股价”。

按计算对象的采样数目不同，该指数分为两种。一种是日经 225 种平均股价。其所属样本均为在东京证券交易所第一市场上市的股票，样本选定后原则上不再更改。由于日经 225 种平均股价从 1950 年一直延续下来，因而其连续性及可比性较好，成为考察和分析日本股票市场长期演变及动态的最常用和最可靠的指标。该指数的另一种是日经 500 种平均股价。这是从 1982 年 1 月 4 日起开始编制的。由于其采样包括 500 种股票，其代表性就相对更为广泛，但它的样本是不固定的，每年 4 月要根据上市公司的经营状况、成交量和成交额及市场总值等因素对样本进行更换。

（四）恒生指数

恒生指数（Hang Seng Index；Hang Seng，HSI），由香港恒生银行全资附属的恒生指数公司编制。它是中国香港股票市场上历史最久、影响最大的股票价格指数，由香港恒生银行于 1969 年 11 月 24 日开始发表，指数是由若干只成分股（即蓝筹股）市值计算出来的，代表了香港交易所上市公司的 12 个月平均市值涵盖率的 70%。恒生指数由恒生银行属下恒生指数有限公司负责计算及按季检讨，公布成分股调整。恒生指数最初从中国香港 500 多家上市公司中挑选出来的 33 家有代表性且经济实力雄厚的大公司股票作为成分股，分为四大类——4 种金融业股票、6 种公用事业股票、9 种地产业股票和 14 种其他商业(包括航空和酒店)股票。2006 年 6 月 30 日宣布将成分股数目由 33 只加至 38 只,后来经过多次增减变动,2012 年 5 月 10 日,第一次将博彩业公司"金沙中国"加入成分股,2012 年 11 月 17 日,"昆仑能源"成为成分股。目前对恒生指数影响最大的成分股是汇丰控股(15%),其次是中国建设银行(6.72%)、中国移动(6.68%)、中国工商银行(6.08%)。

恒生股票价格指数的编制是以 1964 年 7 月 31 日为基期,基点确定为 100 点。其计算方法是将成分股股票按每天的收盘价乘以各自的发行股数为计算日的市值,再与基期的市值相比较,乘以 100 就得出当天的股票价格指数。开始时,恒生指数只计算一个总指数,为方便投资者获得更多信息,自 1984 年 1 月 13 日起,增算金融业、地产业、工商业和公用事业 4 个分类指数。由于恒生股票价格指数所选择的基期适当,因此,不论股票市场狂升或猛跌,还是处于正常交易水平,恒生股票价格指数基本上能反映整个股市的活动情况。

恒生指数历史最高点数为 2007 年 10 月 30 日,突破 31 900 点,升至 31 958.41 点,历史最低收市点数则是 1967 年 8 月 31 日的 58.61 点。

(五)上证指数

上证指数是由上海证券交易所编制并发布的指数系列,包括上证综合指数、上证 180 指数、上证 50 指数、上证 A 股指数、上证 B 股指数、上证分类指数、上证债券指数和上证基金指数等。其中最早编制的是上证综合指数。因此,狭义的上证指数指的是"上证综指"。

上证综指(Shanghai Composite Index),全称"上海证券交易所综合股价指数",是国内外普遍采用的反映上海股市总体走势的统计指标。它以上海证券交易所挂牌上市的全部股票为计算范围,以发行量为权数综合计算,于 1991 年 7 月 15 日公开发布。上证指数以"点"为单位,基日定为 1990 年 12 月 19 日,基日指数定为 100 点。

随着上市股票品种逐渐增加,上海证券交易所在综合指数的基础上增加了其他指数。1992 年 2 月 21 日,增设上证 A 股指数与上证 B 股指数,以反映不同股票(A 股、B 股)的各自走势。1993 年 6 月 1 日,又增设了上证分类指数,即工业类指数、商业类指数、地产业类指数、公用事业类指数、综合业类指数,以反映不同行业股票的各自走势。

上证指数是采用派氏公式计算的以报告期发行股数为权数的加权综合股价指数。计算公式为:

$$\text{报告期指数}=\text{报告期采样股的市价总值}/\text{基日采样股的市价总值}\times 100$$

$$\text{市价总值}=\sum(\text{市价}\times\text{发行股数})$$

其中,基日采样股的市价总值亦称为除数。

上证 180 指数(又称上证成分指数)是上海证券交易所对原上证 30 指数进行调整并更名而成的,其样本股是在所有 A 股股票中抽取最具市场代表性的 180 种样本股票,自 2002 年 7 月 1 日起正式发布。作为上证指数系列核心的上证 180 指数的编制方案,目的在于建立一个反映上海证券市场的概貌和运行状况、具有可操作性和投资性、能够作为投资评价尺度及金融衍生产品基础的基准指数。

上证 180 指数与通常计算的上证综指之间最大的区别在于,它是成分指数,而不是综合指数。成分指数是根据科学客观的选样方法挑选出的样本股形成的指数,所以能更准确地认识和评价市场。而综合指数包含了市场上所有的股票,在反映市场状况上就存在不少缺陷。例如,目前上证综指采用全市场平均市盈率标准,将不少业绩差、规模小、股价过高的股票包含进来,导致较高的市盈率。

上海证券交易所股票指数的发布几乎是和股市行情的变化同步，投资者据此可以检验自己投资的效果，并用以预测股票市场的动向。它是我国股民和证券从业人员研判股票价格变化趋势必不可少的参考依据。同时，新闻界、公司老板乃至政界领导人等也以此为参考指标，来观察、预测社会政治及经济发展形势。

（六）深证指数

深证指数是指由深圳证券交易所编制的股价指数，该股票指数的计算方法基本与上证指数相同，其样本为所有在深圳证券交易所挂牌上市的股票，权数为股票的总股本。由于以所有挂牌的上市公司为样本，其代表性非常广泛，且它与深圳股市的行情同步发布，它是股民和证券从业人员研判深圳股市股票价格变化趋势必不可少的参考依据。

现深圳证券交易所并存着两个股票指数，一个是老指数——深证综合指数，另一个是现在的深证成分股指数。但从运行势态看，两个指数间的区别并不是特别明显。深证综合指数以1991年4月3日为基日，1991年4月4日开始发布，基日指数为100。成分股指数以1994年7月20日为基日，1995年1月23日开始发布，基日指数定为1 000。

深证综合指数将在深圳证券交易所上市的全部股票纳入指数计算范围，当有新股上市时，在其上市后的第二天纳入成分股，当某一股票暂停买卖时，将其剔除于计算之外。若采样的股本结构有所变动，则改用变动之日为新基期，并以新基数计算。同时用连锁的方法将计算得到的指数追溯原有基日，以维持指数的连续性。深证综合指数采用派氏加权价格指数，即以指数股的计算日股份数作为权数进行加权计算。股份数等于全部上市公司的总股本数。计算公式为：

即日指数＝即日指数股总市值/基日指数股总市值×基日指数

深证成分股指数根据上市公司中挑选出来的40家成分股进行计算。计算方法和计算公式与深证综合指数一致，只是其股份数等于成分股的可流通股本数。

第六节　用 Excel 2016 进行综合指数计算

本节以例题的形式介绍用 Excel 2016 软件进行综合指数计算。

学习指引：
推荐扫描左边二维码观看用 Excel 2016 进行时间序列预测相关内容。

［例 6－8］　根据表 6－13 所给的 5 种商品资料，计算销售量总指数和价格总指数，从相对数和绝对数两方面对销售额的变动及其影响因素进行分析。

表 6－13　　**商品销售量和商品价格资料**

商品名称	计量单位	价格（元）		销售量	
		基期 p_0	报告期 p_1	基期 q_0	报告期 q_1
大米	百公斤	300	360	2 400	2 600
猪肉	公斤	18	20	84 000	95 000
食盐	包	1	0.8	10 000	15 000

续表

商品名称	计量单位	价格(元)		销售量	
		基期 p_0	报告期 p_1	基期 q_0	报告期 q_1
服装	件	100	130	24 000	23 000
电视机	台	4 500	4 300	510	612
总计					

解:用 Excel 2016 操作步骤如下:

第一步:将原始数据输入 Excel 中,如图 6—1 所示。

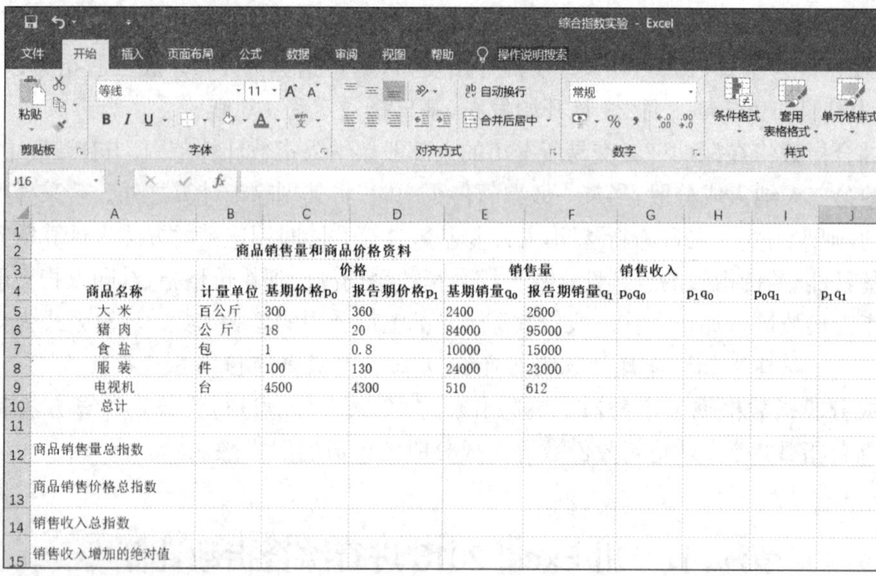

图 6—1 商品销量和商品价格

第二步:计算 p_0q_0、p_1q_0、p_0q_1、p_1q_1,并求总计。

在 G5 单元格输入公式"=C3 * E5"并按回车,得到大米的基期销售额 720 000,复制 G5 的公式到 G6,G7,G8,G9,分别得到猪肉、食盐、服装、电视机的基期销售额为 1 512 000、10 000、2 400 000、2 295 000,计算 $\sum p_0q_0$,在单元格 G10 输入公式"=SUM(G5:G9)"按回车计算出合计为 6 937 000。

在 H5 单元格输入公式"=D5 * E5"并按回车,得到大米的基期销售额 864 000,复制 H5 的公式到 H6,H7,H8,H9,分别得到猪肉、食盐、服装、电视机的 p_1q_0 为 1 680 000、8 000、3 120 000、2 193 000,在单元格 H10 输入公式"=SUM(H5:H9)"按回车计算出合计为 7 865 000。

在 I5 单元格输入公式"=C3 * F5"并按回车,得到大米的基期销售额 780 000,复制 I5 的公式到 I6,I7,I8,I9,分别得到猪肉、食盐、服装、电视机的 p_0q_1 为 1 710 000、15 000、2 300 000、2 754 000,在单元格 I10 输入公式"=SUM(I5:I9)"按回车计算出合计为 7 559 000。

在 J5 单元格输入公式"=D3 * F5"并按回车,得到大米的基期销售额 936 000,复制 J5 的公式到 J6,J7,J8,J9,分别得到猪肉、食盐、服装、电视机的报告期销售额为 1 900 000、12 000、2 990 000、2 631 600,在单元格 J10 输入公式"=SUM(J5:J9)"按回车计算出合计为 8 469 600。

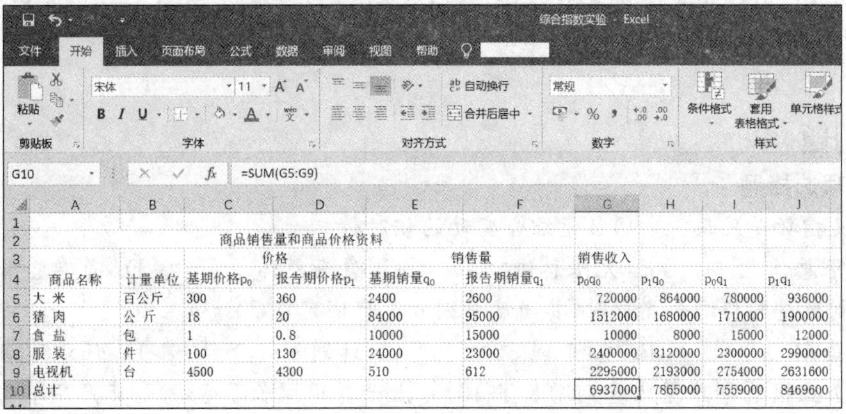

G10　=SUM(G5:G9)

	A	B	C	D	E	F	G	H	I	J
2			商品销售量和商品价格资料							
3			价格		销售量		销售收入			
4	商品名称	计量单位	基期价格p_0	报告期价格p_1	基期销量q_0	报告期销量q_1	p_0q_0	p_1q_0	p_0q_1	p_1q_1
5	大 米	百公斤	300	360	2400	2600	720000	864000	780000	936000
6	猪 肉	公 斤	18	20	84000	95000	1512000	1680000	1710000	1900000
7	食 盐	包	1	0.8	10000	15000	10000	8000	15000	12000
8	服 装	件	100	130	24000	23000	2400000	3120000	2300000	2990000
9	电视机	台	4500	4300	510	612	2295000	2193000	2754000	2631600
10	总计						6937000	7865000	7559000	8469600

图 6—2　商品销量和商品价格

第三步:计算商品销售量总指数:在单元格 C12 输入"=I10/G10"按回车,得到商品销售量总指数为 1.089 7。

计算商品销售价格总指数:在单元格 C13 输入"=J10/I10"按回车,得到商品销售价格总指数为 1.120 5。

计算销售额总指数:在单元格 C14 输入"=J10/G10"按回车,得到商品销售额总指数为 1.220 9。

计算销售收入增加的绝对值在单元格 C15 输入"=J10-G10" 按回车,得到销售额增加值为 1 532 600 元。

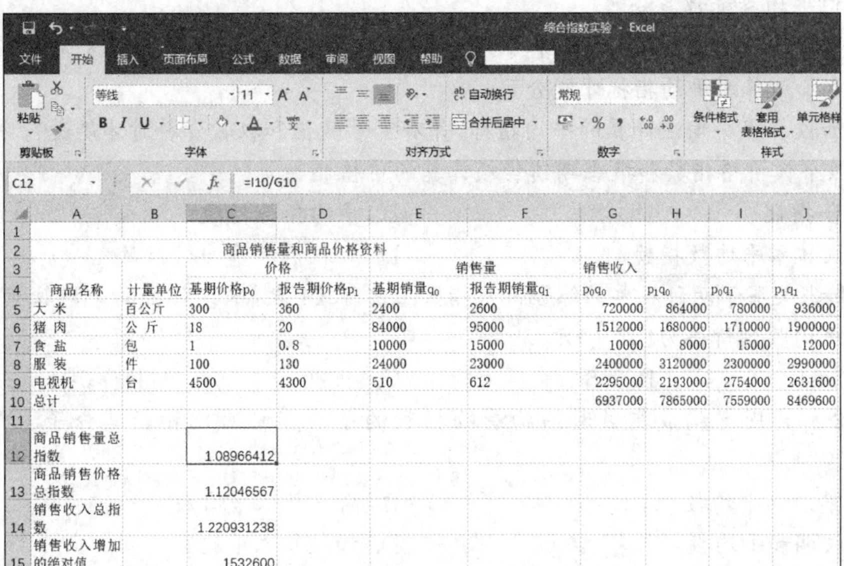

C12　=I10/G10

	A	B	C	D	E	F	G	H	I	J
2			商品销售量和商品价格资料							
3			价格		销售量		销售收入			
4	商品名称	计量单位	基期价格p_0	报告期价格p_1	基期销量q_0	报告期销量q_1	p_0q_0	p_1q_0	p_0q_1	p_1q_1
5	大 米	百公斤	300	360	2400	2600	720000	864000	780000	936000
6	猪 肉	公 斤	18	20	84000	95000	1512000	1680000	1710000	1900000
7	食 盐	包	1	0.8	10000	15000	10000	8000	15000	12000
8	服 装	件	100	130	24000	23000	2400000	3120000	2300000	2990000
9	电视机	台	4500	4300	510	612	2295000	2193000	2754000	2631600
10	总计						6937000	7865000	7559000	8469600
12	商品销售量总指数		1.08966412							
13	商品销售价格总指数		1.12046567							
14	销售收入总指数		1.220931238							
15	销售收入增加的绝对值		1532600							

图 6—3　商品销量和商品价格的综合指数计算

商品的销售量总指数为108.97%，总的来说，商品的销售量上涨了8.97%；

商品的价格总指数为112.05%，5种商品的销售价格平均上涨了12.05%；

在销售量和销售价格两个因素变动的共同影响下，商品的销售收入上涨了22.09%，销售收入增加了1 532 600元。

练习题

一、单项选择题

1. 狭义指数是反映(　　)数量综合变动的相对数。

A. 有限总体　　B. 无限总体　　C. 复杂总体　　D. 简单总体

2. 编制数量指标综合指数时，其同度量因素最好固定在(　　)。

A. 报告期　　B. 基期　　C. 计划期　　D. 任意时期

3. 某企业报告期产量比基期增长了10%，生产费用增长了8%，则其产品单位成本降低了(　　)。

A. 1.8%　　B. 2%　　C. 20%　　D. 18%

4. $\sum q_1 p_0 - \sum q_0 p_0$ 表示(　　)。

A. 由于价格的变动而引起的产值增减数

B. 由于价格的变动而引起的产量增减数

C. 由于产量变动而引起的价格增减数

D. 由于产量变动而引起的产值增减数

5. 某商品价格发生变化，现在的100元只值原来的90元，则价格指数为(　　)。

A. 10%　　B. 90%　　C. 110%　　D. 111%

6. 平均指标对比指数可以分解为两个指数，所以(　　)。

A. 任何平均指标都能分解

B. 加权算术平均指标和加权调和平均指标才能分解

C. 只有加权算术平均指标才能分解

D. 按加权算术平均法计算的平均指标，并有变量数值和权数资料时才能进行分解

7. 按照个体价格指数和报告期销售额计算的价格指数是(　　)。

A. 综合指数　　B. 平均指标指数

C. 加权算术平均数指数　　D. 加权调和平均数指数

8. 已知张某买了两种股票的综合价格指数上涨了24点，本日股票的平均收盘价格为14元，前日的平均收盘价格为(　　)元。

A. 110.64　　B. 0.5　　C. 11.29　　D. 1

9. 能分解为固定构成指数和结构影响指数的平均指标对比指数其分子、分母通常是(　　)。

A. 简单调和平均数　　B. 简单算术平均数

C. 加权调和平均数　　D. 加权算术平均数

10. 平均价格可变构成指数的公式是(　　)。

A. $\dfrac{\sum p_1 q_1}{\sum q_1} / \dfrac{\sum p_0 q_1}{\sum q_1}$　　B. $\dfrac{\sum p_0 q_1}{\sum q_1} / \dfrac{\sum p_0 q_0}{\sum q_0}$

C. $\dfrac{\sum p_1q_1}{\sum q_1}\Big/\dfrac{\sum p_0q_0}{\sum q_0}$　　　　D. $\dfrac{\sum p_0q_1}{\sum q_1}\Big/\dfrac{\sum p_1q_0}{\sum q_0}$

二、判断题

1. 分析复杂现象总体的数量变动，只能采用综合指数方法。（　）
2. 在编制综合指数时，虽然将同度量因素加以固定，但是，同度量因素仍起权数作用。（　）
3. 在编制总指数时经常采用非全面统计资料仅仅是为了节约人力、物力和财力。（　）
4. 拉氏数量指数并不是编制数量指标综合指数的唯一公式。（　）
5. 说明现象总的规模和水平变动情况的统计指数是质量指数。（　）
6. 在平均指标变动因素分析中，可变构成指数是排除总体中各种结构变动影响的指数。（　）
7. 在由三个指数构成的指数体系中，两个因素指数的同度量因素指标是不同的。（　）
8. 价格降低后同样多的人民币可多购商品15%，则价格指数应为85%。（　）
9. 本年与上年相比，若物价上涨10%，则本年1元只值上年的0.9元。（　）
10. 如果各种商品价格平均上涨5%，销售量平均下降5%，则销售额指数不变。（　）

三、计算题

1. 某地区商品市场销售额报告期为40亿元，比上年增加了5亿元，销售量与上年相比上升了3%，试计算：

(1)市场销售量总指数；

(2)市场销售价格指数；

(3)由于销售量变动对销售额的影响。

2. 根据表6—14关于某企业三种产品产值和产量动态的资料，计算三种产品产量总指数，以及近10年由于产量增加使企业所增加的产值。

表6—14　　某企业三种产品产值和产量资料

产品	实际产值(万元)		2018年比2008年产量增长(%)
	2008年	2018年	
甲	400	4 260	74
乙	848	1 135	10
丙	700	1 432	40

3. 根据表6—15资料，计算某市居民消费价格指数，即计算表6—15中$A\to G$的各类指数。

表 6—15 某市居民消费资料

类别和项目	权数(%)	平均价格(元/千克)		个体指数(%)	类指数(%)
		本年	上年		
总指数					I
一、食品烟酒类	32				H
1. 粮食	15				G
(1)细粮	90	12	15		
(2)粗粮	10	8	10.5		
2. 食用油	5				102
3. 鲜菜	10				115
4. 畜肉类	21				D
①猪肉	45	24	28	A	
②牛肉	40	30	36	B	
③羊肉	15	40	42	C	
5. 水产品	13				105
6. 蛋类	3				98
7. 奶类	8				102
8. 鲜果	11				95
9. 烟草	6				98
10. 酒类	8				95
二、衣着类	15				85
三、居住类	13				126
四、生活用品及服务类	12				98
五、交通和通信类	7				96
六、教育文化和娱乐类	9				102
七、医疗保健类	8				106
八、其他用品和服务类	4				101

4. 某企业基期和报告期技师工资如表 6—16 所示。

表 6—16 某企业技师工资资料

按技术级别分组	基期		报告期	
	人数(人)	平均工资(元)	人数(人)	平均工资(元)
高级技师	45	6 000	50	6 800
中级技师	120	5 000	180	5 400
初级技师	40	3 000	135	3 700

要求：分析该企业技师工资水平变动情况(从相对数和绝对数两方面分析)。

5. 某化工厂两种产品产量和原材料耗用的资料如表6—17所示。

表6—17　　某化工厂两种产品产量和原材料耗用资料

产品名称	产量		原材料名称	每吨产品原材料消耗量(吨)		每吨原材料价格(百元)	
	基期 q_0	报告期 q_1		基期 m_0	报告期 m_1	基期 p_0	报告期 p_1
电石	10	11	石灰石	0.85	0.84	25.0	25.0
			焦炭	0.55	0.54	90.0	86.0
石灰	9	10	石灰石	2.00	2.00	7.0	6.8
			焦炭	0.14	0.15	90.0	86.0

要求：分析原材料费用总额变动受各因素变动的影响程度和影响绝对额。

第七章　参数估计

【案例导入】

广告商的抽样调查

广告可以帮助我们了解相关产品的信息，同时更是广告商用来营销的重要手段。广告商对有多少人在收看它们打广告的节目非常感兴趣，这一目的可以通过统计技术来达到。很多广告公司对电视观众都用抽样调查来了解他们收看什么节目，其中最为著名的公司是 A.C.尼尔森(Nielsen)公司。尼尔森公司的评级是以 1 000～2 000 户随机抽样家庭的样本为基础的。在这些家庭的电视上有个装置可以记录电视接收的频道，然后评级体系会自动计算出每个节目被收看的比例，从而使广告商确定每个节目有多少观众以及各种广告的潜在价值。

假设尼尔森公司在 9 月份的一个周一晚上 11:40 调查了 2 000 名电视观众。哥伦比亚广播公司可以用样本数据估计出在潜在的 1 亿台电视机的总体中有多少台在接收“今晚秀”节目。

统计推断是通过样本得到有关总体的信息的过程。有两种方法常用来对总体进行推断：参数估计和假设检验。本章将介绍参数估计的基本知识，并结合相关实例进行说明。

第一节　抽样与抽样分布

一、参数估计相关概念

(一)抽样与样本

抽样又称取样，是指从欲研究的总体中抽取一部分样品单位。其基本要求是要保证所抽取的样品单位对总体具有充分的代表性。抽样的目的是从被抽取样品单位的分析、研究结果来估计和推断总体特性，是科学实验、质量检验、社会调查普遍采用的一种经济有效的工作和研究方法。

抽样中的总体是指根据一定的研究目的，在同质基础上，由客观存在的许多个别单位组成的整体，总体的单位数常用 N 表示。构成总体的每一个元素作为个体，从总体中抽取一部分个体所组成的集合叫作样本，样本中的个体数目叫作样本数量或样本容量，用 n 表示。

（二）重复抽样与不重复抽样

重复抽样又称重置抽样，是指按随机原则从全体中抽取一个样本单位后，再放回原总体，参加下一次抽取。重复抽样的总体单位数始终保持不变，每个总体单位都有被重复抽中的可能。每次抽样总是在完全相同的条件下进行的，每个单位每次被抽中的概率是一样的。

不重复抽样又称不重置抽样，是指按随机原则从全部总体中抽取一个样本单位记录后，不再放回原来的总体中，在剩余的总体单位中进行下一次抽取。全部总体单位数在不断减少，每个总体单位不可能被重复抽中。每次抽取的过程都不是相互独立的，每一次的抽取结果会影响到下一次的取样，每抽一次，总体单位数就会减少一个，因此每个单位每次被抽中或抽不中的概率是不一样的。

（三）参数与统计量

参数和统计量是与总体和样本相对应的另一对概念。参数是用来描述总体特征的指标，是研究者想要了解的总体的某种特征值。研究者关心的参数主要有总体均值、标准差、总体比例等。总体均值通常用 μ 表示，总体标准差通常用 σ 表示，总体比例通常用 π 表示。

统计量是用来描述样本特征的指标，是根据样本数据计算出来的一些量，是样本的函数。研究者关心的统计量主要有样本均值、样本标准差、样本比例等。样本均值通常用 $\bar{x}$ 表示，样本标准差通常用 s 表示，样本比例通常用 p 表示。

二、抽样方法与抽样平均误差

（一）抽样的方法

抽样方法有概率抽样和非概率抽样，一般的抽样推断都是建立在概率抽样的基础之上的。概率抽样又称为随机抽样，它是严格遵循概率原则，每个抽样单元被抽中的概率相同，并且可以重现。随机抽样常常用于总体个数较少时，它的主要特征是从总体中逐个抽取。随机抽样可以分为简单随机抽样、系统抽样、分层抽样、整群抽样以及多阶段抽样。

1. 简单随机抽样

一般地，设一个总体含有 N 个个体，从中逐个不放回地抽取 n 个个体作为样本（$n \leqslant N$），如果每次抽取使总体内的各个个体被抽到的机会都相等，就把这种抽样方法叫作简单随机抽样。这可以有各种不同的具体做法。

（1）抽签法。一般地，抽签法就是把总体中的 N 个个体编号，把号码写在号签上，将号签放在一个容器中，搅拌均匀后，每次从中抽取一个号签，连续抽取 n 次，就得到一个容量为 n 的样本。抽签法简单易行，适用于总体中的个数不多时。当总体中的个体数较多时，将总体"搅拌均匀"就比较困难，用抽签法产生的样本代表性差的可能性很大。

（2）随机数法。随机抽样中，另一个经常被采用的方法是随机数法，即利用随机数表、随机数骰子或计算机产生的随机数进行抽样。

简单随机抽样的优点是操作简便易行，但总体过大时不易实行。

2. 系统抽样

系统抽样亦称为机械抽样、等距抽样。当总体中的个体数较多时，采用简单随机抽样显得较为费事。这时，可将总体分成均衡的几个部分，然后按照预先定出的规则，从每一部分抽取一个个体，得到所需要的样本，这种抽样叫作系统抽样。一般地，假设要从容量为 N 的总体中抽取容量为 n 的样本，我们可以按下列步骤进行系统抽样：

(1)先将总体的 N 个个体编号。有时可直接利用个体自身所带的号码，如学号、准考证号、门牌号等。

(2)确定抽样间隔 k，取 $k=\frac{N}{n}$，这实际上把总体单位分成 n 段，每段中有 k 个单位。

(3)在第一段用简单随机抽样确定第一个个体编号 $l(l\leqslant k)$。

(4)按照一定的规则抽取样本。通常是将 l 加上间隔 k 得到第 2 个个体编号 $(l+k)$，再加间隔 k 得到第 3 个个体编号 $(l+2k)$，依次进行下去，直到获取整个样本。

系统抽样简便易行，但是抽样的误差大小与总体单位的顺序有关。

3. 分层抽样

分层抽样又称类型抽样或分类抽样，是指在抽样时，将总体分成互不相交的层(组或类)，然后按照一定的比例，从各层(组或类)独立地抽取一定数量的个体，将各层取出的个体合在一起作为样本的方法。分层抽样的作用：

(1)减小抽样误差，分层后增加了层内的同质性，因而可使观察值的变异度减小，各层的抽样误差减小。在样本含量相同的情况下，分层抽样总的误差一般均小于单纯随机抽样、系统抽样和整群抽样的误差。

(2)抽样方法灵活，可以根据各层的具体情况对不同的层采用不同的抽样方法。如调查某地居民某病患病率，分为城、乡两层。城镇人口集中，可考虑系统抽样方法；农村人口分散，可采用整群抽样方法。

(3)可对不同层独立进行分析。有时抽样不仅需要了解总体的有关信息，而且也要了解各子总体的信息，这时可以按不同的子总体分层(组或类)抽样就能满足这方面的需要。

分层抽样的缺点是若分层变量选择不当，层内变异较大，层间均数相近，分层抽样就失去了意义。

4. 整群抽样

整群抽样又称聚类抽样，是将总体中各单位归并成若干个互不交叉、互不重复的集合，称之为群；然后以群为抽样单位抽取样本的一种抽样方式。应用整群抽样时，要求各群有较好的代表性，即群内各单位的差异要大，群间差异要小。整群抽样的优点是实施方便、节省经费；缺点是往往由于不同群之间的差异较大，由此而引起的抽样误差往往大于简单随机抽样。

整群抽样与分层抽样在形式上有相似之处，但实际上差别很大。

(1)分层抽样要求各层之间的差异很大，层内个体或单元差异小，而整群抽样要求群与群之间的差异比较小，群内个体或单元差异大；

(2)分层抽样的样本是从每个层内抽取若干单元或个体构成，而整群抽样则是要么整群抽取，要么整群不被抽取。

5. 多阶段抽样

多阶段抽样，也称为多级抽样或分段抽样，指在抽取样本的时候，按照抽样个体的隶属关系或层次关系，分为两个或两个以上的阶段从总体中抽取样本的一种抽样方式。其具体操作过程是：第一阶段，将总体划分为若干个一级抽样单位，从中抽选若干个一级抽样单位入样；第二阶段，将入样的每个一级单位分成若干个二级抽样单位，从入样的每个一级单位中抽选若干个二级抽样单位入样。以此类推直到抽出最终的样本单位。比如，为了调查某县人口的抽样，可以分为三段进行，首先以乡为抽样框，抽取一部分；然后在抽中的乡里面，以村为单位进行抽样，即抽出若干个；最后，再在抽取的村里面抽取一定的人口。整个过程中各阶段的抽样，则可以采取简单随机抽样或者分层抽样。

多阶段抽样的基本思路是将多阶段总目标的抽样精度分解为各阶段目标量的抽样精度，在总精度和各阶段的精度之间建立一种有机的、量化的联系。

(1)可以解决特大总体的抽样问题。当抽样推断的面很广，没有一个包括所有总体单位的抽样框，或者总体范围太大无法直接抽取样本时，需要采用多阶段抽样。例如，全国农产量调查和城市居民的住户调查，样本单位遍布全国各地，显然不可能直接一次抽到所需要的样本，只能分成几个阶段来逐级抽取。

(2)可以相对地节约人力物力。从一个比较大的总体，抽取一个随机样本，势必使抽到的样本单位比较分散，若要派人调查，人力和物力的支出比较大。例如，一个县要确定一些农户作样本，用一次随机抽样的样本很可能分布在全县各个乡，调查往返的路费就比较大。如果分阶段进行，先抽乡，然后在抽中的乡再抽若干户，这样可以使样本相对比较集中，因而可以节省人力和物力。

(3)可以利用现成的行政区划、组织系统作为划分各阶段的依据，为组织抽样调查提供方便。根据我国政治、经济、管理的特点，各级党政领导都需要统计数字，因而全国抽样调查的数字往往不能满足各级需要。如果能把多阶段抽样和各地需要结合起来，如各阶段根据需要再适当地补充样本，把多阶段抽样和各地的需要结合起来从而解决这一矛盾。

另外，多阶段抽样由于每段抽样都会有误差，经过多阶段抽样，最后抽出来的样本误差就会比较大，这是多阶段抽样的主要缺点。而且多阶段抽样时比较麻烦，从样本对总体的估计比较复杂。在同等条件下可以通过增加开头阶段的样本数，适当减少最后阶段的样本数来尽量缩小误差。

(二)抽样平均误差概念

在对某一总体进行抽样调查时，在总体中可以抽取一个样本进行综合观察，也可以连续抽取几个以至一系列的样本进行综合观察，每个样本都可以计算出相应的样本指标($\bar{x}$ 和 p)。由于每一样本所包含的具体样本单位不同，因而它们的样本指标也各不相同，所以它们与相应总体指标之间的离差也就各不相同。在每一次具体的抽样调查中，具体抽出的那个样本的样本平均数 $\bar{x}$、样本比例 p 与相应总体平均数 μ、总体比例 π 之间的离差，都称为抽样实际误差，它反映了个别样本对总体的实际代表性误差。可用什么来综合反映样本对总体的代表性程度呢？就抽样调查整体来说，可以有许多个可能的样本和许多个可能的抽样实际误差。可否用任取某一次抽样所得到的抽样实际误差来衡量样本对总体的代表性程度呢？这显然是不恰当的。某一次抽样的误差只是一系列可能的误差之一，它不能概括一系列抽样所产生的所有误差。这如同衡量总体中平均指标的代表性，不能用该平均指标与某一单位标志值的离差一样。衡量平均指标的代表性程度常用各单位标志值与其算术平均数的离差的平方的算术平均数的平方根即标准差来衡量的，因为它概括了各单位的标志值与其算术平均数之间的所有离差。那么，测定样本指标的代表性程度的指标也可以用同样的原理求得，即把各可能的样本指标与相应的总体指标之间的离差都考虑进去，用这些离差平方后的算术平均数的平方根来表示。用这一方法求得的平均离差，就是抽样平均误差。由于所有可能样本的样本指标(样本平均数 $\bar{x}$、样本比例 p)的算术平均数就是相应的总体指标(总体平均数 μ、总体比例 π)(这一结果在随后的推导中将会予以验证)，因此各可能的样本指标与相应的总体指标之间的离差的平方的算术平均数的平方根，实际上就是各可能的样本指标与各可能样本指标的算术平均数的离差的平方的算术平均数的平方根，也就是各可能样本指标的标准差。所以，抽样平均误差可定义为各可能样本指标的标准差，即样本平均数的抽样平均误差是所有可能的样本平均数的标准差，样本比例的抽样平均误差是所有可能的样本比例的标准差。

根据这个定义，其计算公式可表示为：

$$\mu_{\bar{x}}=\sqrt{\frac{\sum(\bar{x}-\mu)^2}{n}} \tag{7.1}$$

$$\mu_p=\sqrt{\frac{\sum(p-\pi)^2}{n}} \tag{7.2}$$

式中，$\mu_{\bar{x}}$ 代表样本平均的抽样平均误差；μ_p 代表样本比例的抽样平均误差；其余符号与前相同。

抽样平均误差可用于衡量样本对总体代表性程度的大小。抽样平均误差越大，样本对总体的代表性越小，抽样平均误差越小，样本对总体的代表性越大；同时，抽样平均误差也是计算样本指标与总体指标之间的差异幅度的一个依据，它还是抽样设计中确定必要抽样数目的依据之一。总之，抽样平均误差对于整个抽样推断具有很重要的意义。但是，不能根据以上公式来计算抽样平均误差，因为即使是一个很小的总体，比如说一个总体单位数为 100 的总体，重复抽取 10 个单位组成样本，其可能的样本数也将达到 100^{10} 个，我们是不可能把这 100^{10} 个可能样本的样本平均数或样本比例都算出来的，所以以上两个公式仅仅是抽样平均误差的定义公式，仅仅是要通过这个定义公式去把抽样平均误差的计算公式找出来。

(三)抽样平均误差的计算

根据抽样平均误差的概念，平均数的抽样平均误差就是各可能样本平均数的标准差，比例的抽样平均误差就是各可能样本比例的标准差。下面分别讨论平均数的抽样平均误差和比例的抽样平均误差的计算。

1. 平均数的抽样平均误差的计算

(1)重复抽样时，平均数的抽样平均误差的计算。

例如，从 4、6、8 三个数中随机重复抽取 2 个数组成样本，在这里，总体平均数 $\mu=6$，总体方差 $\sigma^2=\frac{8}{3}$，总体标准差 $\sigma=\sqrt{\frac{8}{3}}$，抽样单位数 $n=2$，所有可能样本的个数共 $3^2=9$ 个，它们分别是：(4、4)、(6、4)、(8、4)、(4、6)、(6、6)、(8、6)、(4、8)、(6、8)、(8、8)。从抽样调查的目的知道，就是要利用样本平均数 $\bar{x}$ 去估计总体平均数 μ，这里共有 9 个可能样本，也就有 9 个可能的样本平均数，它们分别对应的是：4、5、6、5、6、7、6、7、8。显然，这 9 个可能样本平均数的平均数等于 6，总体平均数也等于 6，因而可以说所有可能样本平均数的平均数就等于总体平均数(这一点在数理统计中经证明，也是成立的)。

根据抽样的随机性，在用样本平均数估计总体平均数时，这 9 个样本平均数都可能出现，于是就有 9 个可能的离差出现，它们分别对应的是：−2、−1、0、−1、0、1、0、1、2。从这里可以看出，各个可能样本平均数与总体平均数的离差是不相等的。平均数的抽样平均误差不是指某一具体的样本平均数与总体平均数的离差，而是指所有可能的样本平均数与总体平均数的平均离差。在求这 9 个离差的平均数时，不能用简单平均的办法，因为正、负离差要互相抵消。为了避免正、负离差互相抵消，通常采用计算标准差的办法，即先对这 9 个离差平方，然后计算平方后得到的那 9 个值的平均数，最后再将所得到的平均数开平方取其算术根即可。对这 9

个离差平方，其结果分别为：$(-2)^2$、$(-1)^2$、0^2、$(-1)^2$、0^2、1^2、0^2、1^2、2^2。将这 9 个数平方后的值进行算术平均即得到：

$$\frac{4+1+0+1+0+1+0+1+4}{9}=\frac{12}{9}$$

由于$\frac{12}{9}$是所有可能样本平均数与总体平均数的离差的平方的平均数，不能用来综合反映所有可能样本平均数与总体平均数的离差，还需要再开平方，于是对$\frac{12}{9}$再开平方就得到$\sqrt{\frac{12}{9}}$。这个$\sqrt{\frac{12}{9}}$就是所有可能的样本平均数与总体平均数的平均离差，也是所有可能样本平均数的标准差，也就是从 4、6、8 三个数字中随机重复抽取 2 个数组成样本时，平均数的抽样平均误差。若用 $\mu_{\bar{x}}$ 表示平均数的抽样平均误差，从整个例题来看，有下式成立：

$$\mu_{\bar{x}}=\sqrt{\frac{12}{9}}=\sqrt{\frac{4}{3}}=\sqrt{\frac{1}{2}\times\frac{8}{3}}=\sqrt{\frac{\sigma^2}{n}}=\frac{\sigma}{\sqrt{n}}$$

以上结论经数理统计学证明是成立的，所以在重复抽样时，平均数的抽样平均误差的计算公式为：

$$\mu_{\bar{x}}=\sqrt{\frac{\sigma^2}{n}}=\frac{\sigma}{\sqrt{n}} \tag{7.3}$$

式中：$\mu_{\bar{x}}$ 代表平均数的抽样平均误差；σ^2 代表总体方差；σ 代表总体标准差；n 代表抽样单位数。

这就是说，重复抽样时，所有可能样本平均数的标准差等于总体标准差与抽样单位数的平方根的比值。

(2)不重复抽样时，平均数的抽样平均误差的计算。

经数理统计学证明，不重复抽样时，平均数的抽样平均误差的计算公式只需在重复抽样时平均数的抽样平均误差的计算公式上，乘上一个修正系数即可，其计算公式为：

$$\mu_{\bar{x}}=\sqrt{\frac{\sigma^2}{n}\times\frac{N-n}{N-1}}=\frac{\sigma}{\sqrt{n}}\times\sqrt{\frac{N-n}{N-1}} \tag{7.4}$$

当总体单位数 N 较大时，也可用下列近似公式：

$$\mu_{\bar{x}}=\sqrt{\frac{\sigma^2}{n}\times\frac{N-n}{N-1}}\approx\frac{\sigma}{\sqrt{n}}\times\sqrt{1-\frac{n}{N}} \tag{7.5}$$

式中：$\mu_{\bar{x}}$ 代表平均数的抽样平均误差；σ 代表总体标准差；n 代表抽样单位数；$\frac{N-n}{N-1}$称为修正系数；$\frac{n}{N}$称为抽样比。

以上公式也可用下列计算来验证。

接上例，从 4、6、8 三个数中随机不重复抽取 2 个数组成样本，在这里，总体平均数 $\mu=6$，总体方差 $\sigma^2=\frac{8}{3}$，总体标准差 $\sigma=\sqrt{\frac{8}{3}}$，抽样单位数 $n=2$，所有可能样本的个数为 $3\times2=6$ 个，它们分别是：(4、6)、(4、8)、(6、4)、(6、8)、(8、4)、(8、6)。这里共有 6 个可能样本，也就有 6 个可能的样本平均数，它们分别对应的是：5、6、5、7、6、7。显然，所有可能样本平均数的平均数等于 6，也正好等于总体平均数。相应的 6 个离差分别对应为：−1、0、−1、1、0、1，这 6 个离差平方后的结果对应为：1、0、1、1、0、1。将这 6 个平方后的值求平均数即得到：

$$\frac{1+0+1+1+0+1}{6}=\frac{4}{6}$$

再开平方就得到$\sqrt{\frac{4}{6}}$。这个$\sqrt{\frac{4}{6}}$就是要求的平均数的抽样平均误差。从整个过程来看，有下式成立：

$$\mu_{\bar{x}}=\sqrt{\frac{4}{6}}=\sqrt{\frac{1}{2}\times\frac{8}{3}\times\frac{3-2}{3-1}}=\sqrt{\frac{\sigma^2}{n}\times\frac{N-n}{N-1}}$$

即在不重复抽样条件下，平均数的抽样平均误差的计算公式(7.4)。

从式(7.4)看，由于修正系数$\frac{N-n}{N-1}$始终是小于 1 的数，所以不重复抽样的抽样平均误差要小于重复抽样的抽样平均误差。当 N 远远大于 n 时，修正系数$\frac{N-n}{N-1}$和$1-\frac{n}{N}$的数值都接近于 1，它对抽样平均误差的影响就不大了。因此在统计实践中，当 N 远远大于 n 时，尽管采用的是不重复抽样，也可以用重复抽样的抽样平均误差近似代替不重复抽样的抽样平均误差。

[例 7—1] 某大学一年级某班共 50 名同学，其年龄分布如表 7—1 所示。

表 7—1 **学生年龄分布**

年龄(岁)	17	18	19	20	21
人数	5	10	20	10	5

从中随机抽取 16 名同学调查该班同学的年龄，试分重复抽样和不重复抽样计算平均年龄的抽样平均误差。

解：计算抽样平均误差要用到总体标准差，所以应首先计算总体标准差，也就是这 50 名同学的年龄的标准差。经计算 $\sigma=\sqrt{1.2}$。

重复抽样时的抽样平均误差：

$$\mu_{\bar{x}}=\sqrt{\frac{\sigma^2}{n}}=\sqrt{\frac{1.2}{16}}=0.27(\text{岁})$$

不重复抽样时的抽样平均误差：

$$\mu_{\bar{x}}=\sqrt{\frac{\sigma^2}{n}\times\left(1-\frac{n}{N}\right)}=\sqrt{\frac{1.2}{16}\times\left(50-\frac{16}{50}\right)}=0.23(\text{岁})$$

2. 比例的抽样平均误差的计算

从参数和统计量的介绍中可以看出，总体比例是一个特殊的平均数。因此，比例抽样平均误差的计算与平均数抽样平均误差的计算原理基本相同，所不同的是要将标志值的总体方差 σ^2 替换成总体比例的方差 $\pi(1-\pi)$，或者说将标志值的总体标准差 σ 替换成总体比例的标准差$\sqrt{\pi(1-\pi)}$。

重复抽样时，比例的抽样平均误差的计算公式为：

$$\mu_p=\sqrt{\frac{\pi(1-\pi)}{n}} \tag{7.6}$$

不重复抽样时，比例的抽样平均误差的计算公式为：

$$\mu_p=\sqrt{\frac{\pi(1-\pi)}{n}\times\frac{N-n}{N-1}}\approx\sqrt{\frac{\pi(1-\pi)}{n}\times\left(1-\frac{n}{N}\right)} \tag{7.7}$$

式中：μ_p 代表比例的抽样平均误差；π 代表总体比例，n 代表抽样单位数，$\frac{N-n}{N-1}$称为修正系数，$\frac{n}{N}$称为抽样比。

从计算公式看，仍然是不重复抽样的抽样平均误差要小于重复抽样的抽样平均误差。当 N 远远大于 n 时，也可以用重复抽样的抽样平均误差的计算公式去计算不重复抽样的抽样平均误差。

[例 7—2]　某大学一年级共有 2 000 人参加了"计算机文化基础"课程的考试，及格 1 800 人，总及格率为 90%。现随机抽取了 200 人，用这 200 人的及格率去估计这 2 000 人的及格率，试分重复抽样和不重复抽样计算比例的抽样平均误差。

解：总及格率为 90%，也就是总体比例 $\pi=90\%$，$N=2\ 000$，$n=200$

重复抽样时，比例的抽样平均误差为：

$$\mu_p=\sqrt{\frac{\pi(1-\pi)}{n}}=\sqrt{\frac{90\%(1-90\%)}{200}}=2.12\%$$

不重复抽样时，比例的抽样平均误差为：

$$\mu_p=\sqrt{\frac{\pi(1-\pi)}{n}\times\frac{N-n}{N-1}}=\sqrt{\frac{90\%(1-90\%)}{200}\times\frac{2\ 000-200}{2\ 000-1}}=2.01\%$$

在上述的计算公式中涉及到了总体标准差 σ 和总体比例 π，然而这两个指标在抽样调查前是未知的，是需要估计的两个量，因此在计算抽样平均误差时，利用上述计算公式也是不能直接计算的。对此，可采用下列办法：

第一，用样本标准差 s 去代替总体标准差 σ，用样本比例 p 去代替总体比例 π。这是实际工作中经常使用的一种方法，但它只能在抽样之后才能计算。

第二，用过去调查所得到的资料来代替总体标准差 σ 和总体比例 π。这些资料可以是全面调查的资料，也可以是抽样调查的资料。如果有几个不同时期的资料，对于总体标准差 σ 应取最大的一个，对于总体比例 π 应取最接近 50%的那一个，且不管它是大于 50%与 50%接近还是小于 50%与 50%接近。

第三，用小规模调查的资料去估计出总体标准差 σ 和总体比例 π。如果既没有过去的资料，又需要在调查之前就估计出抽样平均误差，就可在大规模调查之前组织一次小规模的试验性调查并根据调查取得的样本资料去估计总体标准差 σ 和总体比例 π。

第四，用估计的材料去估计出总体标准差 σ 和总体比例 π。例如：在农产量抽样调查中用预计估产的资料，估算出总体标准差和总体比例。

第五，对于总体比例 π，在没有其他任何资料的情况下，实在不得已，也可直接用 50%代替，因为此时比例方差 $\pi(1-\pi)$ 将取得最大值$\frac{1}{4}$，相应计算的抽样平均误差也将取得最大值。实际的抽样平均误差将会略低于这个最大值，这也为以后的决策提供了一个参考的标准。

三、抽样分布

在进行参数估计之前，需要知道如何通过样本得到总体信息。这就需要对统计推断的基础理论依据——抽样分布有一定的认识。统计推断目的在于推断总体特征，而这种推断的基础就是抽样分布。参数用于描述总体，参数一般都是未知的，通过从总体中抽取随机样本来获取必要的数据，利用这些数据来计算一个或更多的统计量。例如，为了估计总体的均值，就要计算样本均值。虽然样本均值与总体均值之间有一定的差距，但可以预期它们是很接近的。但是，接近程度到底如何？还必须能度量它们接近的程度。抽样分布正好可以帮助我们解决这个问题。在知道样本均值和总体均值接近程度的基础上，就可以对总体均值进行估计了。

什么是抽样分布呢？要理解这个概念的内涵，有必要介绍两种和它相关但性质不同的分布：总体分布和样本分布。在统计学中来陈述分布，可以通俗地将其理解为数据集合反映出的特征，对数值型数据而言，最明显又可以和函数联系起来的特征就是频数分布了。理解了这个，总体分布和样本分布的定义就呼之欲出了。即总体中所有数据所形成的相对频数分布，称为总体分布。总体分为有限总体和无限总体。现实中，无限总体是较为普遍的，有时即使是有限的，但是从成本或者破坏性上考虑，往往也得不到总体里面的所有数据。因此，总体分布往往事先是不知道的。但是又需要知道总体分布的相关信息，所以通常根据经验大致了解总体的分布类型，或者假定总体服从某种分布等等。因为研究者所关心的并不是所有数据到底是如何分布的，而是通过总体的参数来知道总体的特征。知道总体分布的定义之后，样本分布的定义就可以以此类推了。由此，从总体中随机抽取一个样本，这一个样本中所有数据所形成的相对频数分布，称为样本分布。因为样本是从总体中抽取的，来自于总体，所以其能反映总体的相关信息和特征也是理所当然，这也是为什么样本分布也称经验分布的原因。但是样本是随机抽取的，只是总体中的一部分，当这部分只是总体中很小的一部分时，即当样本容量很小时，这种代表性就会被大大削减。那么，到底怎么根据样本推断总体的特征呢？

描述总体特征值的称为参数，常用的总体参数有总体平均数 μ，总体标准差 σ，总体比例 π；而描述样本数量特征值的称为统计量。常用的统计量有样本平均数 $\bar{x}$，样本标准差 s，样本比例 p。因为总体一般是未知但确定的，也就是说总体所有数据到底是多少、是怎么分布的我们不知道，但是并不会因为我们不知道，这些数据就不存在，数据在那等待我们发现。因此，总体参数其实是一个未知的常数。但是统计量却不一样，首先，要明确一点，抽样这个行为是可以重复进行的，每进行一次，就可以得到一个样本，得到一个样本，就可以算出这个样本的相关统计量。既然抽样可以进行无数次，那说明对应的统计量并不是只有一个，能抽取多少个样本，就有多少个样本统计量。因为抽样是随机的，所以说统计量是一个随机变量，而样本统计量的组合构成的频数分布就是抽样分布。由此，把从总体中重复随机抽取容量为 n 的样本时，由该统计量的所有可能取值形成的相对频数分布，称为某个统计量的抽样分布。

由于现实中不可能将所有的样本都抽出来，所以，统计量的抽样分布实际上是一种理论分布。表 7—2 是对前面讲到的三种不同性质的分布进行的总结归纳。

表 7—2　　三种不同性质的分布

类型	特点
总体分布	总体观察值形成相对频数分布
样本分布	一个样本观察值形成相对频数分布
抽样分布	样本统计量所有可能取值形成相对频数分布

(一)样本均值的抽样分布

现在来学习如何通过抽样分布实现推断统计。总体最主要的三个特征值分别是总体平均

数 μ、总体标准差 σ、总体比例 π，现在就来探究一下样本平均数 $\bar{x}$、样本标准差 s、样本比例 p 这三个样本统计量的抽样分布到底是怎样的，和总体的对应特征值之间是什么关系。

1. 样本均值 $\bar{x}$ 抽样分布的形成过程

通常把从总体中重复随机抽取容量为 n 的样本时，由样本平均数的所有可能取值形成的频数分布，称为样本平均数的抽样分布。下面我们举一个简单的例子来介绍样本平均数抽样分布的形成过程。

[例 7—3]　设一个总体含有 4 个元素(个体)，即总体单位数 $N=4$。4 个单位具体变量值分别为 $x_1=5$、$x_2=6$、$x_3=7$、$x_4=8$。试求总体的均值、方差及分布。

解：总体 4 个元素每个出现一次，每个取值概率为 1/4，属均匀分布。

依题意可计算总体参数如下：

总体均值：$\mu=\dfrac{\sum X}{N}=\dfrac{26}{4}=6.5$

总体方差：$\sigma^2=\dfrac{\sum (X-\mu)^2}{N}=\dfrac{5}{4}=1.25$

现从总体中抽取 $n=2$ 的简单随机样本，在重复抽样条件下，共有 $4^2=16$ 个样本。所有样本的结果如表 7—3 所示。

表 7—3　所有可能的 $n=2$ 的样本(共 16 个)

第一观察值	第二观察值			
	5	6	7	8
5	5,5	5,6	5,7	5,8
6	6,5	6,6	6,7	6,8
7	7,5	7,6	7,7	7,8
8	8,5	8,6	8,7	8,8

根据表 7—3 可计算出各样本的均值，计算结果见表 7—4。

表 7—4　16 个可能样本的均值 $\bar{x}$

第一观察值	第二观察值			
	5	6	7	8
5	5	5.5	6	6.5
6	5.5	6	6.5	7
7	6	6.5	7	7.5
8	6.5	7	7.5	8

由于每个样本被抽中的概率相同，均为 1/16。样本均值经整理后如表 7—5 所示。

表 7—5 样本均值 $\bar{x}$ 的分布

$\bar{x}$ 的取值	$\bar{x}$ 的个数(f)	$\bar{x}$ 取值的概率 $P(\bar{x})$
5	1	1/16
5.5	2	2/16
6	3	3/16
6.5	4	4/16
7	3	3/16
7.5	2	2/16
8	1	1/16

由表 7—5 可以得出：

$$\bar{\bar{x}}=\frac{\sum \bar{x}f}{\sum f}=\frac{5\times1+5.5\times2+6\times3+6.5\times4+7\times3+8\times1}{16}=6.5=\mu$$

$$\sigma_{\bar{x}}^2=\frac{\sum_{i=1}^{n}\left(\bar{x}_i-\mu_{\bar{x}}\right)^2 f_i}{\sum_{i=1}^{n} f_i}$$

$$=[(5-6.5)^2\times1+(5.5-6.5)^2\times2+(6-6.5)^2\times3+(6.5-6.5)^2\times4$$
$$+(7-6.5)^2\times3+(7.5-6.5)^2\times2+(8-6.5)^2\times1]/16$$
$$=0.625=\frac{\sigma^2}{n}$$

通过比较总体分布和样本均值的抽样分布，不难看出它们的区别。总体分布为均匀分布，而样本均值的抽样分布在形状上是对称的。

样本均值的形成过程和基本分布形状可以从上面例子的演算过程中得知，但要深入分析样本均值抽样分布和总体的分布之间的对应关系，还要了解样本均值分布的性质和特征，并进一步总结出其中的规律。

2. $\bar{x}$ 抽样分布的形式

经试验表明，$\bar{x}$ 抽样分布的形式并不是一成不变的，而是与其来自总体的分布和抽取的样本容量大小有关，统计学上著名的中心极限定理就对这一规律进行了描述。中心极限定理可以表述为：设从均值为 μ、方差为 σ^2 的一个任意总体中抽取容量为 n 的样本，在样本容量 n 足够大(通常要求 $n\geqslant30$)时，样本均值的抽样分布近似服从均值为 μ、方差为 σ^2/n 的正态分布。即：$\bar{x}\sim N(\mu,\sigma^2/n)$。

也就是说，如果总体是正态的，则样本容量 n 取任何值时，$\bar{x}$ 都服从正态分布；如果总体不是正态的，则只有在样本容量 n 取比较大的值(通常要求 $n\geqslant30$)时，$\bar{x}$ 才近似服从正态分布。在许多实际情形中，样本容量为 30 可能就已经足够大到可以用正态分布来近似代替 $\bar{x}$ 的抽样分布。然而，如果总体是极端非正态的，抽样分布即使在 n 值相当大时也是非正态的。

3. 样本均值抽样分布的特征

样本的特征值主要是数学期望和方差。这两个特征一方面与总体的均值和方差有关，另一方面也与抽样的方法是重复抽样还是不重复抽样有关。

假设总体共有 N 个元素，总体的均值为 μ，方差为 σ^2，从中抽取容量为 n 的样本，样本均值抽样分布的均值(即样本均值的均值 $\bar{\bar{x}}$)记为 $E(\bar{x})$，样本均值的方差记为 $\sigma^2_{\bar{x}}$。样本均值的数学期望就等于总体均值，即：

$$E(\bar{x})=\mu \tag{7.8}$$

而样本均值的方差与抽样方法有关，在重复抽样条件下，样本均值的方差为总体方差的 $1/n$，即：

$$\sigma^2_{\bar{x}}=\frac{\sigma^2}{n} \tag{7.9}$$

在不重复抽样条件下，样本均值的方差为：

$$\sigma^2_{\bar{x}}=\frac{\sigma^2}{n}\left(\frac{N-n}{N-1}\right)=\frac{\sigma^2}{n}\left(1-\frac{n-1}{N-1}\right) \tag{7.10}$$

从上述的归纳可知，前面例子显现的规律在这里进行了一般化概括。相比重复抽样情况下，不重复抽样条件下样本均值的方差多了一个修正系数$\frac{N-n}{N-1}$。当样本容量 n 相对总体 N 较小时，即 $N\to\infty$时，$\frac{N-n}{N-1}$趋于 1，不重复抽样和重复抽样也就趋同了。对于无限总体和抽样比$\frac{n}{N}$很小的有限总体，不重复抽样条件下样本均值的方差也可以按重复抽样时式(7.9)来计算。关于样本均值抽样分布的特征要注意结合中心极限定理，如果是正态总体，则样本均值服从正态分布。如果是非正态总体，那就应扩大样本容量，才能使样本均值近似服从正态分布。

(二)样本比例的抽样分布

在现实生活中，也经常会遇到比例估计，也就是用样本比例$\left(p=\frac{n_0}{n}\right)$去推断总体比例$\left(\pi=\frac{N_0}{N}\right)$。样本比例的抽样分布指从总体中重复随机抽取容量为 n 的样本时，由样本比例的所有可能取值形成的频数分布。对于一个具体的样本比例 p，若 $np\geqslant 5$ 和 $n(1-p)\geqslant 5$，就可以认为样本容量充分大。当样本容量充分大时，样本比例的抽样分布同样可用正态分布近似。同样，对于 p 的分布，也需要知道 p 分布的数学期望值(p 的所有可能取值的平均数)和方差。可以证明，p 的数学期望值$E(p)$等于总体的比例π，即：

$$E(p)=\pi \tag{7.11}$$

而 p 的方差与抽样方法有关，在重复抽样条件下，有：

$$\sigma_p^2=\frac{\pi(1-\pi)}{n} \tag{7.12}$$

在不重复抽样条件下，有：

$$\sigma_p^2=\frac{\pi(1-\pi)}{n}\left(\frac{N-n}{N-1}\right) \tag{7.13}$$

与样本均值的方差一样，对于无限总体和抽样比很小$\left(\frac{n}{N}\leqslant 5\%\right)$时，修正系数$\frac{N-n}{N-1}$趋于 1，样本比例的方差可按式(7.12)来计算。

第二节　参数估计的基本原理

在上节中已经论述了参数估计的前提和依据，从本节开始将运用前面所学的抽样分布来说明参数估计的原理与实际应用。

一、参数估计的标准

参数估计的目的是用统计量(样本指标)去估计总体参数(指标),由于存在抽样平均误差,这种估计不可能是很精确的,问题在于对这个误差的大小要有一个科学的判断。我们将估计总体参数统计量的名称称为估计量。估计总体参数时采用的样本统计量的具体数值称为估计值。一般而言,用统计量估计参数有三个要求或标准,满足了这三个要求,就可以认为是合理的估计或推断。

(一)无偏性

无偏性是指样本指标的平均数等于被估计的总体指标数值。根据中心极限定理,当样本容量足够大时,样本均值等于总体均值,样本比例的平均数等于总体比例。因此,样本均值和样本比例分别是总体均值和总体比例的无偏估计量。

(二)有效性

有时对于被估计的总体参数可以找到不止一个估计量,假如每个估计量抽样分布的均值都等于被估计参数,应该选择与被估计总体参数更接近、差异程度更小的那一个。估计量的方差可以衡量估计量与估计量均值的离散程度。

相对有效性指在满足无偏的多个估计量中,方差较小的估计量被称为针对被估计总体参数更有效的一个估计量。方差较小的估计量比其他估计量更接近其抽样分布的均值——被估计的总体参数。有效性的适用前提要求首先满足无偏性,否则没有可比性。估计量与参数的接近程度还与抽取的样本容量有关。

(三)一致性

一致性指随着样本容量的增大,估计量越来越接近被估计的总体参数。根据抽样平均误差 $\mu_{\bar{x}}=\frac{\sigma}{\sqrt{n}}$,在其他条件不变的情况下,抽样平均误差会随着样本容量的增大而减小。所以可以得出大样本比小样本给出的估计统计量更接近被估计总体参数。可以用一个值去估计总体参数,但这个估计的精度和准确度如何,这时却无法表示。从这个意义上来讲,将参数估计的方法分为点估计和区间估计。

二、点估计与区间估计

(一)点估计

参数的点估计指用某个样本统计量的某个具体取值直接作为总体参数的估计值。比如,用样本均值直接作为总体均值的估计;用样本比例直接作为总体比例的估计。在本章的第一节中总结出了样本均值抽样分布和总体均值之间的联系、样本均值的期望和总体均值相等。可是提供的样本统计量的某个取值来自于随机抽取的某一个样本,这个样本一旦抽出,样本的均值也就确定了,这个确实的值或等于总体均值,或不等。这样一来就显现出了点估计的最大弊端,点估计无法提供估计值与总体参数真实值之间的接近程度的信息。

(二)区间估计

参数的区间估计指在点估计的基础上,给出总体参数估计的一个区间范围,该区间由样本统计量加减边际误差而得到。以估计总体均值为例,因为样本均值的数学期望与总体均值相等,我们可以用样本均值的标准差(抽样平均误差)衡量每个样本均值和总体均值接近程度。

对总体参数的估计区间一般是由对应的样本统计量加减边际误差得到的，结合样本统计量的抽样分布可以对样本统计量与总体参数的接近程度给出一个概率度量。

区间估计的基本原理是怎样的呢？为了方便大家理解，这里首先回顾一下经验法则。当一组数据为对称分布时，约有 68.27％的数据在平均数加减 1 个标准差的范围之内，即数据落在均值两侧各一个标准差的概率为 0.68。也就是说，构造以样本均值加减一个标准差的区间至少会包含 68％的数据。

现在以样本均值估计总体均值来举例。因为样本均值的均值等于总体均值，现在将这个分布替换到上述经验法则中去，只要做一下简单的思维转换，就可以得出以下结论：样本均值 $\bar{x}$ 落在总体均值 μ 两侧各一个抽样标准差范围内的概率为 0.68，落在 μ 两侧两个抽样标准差范围内的概率是 0.95，落在 μ 两侧三个抽样标准差范围内的概率是 0.99。实际上，可以求出样本均值 $\bar{x}$ 落在总体均值 μ 的两侧任何倍数的标准差范围内的概率。

但在实际估计中，却是这样的情况，样本均值 $\bar{x}$ 是已知的，而总体均值 μ 是未知的，这恰恰也是要估计的数值。但是，由于 $\bar{x}$ 与 μ 之间的距离是对称的，如果 $\bar{x}$ 落在 μ 的 t 个标准差范围内，反过来，μ 也应该包括在以 $\bar{x}$ 为中心两侧 t 个标准差的范围内。所以只要简单转换一个思维就可以得出估计区间了。这里用不等式表达：

$$\mu-t\mu_{\bar{x}}\leqslant\bar{x}\leqslant\mu+t\mu_{\bar{x}}\rightarrow\bar{x}-t\mu_{\bar{x}}\leqslant\mu\leqslant\bar{x}+t\mu_{\bar{x}}$$

即如果样本均值以一定的概率落在总体均值加减 t 个抽样标准差范围之内，那么样本均值加减 t 个抽样标准差的范围也会以一定的概率包含总体均值。

在区间估计中，由样本统计量所构造的总体参数的估计区间称为置信区间，其中区间的最小值称为置信下限，最大值称为置信上限。之所以称为“置信区间”，是因为统计学家在某种程度上确信这个区间会包含真正的总体参数，所以给它取名为置信区间。置信水平指重复抽取相同容量的样本，可构造多个置信区间，置信区间包含总体参数真值的次数所占的比例。统计学中，置信水平通常表示为$(1-\alpha)$（通常以百分比形式表示，α 为总体参数在区间外的概率）。

在构造估计总体参数的置信区间时，可以选择希望的任意置信水平，表 7－6 中提供了在本书中经常用到的置信水平和标准正态分布曲线右下方面积为 $\alpha/2$ 时对应的标准正态变量 Z 的值。

表 7－6　　常用置信水平的 $Z_{\alpha/2}$ 值

置信水平$(1-\alpha)$	α	$\alpha/2$	$Z_{\alpha/2}$
0.9	0.1	0.05	$Z_{0.05}=1.645$
0.95	0.05	0.025	$Z_{0.025}=1.96$
0.98	0.02	0.01	$Z_{0.01}=2.33$
0.99	0.01	0.005	$Z_{0.005}=2.575$

第三节　总体均值的区间估计

在进行总体估值的区间估计时，需要考虑总体是否为正态分布、总体方差是否已知、样本容量是否充分大等具体情况，以选择正确的估计方法。

一、方差已知时总体均值的区间估计

在方差已知时，样本均值 $\bar{x}$ 服从于 $N(\mu,\sigma^2/n)$，因而构建 Z 统计量，有：

$$Z=\frac{\bar{x}-\mu}{\sigma/\sqrt{n}} \tag{7.14}$$

由式(7.14)可知，Z 统计量实质上是对样本均值 $\bar{x}$ 的标准化，因此 Z 统计量服从于标准正态分布，即 $Z\sim N(0,1)$。

根据区间估计的定义，构造总体均值 μ 的双侧区间估计置信区间，对于给定置信水平 $(1-\alpha)$，可得：

$$\begin{aligned}P\{-Z_{\alpha/2}<Z<Z_{\alpha/2}\}&=P\left\{-Z_{\alpha/2}<\frac{\bar{x}-\mu}{\sigma/\sqrt{n}}<Z_{\alpha/2}\right\}\\&=P\left\{\bar{x}-Z_{\alpha/2}\cdot\frac{\sigma}{\sqrt{n}}<\mu<\bar{x}+Z_{\alpha/2}\cdot\frac{\sigma}{\sqrt{n}}\right\}\\&=1-\alpha\end{aligned} \tag{7.15}$$

则有总体均值 μ 的双侧区间估计置信区间为 $\left(\bar{x}-Z_{\alpha/2}\cdot\frac{\sigma}{\sqrt{n}},\bar{x}+Z_{\alpha/2}\cdot\frac{\sigma}{\sqrt{n}}\right)$。这里的 Z 又称为分位数，$Z_{\alpha/2}$ 表示显著性水平为 α 的双侧区间估计分位数。

一般在统计学著作和教材中，对于分位数均习惯采用上侧分位数的概念，本教材也采用了相同的概念(见附表 1)。因此，在查阅标准正态分布表时会发现，这里的 $Z_{\alpha/2}$ 实际上为标准正态分布表中的 $Z_{1-\alpha/2}$，即对应显著性水平 α 的上侧分位数。在具体计算时，可以根据正态分布的对称性质，将 $Z_{\alpha/2}$ 视为绝对数值 $|Z_{\alpha/2}|$ 来处理。

[例 7—4] 在对某企业职工收入状况的调查中，从该企业随机抽取 100 个职工个人的收入状况数据构成样本，并且已知该企业职工平均月收入的总体标准差 σ 为 250 元，样本均值 $\bar{x}$ 为 4 985 元。试计算给定置信水平为 95%的该企业职工平均月收入的总体均值 μ 的置信区间。

解：已知 $\sigma=250,\bar{x}=4\ 985,n=100,\alpha=0.05$，查标准正态分布表(附表 1)知 $Z_{\alpha/2}=1.96$。根据双侧区间估计的式(7.15)，可计算得到总体均值 μ 的置信区间为：

$$\left(\bar{x}-Z_{\alpha/2}\cdot\frac{\sigma}{\sqrt{n}},\bar{x}+Z_{\alpha/2}\cdot\frac{\sigma}{\sqrt{n}}\right)=\left(4\ 985-1.96\times\frac{250}{10},4\ 985+1.96\times\frac{250}{10}\right)=(4\ 936,5\ 034)$$

即根据这次抽样调查的样本信息，可以认为该企业职工平均月收入的真实数值 μ 将依 95%的概率落在 4 936 元到 5 034 元之间。

二、总体方差未知时总体均值的区间估计

在总体服从正态分布，但总体方差 σ^2 未知时，需要采用样本方差 s^2 作为对总体方差的估计，替代总体方差 σ^2 构造一个新的统计量，来建立关于总体均值 μ 的置信区间，进行对总体均值 μ 的区间估计。这一新的统计量不再是 Z 统计量，也不再服从标准正态分布，而是服从自由度为 $(n-1)$ 的 t 分布的 T 统计量。于是有：

$$T=\frac{\bar{x}-u}{s/\sqrt{n}}\sim t(n-1) \tag{7.16}$$

根据式(7.16)，则在总体方差 σ^2 未知的情况下，总体均值 μ 的置信区间为：

$$\left(\bar{x}-t_{\alpha/2}\cdot\frac{s}{\sqrt{n}},\bar{x}+t_{\alpha/2}\cdot\frac{s}{\sqrt{n}}\right)$$

[例 7—5]　某超市想了解一下顾客一次购买商品的消费金额，在一周内不同时间随机抽取了 16 名顾客做样本，数据如表 7—7 所示。假设顾客的消费额为正态分布。要求：建立顾客平均消费额 95%的置信区间。

表 7—7　　**16 名顾客消费额度**　　单位：元

146	206	125	96	189	148	110	90
148	230	96	106	201	85	239	135

解：已知 $n=16$，$\alpha=0.05$，查 t 分布上 α 分位点表(附表 2)得：$t_{\alpha/2}(15)=2.131$，由样本数据计算得样本均值 $\bar{x}=146.875$，样本标准差 $s=51.309$。根据式(7.16)可以得到总体均值 μ 的置信区间为：

$$\left(\bar{x}-t_{\alpha/2}\cdot\frac{s}{\sqrt{n}},\bar{x}+t_{\alpha/2}\cdot\frac{s}{\sqrt{n}}\right)=\left(146.875-2.131\times\frac{51.309}{4},146.875+2.131\times\frac{51.309}{4}\right)$$
$$=(119.54,174.21)$$

因此，该超市顾客平均消费额 95%的置信区间为 119.54 元到 174.21 元之间。

在总体方差未知的情况下，当样本容量充分大，一般经验数据为 $n>30$ 时，也可认为样本均值 $\bar{x}$ 已经渐近地服从于 $N(\mu,\sigma^2/n)$，这时可以采用式(7.14)建立 Z 统计量，对总体均值进行区间估计。假设在样本均值已经服从正态分布的基础上，构造 Z 统计量，采用式(7.14)计算的总体均值 μ 的置信区间，要小于在样本均值服从 t 分布的基础上，采用式(7.16)计算的总体均值 μ 的置信区间。

第四节　总体比例的区间估计

这里仅讨论在样本比例的抽样分布趋于正态分布条件下的总体比例的区间估计问题。

一般来说，$np\geqslant5$ 和 $n(1-p)\geqslant5$ 时，可以认为样本比例 p 的抽样分布渐近地趋于正态分布。这时有样本比例 p 渐近地服从于 $N\left(\pi,\frac{\pi(1-\pi)}{n}\right)$，其标准化后的随机变量 Z 渐近地服从标准正态分布，于是有：

$$Z=\frac{p-\pi}{\sqrt{\pi(1-\pi)/n}}\sim N(0,1) \tag{7.17}$$

即总体比例 π 在置信水平为 $1-\alpha$ 下的置信区间为：

$$\left(p-Z_{\alpha/2}\sqrt{\frac{\pi(1-\pi)}{n}},p+Z_{\alpha/2}\cdot\sqrt{\frac{\pi(1-\pi)}{n}}\right) \tag{7.18}$$

在式(7.18)中，存在总体比例 π 的数据，而总体比例 π 恰好是所要估计的未知参数，所以在实际使用时总是采用样本比例 p 替代总体比例 π 来计算其在显著性水平 $1-\alpha$ 下的置信区间，即

$$\left(p-Z_{\alpha/2}\sqrt{\frac{p(1-p)}{n}},p+Z_{\alpha/2}\cdot\sqrt{\frac{p(1-p)}{n}}\right) \tag{7.19}$$

[例 7—6] 某公司为了分析新产品的电视广告效果，随机访问了 100 名用户，了解到其中有 36 人是通过电视广告了解该产品的。要求：试以 95%的置信水平，估计通过电视广告了解该产品的用户占全部用户比例的置信区间。

解：已知 $n=100$，由样本数据可计算得样本比例为：

$$p=\frac{36}{100}=36\%$$

因 $np=36>5$ 和 $n(1-p)=54>5$，可认为样本比例 p 趋于正态分布，有 $Z_{\alpha/2}=1.96$。由式(7.19)得：

$$\left(36\%-1.96\times\sqrt{\frac{36\%\times(1-36\%)}{100}},36\%+1.96\times\sqrt{\frac{36\%\times(1-36\%)}{100}}\right)=(26.596\%,45.408\%)$$

即通过电视广告了解该产品的用户占全部用户的比例的置信区间，在 95%的置信水平下为 26.596%到 45.408%。

第五节 样本量的确定

前面已经讨论了置信区间由哪些因素决定。就总体均值的置信区间来说，由点估计值和边际误差构成的置信区间，由置信水平、总体标准差和样本容量共同决定。这里不能脱离构建置信区间的本来目的，希望得到总体参数的一个尽可能准确的区间。如果区间估计太宽，那么区间只能提供很少的信息。如果区间过窄，但是可靠性不高，实际的可用性也不大。既要可靠性不低，又希望区间不要太宽，只有提高样本容量了。在抽取样本时样本容量多大是一个关键的问题。毫无疑问，样本容量大，收集的信息量越大，从而对总体估计的精度越高，但与此同时抽样估计所投入的成本也就越多；样本容量小，耗费成本虽较少，但得到的信息少，估计精度也较低。盲目地提高样本容量只会增加成本。到底确定多少样本容量合适呢？本节将学习在确保精度的前提下确定最小样本容量的方法。

一、估计总体均值时样本容量的确定

估计总体均值的置信区间可表示为总体均值的点估计值 $\bar{x}$±边际误差。$Z_{\alpha/2}\frac{\sigma}{\sqrt{n}}$称为估计总体均值时的边际误差。很明显可以看出，$Z_{\alpha/2}$ 的值和样本容量 n 共同决定了边际误差及误差范围的大小。要是提前确定允许的误差范围，并给定置信水平，置信水平确定了，$Z_{\alpha/2}$ 的值就确定了，就可以求出允许误差范围下的最小样本容量了。令 E 代表允许的边际误差，即 $E=Z_{\alpha/2}\frac{\sigma}{\sqrt{n}}$，由此可以推算出样本容量的确定方法：

$$n=\frac{(Z_{\alpha/2})^2\sigma^2}{E^2} \tag{7.20}$$

从式(7.20)中可以看出，样本容量 n 与总体方差成正比，与边际误差成反比，与可靠性系数成正比。也就是说，在其他条件不变的情况下，置信水平越大，所需的样本容量也就越大；总体的差异越大，边际误差也就越大，所需的样本容量也就越大。

[例 7—7] 拥有工商管理学士学位的大学毕业生年薪的标准差大约为 3 000 元。假定想

要估计年薪 90% 的置信区间，希望边际误差为 380 元，应抽取多大的样本容量？

解：已知 $\sigma=3\ 000$ 元，$E=380$，$1-\alpha=90\%$，查表得 $Z_{\alpha/2}=1.645$

$$n=\frac{(Z_{\alpha/2})^2\sigma^2}{E^2}=\frac{(1.645)^2\times 3\ 000^2}{380^2}=168.66\approx 169(\text{人})$$

即应抽取 169 人作为样本。

二、估计总体比例时样本容量的确定

总体比例的置信区间同样由两部分组成，即总体比例的点估计值加减边际误差，此时边际误差为 $z_{\frac{\alpha}{2}}\sqrt{\frac{\pi(1-\pi)}{n}}$。则估计总体比例时样本容量为：

$$n=\frac{(z_{\alpha/2})^2\pi(1-\pi)}{E^2} \tag{7.21}$$

式(7.21)中的边际误差 E 必须是事先确定的，大多数情况下，一般取 E 的值小于 0.1。在实际情况下，如果总体比例方差不知道，可以用试验样本中的最大方差代替。

[例 7—8] 根据以往的生产统计，某种产品的合格率约为 95%，现要求边际误差为 3%，求 98% 的置信区间时应抽取多少个产品作为样本？

解：已知 $\pi=95\%$，$1-\alpha=98\%$，$Z_{\alpha/2}=2.33$，$E=3\%$

应抽取的样本容量为：

$$n=\frac{(z_{\alpha/2})^2\cdot\pi(1-\pi)}{E^2}=\frac{(2.33)^2\times 0.95\times(1-0.95)}{0.03^2}$$

$$=286.5\approx 287(\text{个})$$

所以，应抽取 287 个产品作为样本。

计算样本容量时应注意的问题：

(1)运用上面公式计算的样本容量是最低的，也是最必要的样本。

(2)在总体方差和总体比例未知时，在实际计算时往往利用有关资料代替。如果本次抽样调查之前，曾经做过同类问题的全面调查，可用全面调查的有关数据来代替；如果在正式抽样之前，组织过两次或两次以上的试验性抽样，可用试验样本中的最大方差代替；如果总体和样本比例都无法得知，通常取使总体方差 $\pi(1-\pi)$ 为最大值的比例值 0.5。

(3)如果进行一次抽样调查，同时对总体均值和比例进行区间估计，运用上述公式可分别计算出两个样本容量。一般情况下，为了同时满足两个总体参数的估计要求，应该选两个样本容量中较大的一个。

第六节 用 Excel 2016 进行区间估计

本节以例题的形式介绍用 Excel 2016 进行区间估计的方法。

学习指引：

推荐扫描左边二维码观看用 Excel 2016 进行区间估计相关内容。

［例 7—9］ 表 7—8 数据为 50 辆汽车传动系统出现故障时所行驶的实际里程数。

表 7—8　　汽车传动系统出现故障时所行驶的实际里程数

77 092	37 609	69 465	87 437	42 534	74 090	62 464	59 902	39 323	99 641
89 219	116 803	92 857	63 436	65 605	85 861	64 342	61 978	67 998	59 817
101 769	95 774	121 352	69 568	74 276	66 998	40 001	72 069	25 066	94 098
69 922	35 662	74 425	67 202	118 444	53 500	79 294	64 544	86 813	136 269
39 831	89 431	73 341	85 288	138 114	53 402	85 586	82 256	87 539	86 798

求曾经出现过传动系统问题的汽车总体中在出现传动系统问题时所行驶里程均值的95%置信区间。

解：用 Excel 2016 计算描述统计量的操作步骤：

第一步：将原始数据复制到 Excel，并将所有数据并入一列，利用“函数”分别计算平均值和标准差（步骤同第四章第四节用 Excel 进行统计量描述），得到计算结果为平均里程为 75 722.1，标准差为 24 745.73。

第二步：选择任意空白单元格（比如 E2）输入公式：“=75 722.1－CONFIDENCE. NORM (0.05,24 745.73,50)”，其中函数 CONFIDENCE. NORM（或者点击【f(x)】命令，在函数分类中点击【统计】，并在函数名菜单下选择【CONFIDENCE. NORM】，如图 7—1 所示）功能为返回均值的置信区间。然后再按【Enter】，得到结果为 68 863.06。

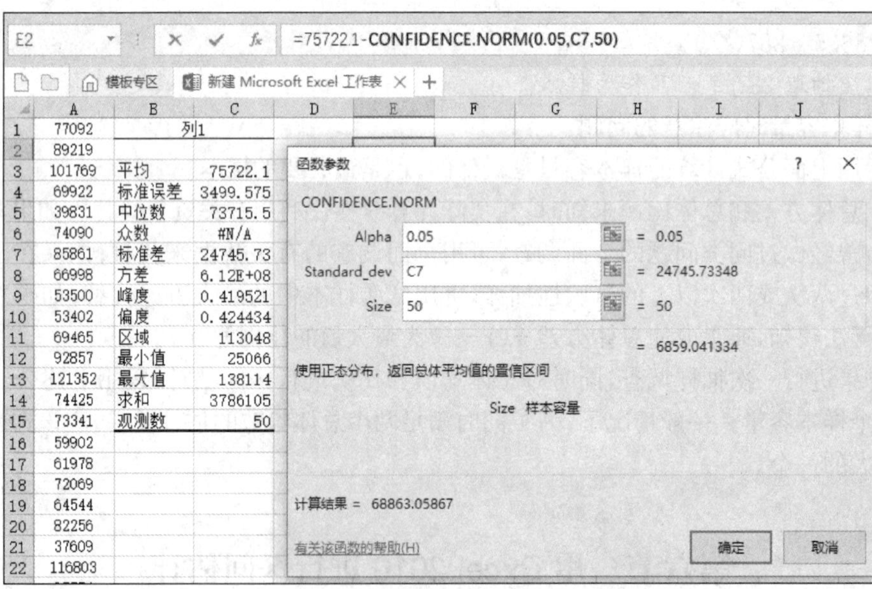

图 7—1　CONFIDENCE. NORM 函数参数

第三步：在单元格 E3 输入公式：“= 75 722.1 + CONFIDENCE. NORM (0.05, 24 745.733 48,50)”，按【Enter】键得到结果为 82 581.14。

统计结果如图 7.2 所示。

	A	B	C	D	E
1	77092	列1			
2	89219				68863.06
3	101769	平均	75722.1		82581.14
4	69922	标准误差	3499.575		
5	39831	中位数	73715.5		
6	74090	众数	#N/A		
7	85861	标准差	24745.73		
8	66998	方差	6.12E+08		
9	53500	峰度	0.419521		
10	53402	偏度	0.424434		
11	69465	区域	113048		
12	92857	最小值	25066		
13	121352	最大值	138114		
14	74425	求和	3786105		
15	73341	观测数	50		

图 7—2　统计结果

即曾经出现过传动系统问题的汽车总体中在出现传动系统问题时所行驶里程均值的95%置信区间为(68 863.06,82 581.14)。

练习题

一、单项选择题

1. 某地区有 1 000 户居民,欲抽取 5%进行调查,了解居民户对消费者权益的认知状况。先将居民户按顺序排队并分成 50 个组,每组 20 户,第一组随机抽出编号为 6 号居民户,其他各组抽中的居民户编号依次为 26 号、46 号、……、986 号,这种抽样方式是(　　)。

A. 简单随机抽样　　B. 分层抽样　　C. 系统抽样　　D. 整群抽样

2. 进行随机重复抽样,为使误差减少 25%或 20%,抽样单位数应分别为原来的(　　)。

A. 200%和 150%　　B. 2.5 倍和 2.25 倍

C. 1.78 倍和 1.56 倍　　D. 78%和 56%

3. 在抽样调查中,要提高推断的可靠程度即提高概率,必须(　　)。

A. 缩小误差范围　　B. 确定总体指标所在的范围

C. 扩大误差范围　　D. 是绝对可靠的范围

4. 抽样平均误差公式不重复抽样和重复抽样相比,多了一个修正系数(　　)。

A. $1-\frac{n}{N}$　　B. $\frac{1}{N-2}$　　C. $\frac{1}{N-1}$　　D. $\frac{n}{N}$

5. 抽样平均误差,确切地说是所有样本指标(样本平均数和样本比例)的(　　)。

A. 平均差　　B. 全距　　C. 标准差　　D. 离差系数

6. 大数定律证明,随着样本容量 n 的增加,抽样平均数 $\overline{x}$(　　)。

A. 有远离于总体平均数 $\overline{x}$ 的趋势　　B. 与总体平均数若即若离

C. 有接近于总体平均数 μ 的趋势　　D. 的数值是固定的

7. 样本容量越大,样本均值的抽样分布与正态分布的近似程度(　　)。

A. 越高　　B. 较高　　C. 越低　　D. 较低

8. 在其他条件不变的情形下,未知参数的 $1-\alpha$ 置信区间(　　)。

A. α越大长度越小　　B. α越大长度越大

C. α越小长度越小　　D. α与长度没有关系

9. 区间估计表明的是一个(　　)。

A. 绝对可靠的范围　　B. 可能的范围

C. 绝对不可靠的范围　　D. 不可能的范围

10. 参数估计的类型有(　　)。

A. 点估计和无偏估计　　B. 无偏估计和区间估计

C. 点估计和有效估计　　D. 点估计和区间估计

二、判断题

1. 样本中的个体数目叫作样本数量。(　　)

2. 每一样本所包含的具体样本单位不同,因而它们的样本指标也各不相同,但是它们与相应总体指标之间的离差是相同的。(　　)

3. 抽样平均误差可用于衡量样本对总体代表性程度的大小。(　　)

4. 在统计实践中,当 N 远远大于 n 时,尽管采用的是不重复抽样,也可以用重复抽样的抽样平均误差近似代替不重复抽样的抽样平均误差。(　　)

5. 由于现实中不可能将所有的样本都抽出来,所以,统计量的抽样分布实际上是一种理论分布。(　　)

6. 所有可能样本平均数的平均数,等于总体平均数。(　　)

7. 一般而言,分层抽样的误差比纯随机抽样的误差小。(　　)

8. 抽样误差是不可避免的,但人们可以通过调整总体方差的大小来控制抽样误差的大小。(　　)

三、计算题

1. 某灯泡厂对10 000个灯泡进行使用寿命检查,随机抽取了2%进行测试,所得资料如表7—9所示。

表7—9　灯泡使用寿命抽样情况

使用寿命(小时)	灯泡个数(个)	使用寿命(小时)	灯泡个数(个)
900以下	4	1 050～1 100	80
900～950	4	1 100～1 150	20
950～1 000	11	1 150～1 200	7
1 000～1 050	71	1 200以上	3
		合计	200

按照质量规定,使用寿命在1 000小时以上为合格,试根据以上资料计算抽样平均误差。

2. 随机不重复抽取某产品100件进行质量检查,结果发现8件次品,试计算该产品中合格品率的抽样平均误差。

3. 某城市对居民的生活情况进行抽样调查。若该城市居民家庭平均生活费支出的标准差为260元,边际误差为20元,恩格尔系数为55%,边际误差不超过4%,以95%的置信水平,分别确定该城市应抽多少户家庭进行调查?

4. 某饮料自动售货机的杯装饮料灌装量服从正态分布,其标准差为15mL,若随机地抽查

36 杯饮料的平均灌装量为 225mL，试求自动售货机杯装饮料灌装量的置信水平为 95%的置信区间。

5. 设某种清漆的 9 个样品，其干燥时间(以小时计)分别为：

6.0　5.7　5.8　6.5　7.0　6.3　6.1　5.0　5.6

设干燥时间 $X \sim N(\mu, \sigma^2)$。试求在下列条件下 μ 的置信水平为 0.95 的置信区间：

(1)若已知 $\sigma=0.6$ 小时；

(2)若 σ 为未知。

第八章　假设检验

【案例导入】

航空公司的售票超时了吗？

航空公司服务规定，销售一张机票的平均时间为 2 分钟。为检验航空公司的售票服务质量，特抽验 30 名顾客购买机票所用时间组成的一个随机样本，表 8—1 是抽验的 30 个顾客的购买时间数据。

表 8—1　　航空公司 30 名顾客购买机票时间　　单位：分钟

1.9	1.7	2.8	2.4	2.6
2.5	2.8	2.5	1.6	2.5
2.0	1.9	1.9	2.5	1.9
2.7	1.8	1.6	2.1	2.3
2.5	2.4	1.9	2.6	2.1
1.6	1.8	1.9	1.7	3.0

根据样本数据计算的平均值是 2.18 分钟，标准差为 0.41 分钟。根据参数估计方法得到的顾客购买机票所用时间的 95％的置信区间为(2.03，2.33)分钟。调查人员发现这个区间内并没有包括 2 分钟。

因此提出航空公司的售票超时，没有达到规定的标准要求。我们能否根据这一样本断定航空公司的售票时间没有达标呢？本章的内容将提供一套标准统计程序来检验这样的结论。

假设检验和参数估计是推断统计的两种不同形式和组成部分，两者类似，都是利用样本信息对总体进行某种估计，但角度不同。参数估计是利用样本信息推断未知的总体参数，而假设检验则是先对总体参数提出一个假设值，然后利用样本信息判断这一假设是否成立。

第一节　假设检验的基本原理

一、假设检验的基本思路

假设就是对总体参数的一种事先猜想，并将这种猜想的具体数值陈述出来，也称为统计假设。常用的总体参数包括总体均值、总体比例和总体方差等。

假设检验就是对某一总体参数先做出假设的数值，然后搜集样本资料，用这些样本资料确定假设数值与样本数值之间的差异，然后进一步判断两者差异是否显著。若两者差异很小，则假设的参数是可信的，做出“接受”的结论；若两者的差异很大，则假设的参数准确的可能性很小，做出“拒绝”的结论。

二、小概率原理

小概率原理是指概率很小的事件在一次试验中是不可能发生的。在一次试验中小概率事件一旦发生，我们就有理由拒绝原假设。

这里的关键问题是小概率的标准。在假设检验时事先规定的小概率标准称为显著性水平。显著性水平并不是一个固定不变的值。其值由研究问题的要求和性质而定，主要是依据拒绝区间可能承担的风险决定。统计上的显著性与现实生活中的显著性是不同的概念，在假设检验中设定显著性的目的是比较两个总体是否存在差异，这种差异并不是在任何条件下对实际生产经营和商业活动都产生很大的影响。

例如，导入案例中航空公司规定售票时间为 2 分钟，则我们会做出该公司平均售票时间为 2 分钟这一假设，现在要检查航空公司售票时间是否超时，随机抽取了 30 名顾客来检验。在公司符合规定的前提条件下，抽取的样本均值应在 2 分钟以内，而超过 2 分钟被视为该航空公司符合规定前提下的小概率事件，小概率事件可以发生，但可能性很小，尤其在一次随机试验中不应该发生，可抽取的结果表明平均售票时间为 2.18 分钟，那么超出的 0.18 分钟是否可以仅凭偶然性这个因素来解释，或者说，是否有充足的理由（而非绝对的证明，因为数据有随机性）来否定这种解释。如果这种差异由系统性因素引起，那么这种差异是显著的，就要否定原来的假设，就本例来讲，说明航空公司售票超时了；如果这种差异由随机抽样的偶然性引起，则差异就是不显著的，就不能否定原来的假设，则可以认为公司达到了规定要求，售票时间没有超时。

三、假设检验的步骤

（一）提出假设

习惯上，把对总体未知特征的看法称为假设。假设一般包括两个部分：原假设（H_0）和备择假设（H_1）。原假设是指根据已知资料或经过周密考虑后确定的，需要通过样本来推断其正确与否的命题，通常，原假设是研究者想收集证据予以反对的假设，一般用 H_0 表示。备选假设是当原假设被否定时的另一种可成立的假设，通常是研究者想收集证据予以支持的假设。一般用 H_1 表示。H_0 与 H_1 两者是对立的，如 H_0 真实，则 H_1 不真实；如 H_0 不真实，则 H_1 真实。

原假设的提出一般有三种方式，以总体均值（用字体 μ 表示）的检验为例：

(1) $H_0:\mu=\mu_0$，$H_1:\mu\neq\mu_0$

(2) $H_0:\mu\leqslant\mu_0$，$H_1:\mu>\mu_0$

(3) $H_0:\mu\geqslant\mu_0$，$H_1:\mu<\mu_0$

具体采用哪种方式需要根据具体情况而定，备择假设有符号"$\neq$"的假设检验称为双侧检验或双尾检验，备择假设有符号"$>$"或"$<$"的假设检验称为单侧检验或者单尾检验。单侧检验又分为左侧检验和右侧检验，备择假设有符号"$>$"的假设检验称为右侧检验，备择假设有符号"$<$"的假设检验称为左侧检验。

[例 8—1] 一种袋装酸奶采用自动生产线生产，每袋重量是 150g，标准差为 3g。为检验每袋重量是否符合要求，质检人员在某天生产的酸奶中随机抽取了 50 袋进行检验。试陈述用来检验生产过程是否正常的原假设和备择假设。

解：作为企业的质检人员的研究者要检验生产过程是否正常，区别是否正常的标准是每袋酸奶重量是否等于 150g，大于或小于 150g 都不正常。由于不能确定每袋重量是否为 150g，所以需要抽样检验，如果能确定，就没必要检验了。设自动生产线生产的酸奶重量真值为 μ，则建立的原假设与备择假设应为：

$H_0:\mu=150$（生产过程正常）

$H_1:\mu\neq150$（生产过程不正常）

【例 8—2】 一家研究机构估计，由于接打电话而造成交通事故的比例超过 30%。为验证这一估计是否正确，该研究机构随机抽取了一个样本进行检验。试陈述用于检验的原假设与备择假设。

解：设由于接打电话而造成交通事故的比值真值为 π，显然，研究者想收集证据予以支持的假设是"由于接打电话而造成交通事故的比例超过 30%"。因此，建立的原假设与备择假设应为：

$H_0:\pi\leqslant30\%$（由于接打电话而造成交通事故的比例不超过 30%）

$H_1:\pi>30\%$（由于接打电话而造成交通事故的比例超过 30%）

尽管通过原假设与备择假设的概念就能确定两个假设的内容，但实质上它们是带有一定的主观色彩的，因为所谓的"将研究者对总体参数值提出的假设"和"研究者通过检验希望支持的假设"显然最终仍都取决于研究者本人的意向。所以，在面对某一实际问题时，由于不同的研究者有不同的研究目的，即使对同一问题也可能提出截然相反的原假设与备择假设，这是十分正常的，也并不违背关于原假设与备择假设的最初定义。无论怎样确定假设的形式，只要它符合研究者最终的目的，便是合理的。

（二）确定假设检验统计量及其分布

检验统计量是根据样本观测结果计算得到的，并据以对原假设和备择假设做出决策的某个样本统计量。检验统计量实际上是总体参数的点估计量（如样本均值 $\bar{x}$ 就是总体均值 μ 的一个点估计量），但点估计量并不能直接作为检验的统计量，必须将其标准化，才能用于度量它与原假设的参数值之间的差异程度。标准化检验统计量反映了点估计量（如样本均值）与假设的总体参数（如假设的总体均值）相比相差多少个标准差。对于总体均值和总体比例的检验，标准化的检验统计量可表示为：

$$\text{标准化检验统计量}=\frac{\text{点估计量}-\text{假设值}}{\text{点估计量的抽样标准差}} \tag{8.1}$$

检验统计量是一个随机变量，随着样本观测结果的不同它的具体数值也是不同的，但只要已知一组特定的样本观测结果，检验统计量的值也就唯一确定了。假设检验的基本原理就是根据检验统计量建立一个准则，依据这一个准则和计算得到的检验统计量值，研究者就可以决定是否拒绝原假设。

（三）选择显著性水平 α 值，确定临界值

1. 假设检验的两类错误

假设检验的目的是要根据样本信息做出决策。显然，研究者总是希望做出正确的决策，但由于决策是建立在样本信息的基础之上，而样本又是随机的，因而就有可能犯错。表 8—2 列出了假设检验中可能发生的两类错误。

表 8—2　假设检验决策结果

		总体情况	
		H_0 为真	H_1 为真
结论	接受 H_0	结论正确（概率为 $1-\alpha$）	犯第二类错误（采伪）（概率为 β）
	拒绝 H_0	犯第一类错误（拒真）（概率为 α）	结论正确（概率为 $1-\beta$）

当 H_0 不真实时，拒绝原假设当然是正确的，但是，当 H_0 本来是真实的时候，却也有可能错误地被拒绝了，这种拒绝真实原假设的错误被称为第一类错误，它的概率就是显著性水平 α。

另一种可能犯的错误是当原假设 H_0 非真实时作出接受 H_0 的选择，这种错误被称为第二类错误，用 β 表示犯第二类错误的概率。α 越大，就越有可能犯第一类错误，即越有可能拒绝真实的原假设。β 越大，就越有可能犯第二类错误，即越有可能接受非真实的原假设。

我们希望犯这两类错误的概率都尽可能小，但是在一定样本容量下，减少 α 会引起 β 增大，减少 β 会引起 α 增大。例如，某公司准备购买一批较便宜的原材料，公司决定，倘若这批原材料的次品率达到 5%以上，就拒绝购买。然后逐批检验，当检验结果是拒绝购买，就有可能犯第一类错误，即公司可能拒购一批便宜的合格材料，而另出高价购买原材料，这样便会增加产品成本；反之，如果公司接受这批原材料，就有可能犯第二类错误，即公司可能购进一批不合格的原材料，产品的次品率就要上升。显然，公司决策者有必要搞清哪类错误造成的损失较小，可能减少成本。

2. 根据显著性水平确定临界值

前已叙述，假设检验中犯第一类错误的概率即为显著性水平，记为 α。显著性水平 α 应结合事物本身的特点来确定大小，在统计实践中一般以 0.1、0.5 或者 0.01 为显著性水平。给出了显著性水平，就可以根据分布形态查概率表求得临界值。一般检验的原则是：事先规定允许犯第一类错误的概率 α，然后尽量减小犯第二类错误的概率；有了 α，再根据检验统计量的分布求出在原假设 H_0 为真实时检验统计量所有取值。我们把 H_0 为真实时其统计量大于某一数值，我们不能接受的区域称为拒绝域（又称否定域），拒绝域的端点就叫作临界值，其余的取值范围称为接受域。因为原假设 H_0 为真实时，检验统计量落在否定域的概率很小，几乎是不可能的。如果由样本算得的检验统计量的值落在拒绝域里（包括临界值），说明在一次观察中小概率事件发生了，而这几乎是不可能的，因而判断原假设 H_0 是非真实的，从而作出否定原假设 H_0 的决策。

不同形式的假设，H_0 的拒绝域也不同，双侧检验拒绝域位于统计量分布的两侧；左侧检验的拒绝域位于统计量分布的左侧；右侧检验的拒绝域位于统计量分布的右侧。具体如图8－1所示。

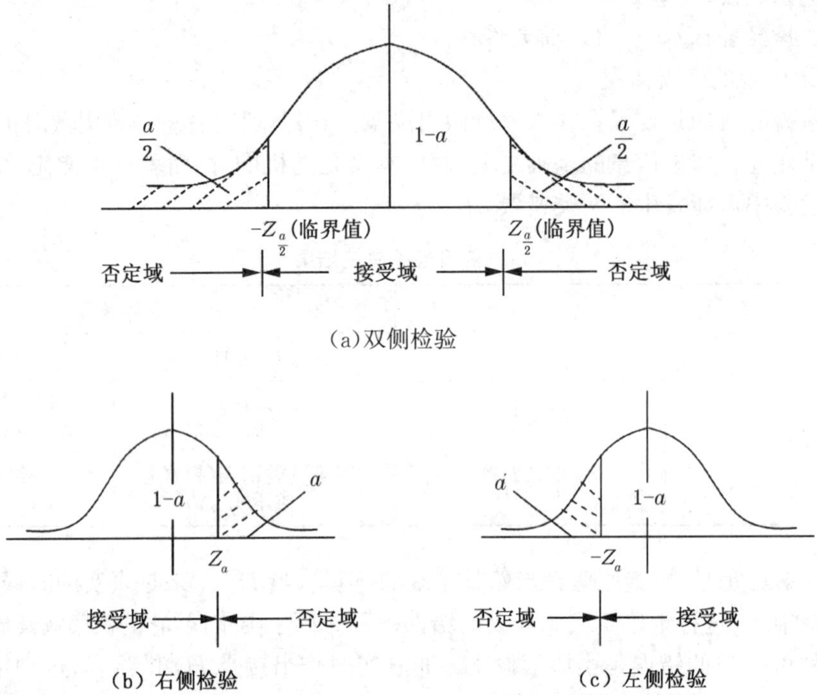

图 8－1　假设检验接受域和否定域

（四）比较临界值与检验统计量的值，做出判断

根据式(8.1)计算出检验统计量，并将其与临界值比较。若检验统计量的值落在拒绝域，则拒绝 H_0，接受 H_1；否则，不拒绝 H_0。即利用检验统计量进行检验时的决策准则：

(1)双侧检验：|统计量的值|＞临界值，拒绝原假设；

(2)右侧检验：统计量的值＞临界值，拒绝原假设；

(3)左侧检验：统计量的值＜－临界值，拒绝原假设。

四、利用 *P* 值进行假设检验

显著性水平 α 是在检验之前确定的，这就意味着事先确定了拒绝域。这种固定的显著性水平 α 对检验结果的可靠性起到一种度量的作用。但是，它只能提供检验结论可靠性的一个大致范围，而对于一个特定的假设检验问题，却无法给出观测数据与原假设不一致的程度。仅从显著性水平来比较，如果选择的 α 值相同，那么所有检验结论的可靠性都一样。若要测量样本观测数据与原假设中假设的值 μ_0 的偏离程度，则需要计算 P 值。

如果原假设 H_0 为真，那么使所得到的样本结果会像实际观测结果那样极端或更极端的概率称为 P 值，也称为观察到的显著性水平。P 值与原假设的对或错的概率无关，是关于数据的概率。P 值表明在某一总体的许多样本中，某一类数据出现的经常程度。也就是说，P 值是当原假设正确时，得到所观察的数据的概率。如果原假设是正确的，那么 P 值告诉人们得到这样的观测数据是多么不可能。相当不可能得到的数据就是原假设不对的合理证据。如果取显著性水平为5%，就意味着如果原假设为真，这样的数据只有5%的可能性会发生。P 值就反映实际观测到的数据与原假设 H_0 不一致的程度的一个概率值。P 值越小，说明实际观测到的数据与原假设 H_0 不一致的程度就越大，检验的结果也就越显著。

P 值还是用于确定是否拒绝原假设的一个重要工具，有效地补充了 α 提供的有关于检验可靠性的有限信息。以下以单一总体均值的假设检验为例，计算 P 值。一般地，用 X 表示检验的统计量，当 H_0 为真时，可由样本数据计算出该统计量的值 C，再根据检验统计量 X 的具体分布求出 P 值，具体如下：

(1)左侧检验的 P 值为检验统计量 X 小于样本统计值 C 的概率：$P=P\{X<C\}$；

(2)右侧检验的 P 值为检验统计量 X 大于样本统计值 C 的概率：$P=P\{X>C\}$；

(3)双侧检验的 P 值为检验统计量 X 落在样本统计量 C 为端点的尾部区域内的概率的2倍：$P=2P\{X>C\}$（当 C 位于分布曲线的右端时）或 $P=2P\{X<C\}$（当 C 位于分布曲线的左端时）。若 X 服从正态分布和 t 分布，其分布曲线是关于纵轴对称的，则其 P 值可表示为 $P=P\{|X|>C\}$。

在计算出 P 值后，将给定的显著性水平 α 和 P 值比较，就得出检验的结论：如果 $\alpha>P$ 值，那么在显著性水平 α 下拒绝原假设；如果 $\alpha\leqslant P$，那么在显著性水平 α 下不能拒绝原假设。

P 值可以通过查表来求得，但比较麻烦。现在多数统计软件都能够输出有关假设检验的主要计算结果，其中就包括 P 值。

第二节　总体均值的假设检验

通过假设检验的步骤可知，正确构造检验统计量十分重要，由于检验的参数不同，检验统计量的构造方法则有所不同。构造什么样的统计量受到总体分布状态、样本容量、总体方差是否已知这几个因素的影响。用于总体均值和比例的检验统计量主要有 Z 和 T 统计量。根据中心极限定理可知，无论总体服从何种分布，当样本容量足够大时（一般为 $n\geqslant30$），样本均值 $\bar{x}$ 的抽样分布近似服从正态分布，即可采用 Z 统计量检验；如果样本容量小于30，则需要根据总体方差是否已知决定采用 Z 或 T 统计量。可见，样本容量的大小是构造统计量的重要因素，我们分别来考察大小样本情况下，假设检验的具体应用。

一、大样本总体均值的检验

根据抽样分布的知识，在大样本情况下，样本均值 $\bar{x}$ 经过标准化后即可得到检验的统计量。可以证明，样本均值经标准化后服从标准正态分布，因而采用正态分布的 Z 检验统计量。设假设的总体均值为 μ_0，当总体方差 σ^2 已知时，总体均值检验的统计量为：

$$Z=\frac{\bar{x}-\mu_0}{\sigma/\sqrt{n}} \tag{8.2}$$

当总体方差 σ^2 未知时，可以用样本方差 s^2 来代替总体方差，此时总体均值检验的 Z 统计量为：

$$Z=\frac{\bar{x}-\mu_0}{s/\sqrt{n}} \tag{8.3}$$

对于双侧检验，在给定的显著性水平 α 下，当 $|Z|>Z_{\alpha/2}$，拒绝原假设，否则不拒绝原假设；利用 P 值决策时，若 $2P<\alpha$，拒绝原假设，否则不拒绝原假设。

[例 8—3] 一种袋装酸奶采用自动生产线生产，每袋重量是 150g，标准差为 3g。为检验每袋重量是否符合要求，质检人员在某天生产的酸奶中随机抽取了 50 袋进行检验，测得每袋平均重量为 150.4g。取显著性水平 $\alpha=0.05$，检验该天生产的酸奶重量是否符合标准要求。

解：本题的样本容量 $n=50$，为大样本，所以无论总体是否服从正态分布，样本渐近服从正态分布，可用 Z 统计量来检验。此时关心的是酸奶重量是否符合要求，也就是 μ 是否为 150g，因此属于双侧检验问题。提出如下原假设和备择假设：

$H_0:\mu=150$

$H_1:\mu\neq150$

计算检验统计量的具体数值，得：

$$Z=\frac{\bar{x}-\mu_0}{\sigma/\sqrt{n}}=\frac{150.4-150}{3/\sqrt{50}}=0.9428$$

已经规定的显著性水平 $\alpha=0.05$，则 $\alpha/2=0.025$。在标准正态分布概率表（附表 1）中可以查出 $1-\frac{\alpha}{2}=1-0.025=0.975$，由表中向外反查 0.975，相应的 $Z_{\alpha/2}=1.96$。由于 $|Z|=0.9428<Z_{\alpha/2}=1.96$，所以，不拒绝原假设。即样本提供证据还不足以推翻原假设，因此未证明该天生产酸奶不符合标准要求。

此题中的检验也可以利用 P 值进行，具体操作将在第四节 Excel 操作中讲解。

对于左侧检验，对于给定的显著性水平 α，当 $Z<-Z_\alpha$，拒绝原假设，否则不拒绝原假设；利用 P 值决策时，若 $P<\alpha$，拒绝原假设，否则不拒绝原假设。

[例 8—4] 为监测空气质量，某市环保部门每隔几周对空气烟尘质量进行一次随机测试。已知该城市过去每立方米空气中悬浮颗粒的平均值是 82 微克。在最近一段时期的检测中，每立方米空气中悬浮颗粒的数值如表 8—3 所示。

表 8—3　　某市 35 天中每立方米空气中悬浮颗粒重量　　单位：微克

81.6	86.6	80.0	85.8	78.6
58.3	68.7	73.2	96.9	74.9
83.0	66.6	68.6	70.9	71.7
76.1	92.2	72.4	77.3	71.6
61.7	75.6	85.5	72.5	74.0
82.5	87.0	73.2	88.5	86.9
94.9	83.0	79.8	87.3	78.8

利用这些样本数据，能否认为该市空气中悬浮颗粒的平均值与过去相比有显著降低（$\alpha=0.01$）。

解：研究者感兴趣的是该市空气中悬浮颗粒的平均值与过去相比是否有显著降低，也就是 μ 是否小于 82，因此属于单侧检验问题，且是左侧检验，提出如下假设：

$H_0:\mu\geqslant82$

$H_1:\mu<82$

由样本数据计算得：$\bar{x}=78.45$，$s=8.91$。

计算检验统计量的具体数值，得：

$$Z=\frac{\bar{x}-\mu_0}{s/\sqrt{n}}=\frac{78.45-82}{8.91/\sqrt{35}}=-2.3571$$

已经规定的显著性水平 $\alpha=0.01$，由标准正态分布概率表(附表 1)可得对应的临界值 $-Z_{0.01}=-2.33$。

由于 $Z=-2.3571<-Z_{0.01}=-2.33$，所以拒绝原假设。即该市空气中悬浮颗粒的平均值与过去相比有显著降低。

此题中的检验也可以利用 P 值进行，具体操作将在第四节 Excel 操作中讲解。

对于右侧检验，对于给定的显著性水平 α，当 $Z>Z_\alpha$，拒绝原假设，否则不拒绝原假设；利用 P 值决策时，与左侧检验一样，当 $P<\alpha$，拒绝原假设，否则不拒绝原假设。

[例 8—5] 电视机显像管批量生产的质量标准是平均使用寿命为 1 200 小时，标准差为 150 小时。某电视机厂宣称其生产的显像管质量大大超过规定的标准。为了进行验证，随机抽取了 100 件为样本，测得平均使用寿命 1 245 小时。能否说该厂的显像管质量显著高于规定的标准？($\alpha=0.05$)

解：电视机厂原本希望其生产的显像管质量大大超过规定的标准，因而也就想收集证据支持"显像管质量大大超过规定的标准"的假设，即 $\mu>1\,200$，因此属于单侧检验问题，且是右侧检验。提出如下假设：

$H_0:\mu\leqslant 1\,200$

$H_1:\mu>1\,200$

计算检验统计量的具体数值，得：

$$Z=\frac{\bar{x}-\mu_0}{\sigma/\sqrt{n}}=\frac{1\,245-1\,200}{150/\sqrt{100}}=3$$

已经规定的显著性水平 $\alpha=0.05$，由标准正态分布概率表(附表 1)可得对应的临界值 $Z_{0.05}=1.65$。

由于 $Z=3>Z_{0.05}=1.65$，所以拒绝原假设。即该厂生产的显像管质量大大超过规定的标准。

计算 P 值为 $0.0013<\alpha=0.05$，同样拒绝原假设，认为该厂生产的显像管质量确实大大超过规定的标准。

二、小样本总体均值的检验方法

如果问题中样本容量不足 30，即为小样本，在小样本情况下，检验统计量的选择与总体是否服从正态分布、总体方差是否已知有着密切的联系。如果无法确定总体是否服从正态分布，可以考虑将样本容量增长到 30 以上，然后按大样本的方法进行检验。当然也可以考虑使用本书以外的其他检验方法，如非参数符号检验法，有关非参数检验的内容请参考相关书籍，而后依照总体方差是否已知来选择合适的检验统计量。

当已知总体服从正态分布且总体方差 σ^2 已知时，即使是在小样本情况下，检验统计量式(8.2)仍然服从正态分布，因而仍可以按式(8.2)给出的检验统计量对总体均值进行检验，检验的程序与大样本时完全相同。这里着重介绍小样本情况下总体方差未知时总体均值的检验方法。

对于小样本，当总体方差 σ^2 未知时，需要用样本方差 s^2 代替总体方差 σ^2，此时式(8.2)给出的检验统计量不再服从标准正态分布，而是服从自由度为 $(n-1)$ 的 t 分布。因此需要采用 t 分布来检验总体均值，通常称为 T 检验。检验的统计量为：

$$T=\frac{\bar{x}-\mu_0}{s/\sqrt{n}} \tag{8.4}$$

若采用临界值法决策，拒绝域分别为：双侧检验时 $|T|>t_{\alpha/2}(n-1)$；左侧检验时 $T<-t_\alpha(n-1)$；右侧检验时 $T>t_\alpha(n-1)$。采用 P 值决策时，$P<\alpha$，拒绝原假设。

[例 8—6] 2019 年 6 月份，某个航线往返机票的平均折扣费是 258 美元。已知机票折扣费服从正态分布，现随机抽取了在 2019 年 7 月份中 15 个往返机票的折扣作为一个简单随机样本，结果得到下面的数据：

310 260 265 255 300 310 250 265 280 290 240 285 250 260 230

在 0.05 的显著性水平下检验 2019 年 7 月份往返机票的平均折扣费是否有所增加。

解：本题属于小样本假设问题，已知机票折扣费服从正态分布，总体方差未知，所以要采用 T 统计量进行检验。

分析题意并建立如下原假设与备择假设得：

$H_0:\mu\leqslant 258$

$H_1:\mu>258$

由样本数据计算得：$\bar{x}=270, s=24.784\ 7$。

由于为小样本，采用式(8.4)计算检验统计量为：

$$T=\frac{\bar{x}-\mu_0}{s/\sqrt{n}}=\frac{270-258}{24.7847/\sqrt{15}}=1.875$$

已经规定的显著性水平 $\alpha=0.05$，由 t 分布上 α 分位点表(附表 2)可得对应的临界值 $t_{0.05}(14)=1.761$，由于 $T=1.875>t_{0.05}(14)=1.761$，所以拒绝原假设，即 2019 年 7 月往返机票的平均折扣费有所增加。

此题中的检验也可以利用 P 值进行，具体操作将在第四节 Excel 操作中讲解。

[例 8—7] 已知某种零件的标准长度应为 15 厘米，现从一批零件中随机抽取 16 只，测得其长度(厘米)如下：

15.1 14.5 14.8 14.6 15.2 14.8 14.9 14.6

14.8 15.1 15.3 14.7 15.0 15.2 15.1 14.7

在 0.05 的显著性水平下，检验该批零件是否符合要求？

解：分析题意建立如下原假设与备择假设：

$H_0:\mu=15$

$H_1:\mu\neq 15$

由样本数据计算得：$\bar{x}=14.9, s=0.248$。

由于总体分布状态未知，且为小样本，采用式(8.4)计算检验统计量为：

$$T=\frac{\bar{x}-\mu_0}{s/\sqrt{n}}=\frac{14.9-15}{0.248/\sqrt{16}}=-1.612\ 9$$

已经规定的显著性水平 $\alpha=0.05$，由 t 分布上 α 分位点表(附表 2)对应的临界值 $t_{0.025}(15)=2.131$，由于 $|T|=1.612\ 9<t_{0.025}(15)=2.131$，所以不拒绝原假设，即该批零件符合要求。

此题中的检验也可以利用 P 值进行，具体操作将在第四节 Excel 操作中讲解。

第三节 总体比例的假设检验

总体比例是指总体中具有某种相同特征的个体所占的比例，这些特征既可以是数值型的，也可以是品质型的。通常用字母 π 表示总体比例，π_0 表示对总体比例的某一假设值，用 p 表示样本比例。总体比例的检验与上面介绍的总体均值检验基本上是相同的，区别只在于参数和检验统计量的形式不同。所以总体均值检验的整个程序都可以作为总体比例检验的参考，本节将只考虑大样本情形下的总体比例检验。

与总体均值检验类似，总体比例检验的三种基本形式如下：

(1)双侧检验：$H_0:\pi=\pi_0, H_1:\pi\neq\pi_0$；

(2)左侧检验：$H_0:\pi\geqslant\pi_0, H_1:\pi<\pi_0$；

(3)右侧检验：$H_0:\pi\leqslant\pi_0, H_1:\pi>\pi_0$。

在构造检验统计量时，我们仍然利用样本比例 p 与总体比例 π 之间的距离等于多少个标准差来衡量，因为在大样本情形下统计量 p 渐近服从正态分布，而统计量

$$Z=\frac{p-\pi_0}{\sqrt{\dfrac{\pi_0(1-\pi_0)}{n}}} \tag{8.5}$$

则渐近服从标准正态分布，式(8.5)就是总体比例检验的统计量。

在给定显著性水平 α 的条件下，总体比例检验的显著性水平、拒绝域和临界值可参见图 8—1。

若采用临界值法决策，拒绝域分别为：双侧检验时 $|Z|>Z_{\alpha/2}$；左侧检验时 $Z<-Z_\alpha$；左侧检验时 $Z>Z_\alpha$。采用 P 值决策时，$P<\alpha$，拒绝原假设。

［例 8—8］ 外贸公司的进口部门相信最近进口的一批产品的次品率是 8%，公司决定抽取一批 200 个产品来检验这一说法是否正确。发现其中有 17 件为次品，取显著性水平 $\alpha=0.05$，检验该批产品的次品率是否为 8%？

解：公司想证明的是这批产品的次品率是 8%这一说法是否属实，因此提出的原假设和备择假设为：

$H_0:\pi=8\%$

$H_1:\pi\neq8\%$

由抽样结果计算得：$p=17/200=8.5\%$，检验统计量为：

$$Z=\frac{p-\pi_0}{\sqrt{\dfrac{\pi_0(1-\pi_0)}{n}}}=\frac{0.085-0.08}{\sqrt{\dfrac{0.08(1-0.08)}{200}}}=0.260\ 7$$

已经规定的显著性水平 $\alpha=0.05$，对应的临界值 $Z_{0.025}=1.96$，由于 $|Z|=0.2607<z_{\alpha/2}=1.96$，所以不拒绝原假设，即该公司最近进口的一批产品的次品率是 8%。

由 Excel 计算出的 P 值为 0.602 8。显著性水平为 0.05，$P>\alpha$，不拒绝原假设，认为该公司相信的 8%的次品率是可信的。

总体比例左侧检验和右侧检验中拒绝域的建立，读者可直接参照相应的大样本情况下总体均值的检验方法，在这里不再举例。

第四节 用 Excel 2016 进行假设检验

本节以例题的形式介绍用 Excel 2016 软件进行假设检验的应用。

学习指引：
推荐扫描左边二维码观看用 Excel 2016 进行假设检验相关内容。

一、统计量服从正态分布的检验

[例 8—9] 根据例 8—3 相关数据，利用 Excel 2016 计算临界值及 P 值，并进一步检验该天生产的酸奶重量是否符合标准要求。

解：根据给定的显著性水平 $\alpha=0.05$，采用 Excel 2016 计算临界值需要用到【NORM. S. INV】函数，步骤如下：

第一步：进入 Excel 表格界面，直接点击【f(x)】(插入函数)命令，出现如图 8—2 所示对话框。

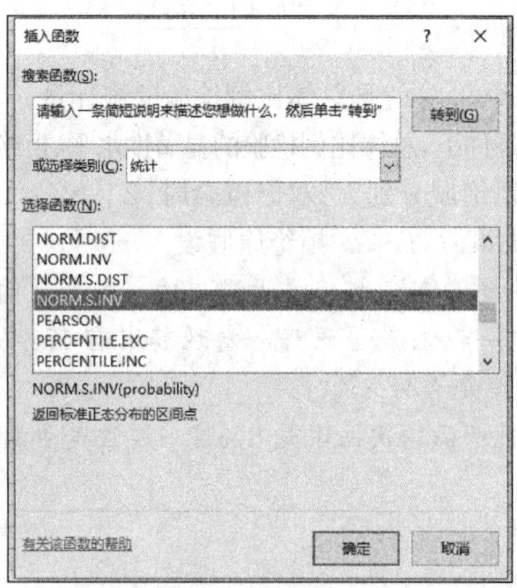

图 8—2 插入函数对话框

第二步：在函数分类中点击【统计】，并在函数名菜单下选择【NORM. S. INV】，然后【确定】得出图 8—3 界面。

第三步：由于是双侧检验，$1-\frac{\alpha}{2}=1-0.025=0.975$，在【Probability】输入 0.975，得到函数值 1.96，函数值即为临界值 $Z_{\alpha/2}=Z_{0.025}=1.96$。

由于，$|Z|=0.9428<Z_{\alpha/2}=1.96$，所以，不拒绝原假设。即样本提供证据还不足以推翻原假设，因此未证明该天生产酸奶不符合标准要求。

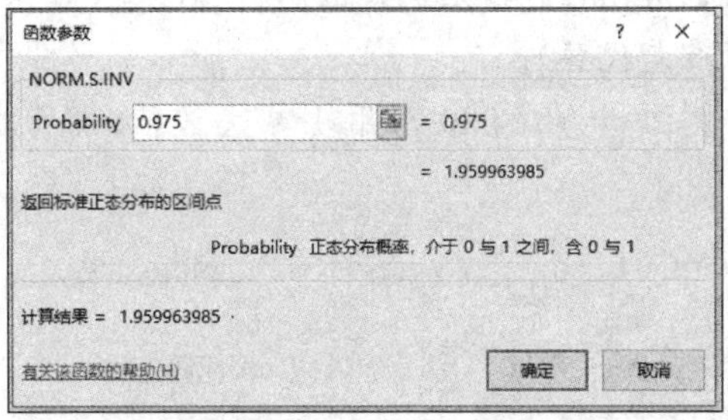

图 8—3　NORM. S. INV 函数参数对话框

此题中的检验也可以利用 P 值进行，具体操作步骤如下：

第一步：进入 Excel 2016 表格界面，直接点击【f(x)】(插入函数)命令。

第二步：在函数分类中点击【统计】，并在函数名菜单下选择【NORM. S. DIST】，然后【确定】。此时出现的界面如图 8—4 所示。

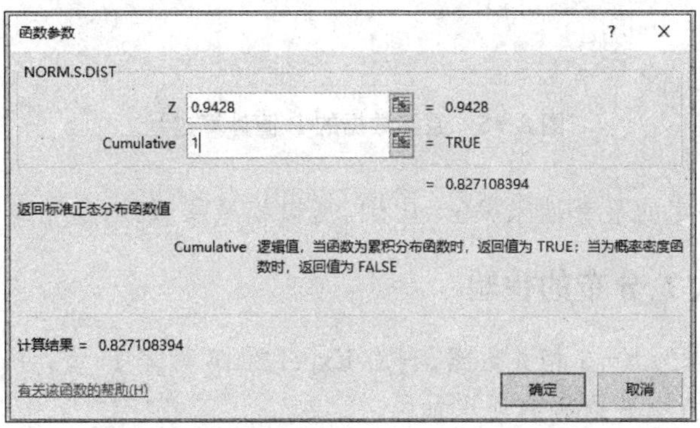

图 8—4　统计量 P 值计算过程

第三步：将【Z】的绝对值 0.9428 录入，在【Cumulative】输入"1"，得到的函数值为 0.827 1，该值表示的是在标准正态分布条件下 Z 值为 0.9428 左边的面积。

第四步：$Z=0.942\ 8$ 右边和 $Z=-0.942\ 8$ 左边的面积是一样的，所以双侧检验最后的 P 值为 $P=2\times(1-0.827\ 1)=0.345\ 8$。

由于 P 值为 0.345 8 远大于 $\alpha=0.05$，所以不拒绝原假设，得到的结论与统计量检验结论相同。

[例 8—10]　根据例 8—4 相关数据，利用 Excel 2016 计算 P 值，并进一步检验该市空气中悬浮颗粒的平均值与过去相比有无显著降低($\alpha=0.01$)。

解：对于例 8—4 的左侧检验，若利用 P 值进行检验，有两种方法，第一种方法使用统计量值计算 P 值，与例 8—9 步骤完全一样；第二种方法是直接利用原始数据计算 P 值进行验证，具体操作步骤如下：

第一步：进入 Excel2016 表格界面，直接点击【f(x)】(插入函数)命令。

第二步：在函数分类中点击【统计】，并在函数名菜单下选择【Z. TEST】，然后【确定】，出现如图 8—5 所示对话框。

第三步：在所出现的对话框【Array】框中，输入原始数据所在区域；在【X】后输入参数的某一假定值(本例题为 82);在【Sigma】后输入已知的总体标准差(若总体标准差未知则可忽略不填,系统将自动使用样本标准差代替)。

第四步:给出的分布左侧面积为 0.990 7,用 1 减去该值,即为单侧检验的 P 值,即 P 值 $=1-0.990\ 5=0.009\ 5$。

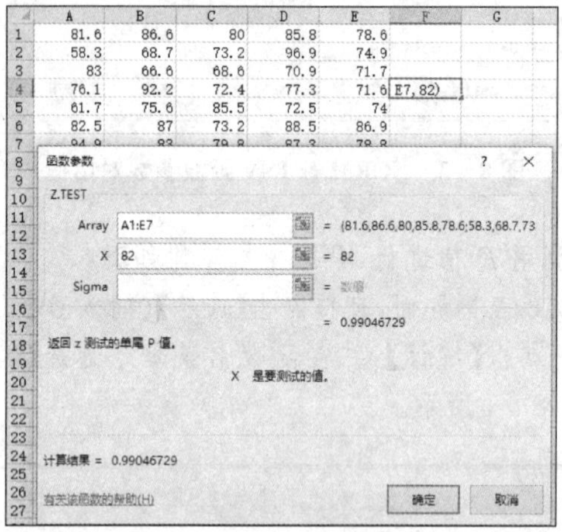

图 8—5 原始数据的 *P* 值计算过程

由于 P 值小于给定的显著性水平 $\alpha=0.01$,所以拒绝原假设,结论与统计量检验一致。

二、统计量服从 *T* 分布的检验

[**例 8—11**] 根据例 8—6 相关数据,利用 Excel 2016 计算 P 值,并进一步检验 2019 年 7 月份往返机票的平均折扣费是否有所增加。

解:对于例 8—6 的右侧检验,若利用 P 值进行检验,具体操作步骤如下:

第一步:进入 Excel 表格界面,直接点击【f(x)】(插入函数)命令。

第二步:在函数分类中点击【统计】,并在函数名菜单下选择【T. DIST. RT】,然后【确定】,出现如图 8—6 所示的对话框。

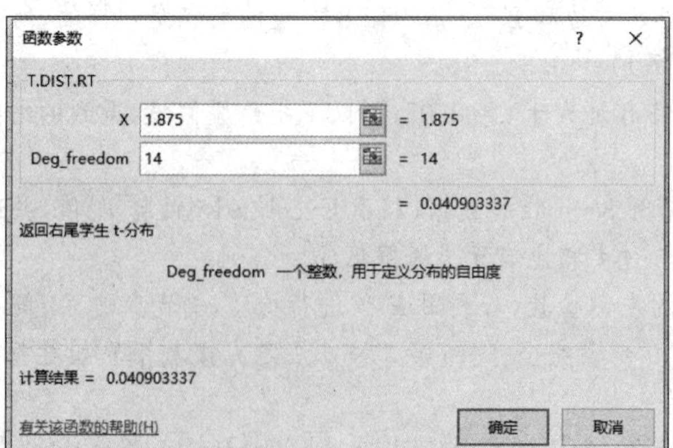

图 8—6 *t* 分布的 *P* 值计算过程

第三步：在出现对话框的【X】栏中输入计算出的 t 的绝对值 1.875；在【Deg-freedom】（自由度）栏中，输入本例中的自由度 14。

Excel 2016 计算 P 值结果为 0.040 9，如图 8—6 所示。由于 P 值为 0.040 9<0.05，所以拒绝原假设，2019 年 7 月往返机票的平均折扣费有所增加。

［**例 8—12**］　根据例 8—7 相关数据，利用 Excel 2016 计算 P 值，并进一步检验该批零件是否符合要求。

解：对于例 8—7 的双侧检验，若利用 P 值进行检验，具体操作步骤如下：

第一步：进入 Excel 表格界面，直接点击【f(x)】（插入函数）命令。

第二步：在函数分类中点击【统计】，并在函数名菜单下选择【T. DIST. 2T】，然后【确定】，出现如图 8—7 所示的对话框。

第三步：在出现对话框的【X】栏中输入计算出的 t 的绝对值 1.612 9；在【Deg-freedom】（自由度）栏中，输入本例中的自由度 15。

Excel 2016 计算 P 值结果为 0.127 6，如图 8—7 所示。由于 P 值为 0.1276>0.05，所以不拒绝原假设，即该批零件符合要求。

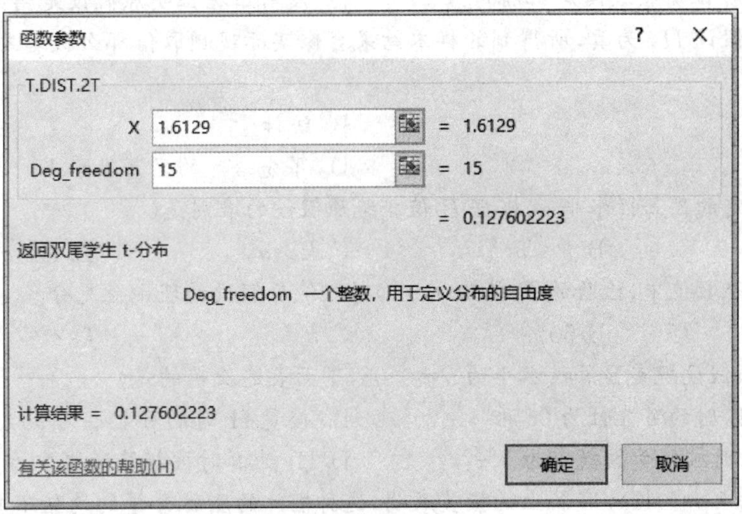

图 8—7　t 分布的 P 值计算过程

练习题

一、单项选择题

1. 研究者想收集证据予以支持的假设通常称为（　　）。

A. 原假设　　B. 备择假设　　C. 合理假设　　D. 正常假设

2. 在假设检验中，原假设和备择假设（　　）。

A. 都有可能成立

B. 都有可能不成立

C. 只有一个成立而且必有一个成立

D. 原假设一定成立，备择假设不一定成立

3. 在假设检验中，第一类错误是指（　　）。

A. 当原假设正确时拒绝原假设

B. 当原假设错误时拒绝原假设

C. 当备择假设正确时未拒绝备择假设

D. 当备择假设不正确时拒绝备择假设

4. 当备择假设为：$H_1:\mu<\mu_0$，此时的假设检验称为（　　）。

A. 双侧检验　　B. 右侧检验　　C. 左侧检验　　D. 显著性检验

5. 一项研究表明，司机驾车时因接打手机而发生事故的比例超过20%，用来检验这一结论的原假设和备择假设应为（　　）。

A. $H_0:\mu\leqslant 20\%, H_1:\mu>20\%$

B. $H_0:\pi=20\%$，$H_1:\pi\neq 20\%$

C. $H_0:\pi\leqslant 20\%, H_1:\pi>20\%$

D. $H_0:\pi\geqslant 20\%, H_1:\pi<20\%$

6. 在假设检验中，不拒绝原假设意味着（　　）。

A. 原假设肯定是正确的　　B. 原假设肯定是错误的

C. 没有证据证明原假设是正确的　　D. 没有证据证明原假设是错误的

7. 如果原假设 H_0 为真，所得到的样本结果会像实际观测取值那么极端或更极端的概率称为（　　）。

A. 临界值　　B. 统计量

C. P 值　　D. 事先给定的显著性水平

8. 对于给定的显著性水平 α，根据 P 值拒绝原假设的准则是（　　）。

A. $P=\alpha$　　B. $P<\alpha$　　C. $P>\alpha$　　D. $P=\alpha$

9. 下列几个数值中，检验的 P 值为（　　）时拒绝原假设的理由最充分。

A. 95%　　B. 50%　　C. 5%　　D 2%

10. 若一项假设规定显著性水平为 $\alpha=0.05$，下面表述正确的是（　　）。

A. 接受 H_0 时的可靠性为95%　　B. 接受 H_1 时的可靠性为95%

C. H_0 为假时被接受的概率为5%　　D. H_1 为真时被拒绝的概率为5%

11. 容量为3升的橙汁容器上的标签表明，这种橙汁的脂肪含量的均值不超过1克，在对标签上的说明进行检验时，建立的原假设和备择假设为 $H_0:\mu\leqslant 1$，$H_1:\mu>1$，该检验所犯的第一类错误是（　　）。

A. 实际情况是 $\mu\geqslant 1$，检验认为 $\mu>1$

B. 实际情况是 $\mu\leqslant 1$，检验认为 $\mu<1$

C. 实际情况是 $\mu\geqslant 1$，检验认为 $\mu<1$

D. 实际情况是 $\mu\leqslant 1$，检验认为 $\mu>1$

12. 在一次假设检验中当显著性水平 $\alpha=0.01$，原假设被拒绝时，则用 $\alpha=0.05$ 时，（　　）。

A. 原假设一定会被拒绝　　B. 原假设一定不会被拒绝

C. 需要重新检验　　D. 有可能拒绝原假设

13. 适用 t 检验统计量的场合是（　　）。

A. 样本为大样本，且总体方差已知　　B. 样本为小样本，且总体方差已知

C. 样本为小样本，且总体方差未知　　D. 样本为大样本，且总体方差未知

14. 当样本统计量的取值未落入原假设的拒绝域时，表示(　　)。

A. 可以放心地接受原假设　　B. 没有充足的理由否定原假设

C. 没有充足的理由否定备择假设　　D. 备择假设是错误的

二、判断题

1. 正态分布总体有两个参数，一个是均值，一个是方差，这两个参数确定以后，一个正态分布也就确定了。(　　)

2. 原假设的接受与否，与选择的检验统计量有关，与显著性水平无关。(　　)

3. 单侧检验中，由于所提出的原假设不同，可分为左侧检验和右侧检验。(　　)

4. 假设检验中要使 α 和 β 同时减少的唯一方法是减少样本容量。(　　)

5. 若不希望否定某一命题，就将此命题作为原假设。(　　)

6. 假设检验拒绝原假设，说明原假设根本不可能成立。(　　)

7. 检验统计量是样本的函数。(　　)

8. 在假设检验中，“=”一般放在原假设。(　　)

三、计算题

1. 设某总体服从正态分布，其标准差 σ 为 12，现抽了一个样本容量为 400 的子样，计算得平均值为 21，试以显著性水平 $\alpha=0.05$ 确定总体的平均值是否不超过 20。

2. 已知某炼铁厂的含碳量服从正态分布，均值为 4.55，方差为 0.1082，现在测定了 9 炉铁水，其平均含碳量为 4.484。如果含碳量的方差没有变化，可否认为现在生产的铁水平均含碳量仍为 4.55？($\alpha=0.05$)

3. 一项调查显示，每天每个家庭看电视的平均时间为 7.25 个小时，假定该调查包括了 200 个家庭，且样本标准差为平均每天 2.5 小时。据报道，十年前每天每个家庭看电视的平均时间为 6.70 小时，取显著性水平 $\alpha=0.01$，检验这个调查是否提供了证据支持你认为“如今每个家庭每天看电视的平均时间比十年前增加了”？

4. 假定某商店中一种商品的日销售量服从正态分布，σ 未知，根据以往经验，其销售量均值为 60 件。该商店在某一周中进行了一次促销活动，其一周的销售量数据分别为 64，57，49，81，76，70，58。为测量促销是否有效，试对其进行假设检验，给出你的结论。(取 $\alpha=0.01$)

5. 某电视收视率一直保持在 30%，即 100 人中有 30 人收看该电视节目。在最近的一次电视收视率的调查当中，调查了 400 人，其中有 100 人收看了该电视节目，可否认为该电视节目的收视率仍保持原有水平？(取 $\alpha=0.05$)

6. 某公司负责人发现现在开出去的发票有大量笔误，而且断定这些发票中错误的发票所占比例不低于 25%。为验证此判定，随机抽取 500 张检查，发现错误的发票有 100 张，即占 20%。这可否证明负责人的判断正确？(取 $\alpha=0.05$)

第九章　相关与回归分析

【案例导入】

广告费与销售量相关关系

“广告投入越多，产品销量越高”，广告的投入与产品的销量之间存在明显关系。但不同行业不同产品的广告效果却各有差异，小李从事空调的销售工作，在2018年他收集了国内10个品牌空调的广告费用和销售量的数据，见表9—1。

表9—1　　2018年国内10个品牌空调的广告费用和销售量

广告费用(万元)	120	68.7	110.1	76.6	8.7	1.0	21.5	1.4	5.3	1.7
销售量(万台)	36.3	20.7	15.9	13.2	8.1	7.1	5.6	4.4	4.4	4.3

根据以上材料，小李能否判断广告费用与销售量之间有相关关系？若有关系，关系程度如何？如果关系程度紧密，可用怎样的表达方式近似表达两者的量化关系？按此规律广告费用每增加10 000元销售量将有如何变化？

凭经验知道广告费用与销售量有关系，那么如何形容它们关系的密切程度呢？如果用一个具体的量化指标来反映两个现象之间的相关方向和程度，那对问题就很容易清晰地分析了，这个指标是如何定义的，怎样计算？进一步讲，若已知两个变量间关系紧密，一个变量变动，另一个必然相应发生变化，问题是一个变量变动一个单位，另一个变量增加或减少几个单位？亦即希望知道两现象间是什么关系，其近似函数表达式是什么。因为如果有了这个表达式，可以通过给出的一个变量值来预测另一个变量的数值，这将对我们的经济生活很有意义。要想探究经济生活中的这些问题，就需要引出新的统计工具——相关分析和回归分析。

第一节　相关分析

一、相关关系与函数关系

相关关系是指现象间的非确定性的数量上的依存关系。它有两个特点：一是现象之间确实存在数量上的依存关系；二是数量依存关系的值是不确定的。例如，人的身高和体重之间确实存在着“身高越高，体重越大”的数量关系，但是，身高和体重却不是一一对应的。身高165cm的人，相应的体重并不完全一样；同样，体重65kg的人，会对应着不同的身高。相关关系的这种特点，决定了它与函数关系的区别。

函数关系是指现象间存在的确定性的数量依存关系。在这种关系中，某个现象的数值发生变化，都有另一现象的确定值与它对应。这种关系可用数学函数式反映。例如，给定一个圆的半径，就有唯一确定的圆的面积和它对应，面积是半径的函数。在社会经济中，产品生产费用(总成本)＝产品产量×单位产品成本，当单位产品成本不变时，产品产量发生变化，就有一个确定的总成本与它对应。总成本是产品产量的函数。

函数关系与相关关系既有区别又有联系。由于观察和实验中的误差，函数关系往往通过相关关系表现出来。而当对现象之间的内在联系和规律性了解得更加清楚的时候，相关关系有可能转化为函数关系。一般来说，在社会经济领域里，函数关系反映了现象之间的理想状态，而相关关系则反映了现象之间的现实状态。在对具有相关关系的现象进行分析时，必须利用相应的函数关系数学表达式来表明现象之间的相关方程式。相关关系是相关分析的研究对象，函数关系是相关分析的工具。

二、相关关系的种类与内容

(一)相关关系的种类

1. 按相关程度区分

按相关程度不同，相关关系可分为完全相关、不相关和不完全相关。

两种现象之间，若当一个现象的数量确定时，另一现象的数量也随之确定，则这两种现象间的关系称为完全相关，其关系如图9－1所示。例如，某年中国银行的1年期居民储蓄存款利率为3.25%，存入的本金用x表示，1年后到期的本利和用y表示，则$y=x+3.25\%x$。这里y与x表现为一种线性函数关系，也就是说函数关系是相关关系的一个特例。

如果两个现象之间的数量变化相互独立，彼此互不影响，则这两种现象间的关系称为不相关，其关系如图9－2所示。例如，学生的学习成绩与身高之间不存在相关关系。

如果两个现象之间的关系介于完全相关和不相关之间，则称为不完全相关，其关系如图9－3所示。例如，产品的销售量与广告费用之间是不完全相关关系。现实经济生活中大多数相关关系都属于不完全相关，这是统计分析要研究的对象。

2. 按相关方向区分

按相关方向不同，相关关系可分为正相关和负相关。

相关变量的变化方向一致，即一个变量的数值增大(或减少)，另一个变量的数值也相应地增大(或减少)，这种相关关系称为正相关。如图9－3所示。例如，广告费用与销售量、居民的

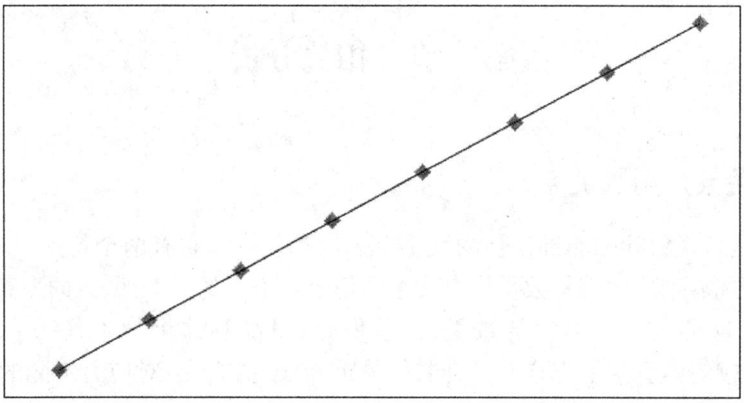

图 9—1　完全相关

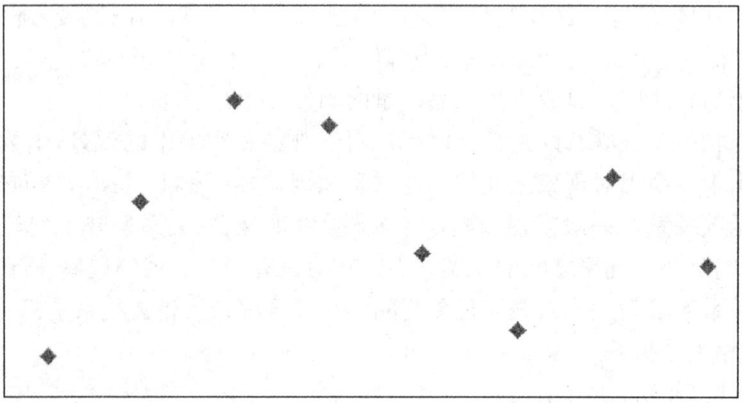

图 9—2　不相关

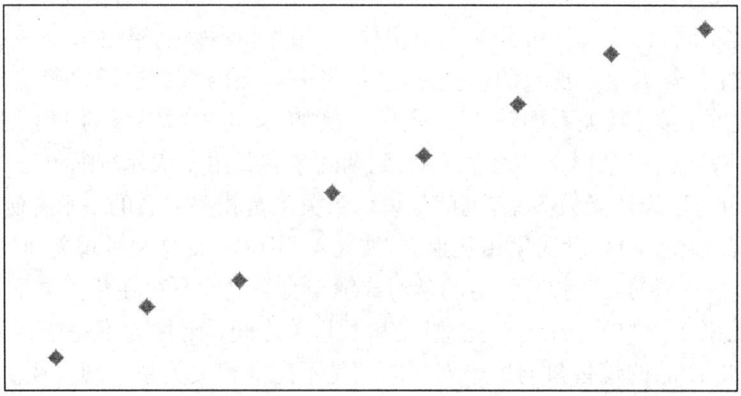

图 9—3　不完全相关

收入与居民的储蓄额的关系等，都属于正相关。

若相关变量的变化方向相反，即一个变量数值增大（或减少），另一个变量的数值相应地减少(或增大),这种相关关系称为负相关,如图 9-4 所示。例如,家庭收入增加,恩格尔系数下降,它们之间属于负相关关系。

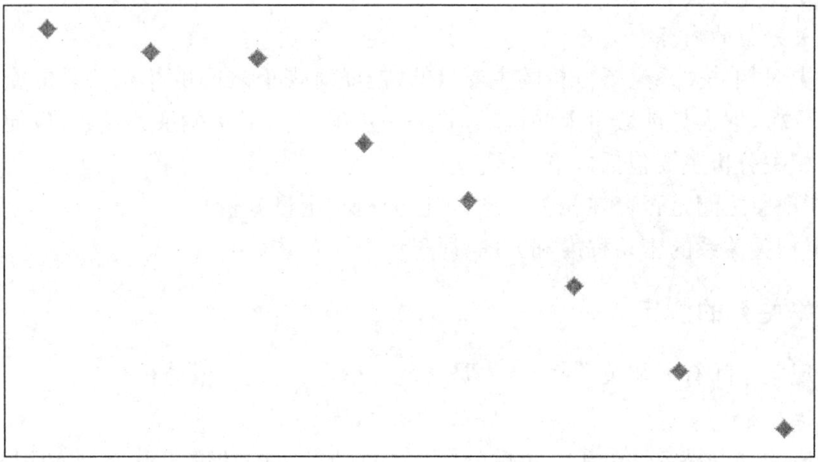

图 9-4　负相关

3. 按相关表现形式区分

按相关表现形式不同,相关关系可分为线性相关和非线性相关。

对两个具有相关关系的现象进行实际调查,能获得一系列成对的数据。每对数据在平面直角坐标系中确定一个点,如果这些点大致分布在一条直线周围,则这两种现象就构成线性相关。如图 9-3 和图 9-4 所示。例如,在一定范围内,出租汽车费用与行驶里程呈线性相关关系。若这些点的分布并不表现为直线关系,而是近似于某种曲线关系,则这种关系就称为非线性相关,如图 9-5 所示。例如,从人的生命过程来看,年龄与医疗费支出呈非线性相关。

4. 按相关变量多少区分

按相关变量多少不同,相关关系可分为单相关和复相关。

两个变量之间的相关关系称为单相关,这种相关关系中只涉及一个自变量和一个因变量,如图 9-1～图 9-5 所示。例如,广告费用和啤酒的销售量的关系就是单相关。

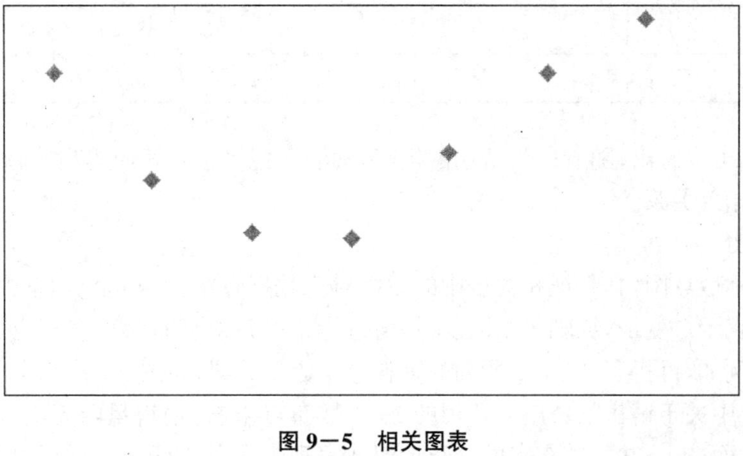

图 9-5　相关图表

三个或三个以上变量的相关关系称为复相关,这种相关关系中涉及两个或两个以上自变量和一个因变量。例如,冰激凌的销售量与价格、气温、居民收入,以及居民年龄构成等之间的相关关系就是复相关。

(二)相关分析的内容

统计学中对相关关系进行分析的主要目的,是要对现象之间的相互关系的密切程度和变化规律进行分析,取得具体数量上的认识,并进一步确定出相互关系的模式,以便进行统计预测和推算。相关分析主要包括以下内容。

(1)判断现象之间是否存在相关关系(定性分析与定量分析)。

(2)确定相关关系的密切程度和方向(通过计算相关系数)。

三、相关关系的测定

要判断现象之间有无相关关系,首先是定性分析,然后是定量分析。

(一)定性分析

相关分析的起点是定性分析。定性分析是依据研究者的理论知识、专业知识和实践经验,对客观现象之间是否存在相关关系,以及有何种相关关系做出判断。只有在定性分析的基础上,才能进一步从数量上判断现象之间相关的方向、形态及大致的密切程度。定性分析是相关分析的重要前提。

(二)相关表

如果通过定性分析确定现象间具有相关关系,我们就可以进一步从现象数量表现上,来判断这种关系是否存在,以及关系的类型与密切程度如何。相关表是一种反映变量之间相关关系的统计表。将其中一个变量按其取值大小顺序排,再将与其相关的另一个变量数值对应列出来,便可形成简单相关表。通过相关表,可初步看出相关关系的形式、密切程度和相关方向。现举例说明。

[例 9—1] 根据案例中表 9—1 的资料,判断两者的相关关系。

解:根据表 9—1 的原始资料,将广告费用按从小到大顺序排列,可编制简单相关表,见表 9—2。

表 9—2 **2018 年国内 10 个品牌啤酒的广告费用和销售量**

广告费用(万元)	1	1.4	1.7	5.3	8.7	21.5	68.7	76.6	100.1	120
销售量(万箱)	7.1	4.4	4.3	4.4	8.1	5.6	20.7	13.2	15.9	36.3

从表 9—2 可以看出,随着广告费用的提高,啤酒销售量也有相应提高的趋势,两者之间存在着明显的正相关关系。

(三)相关图

相关图又称散点图,它是把相关表中的原始对应数据在平面直角坐标系中以坐标点描绘出来。以横轴表示自变量,纵轴表示因变量,通过标出的每对变量值的坐标点或散布点,观察其分布状况。例如,可将表 9—1 中所列的资料绘制成相关图,如图 9—6 所示。

从图 9—6 中关于销售量及广告费用的 10 个散布点来看,销售量随着广告费用的增大而增大,随之减小而减小,并且散布点的分布近似地表现为一条直线。由此可以判断,啤酒销售量与广告费用这两个变量之间存在着直线正相关关系。

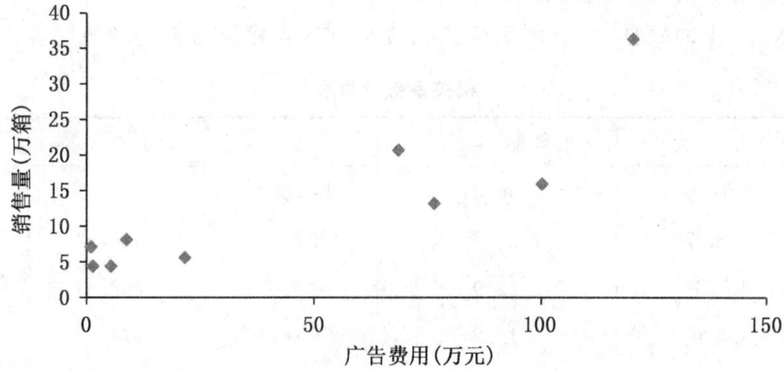

图 9—6 广告费用与销售量的相关关系

(四)相关系数

相关表和相关图只能大体上反映现象之间的相关关系,但无法确切表明变量之间相关的程度。为此,著名的统计学家卡尔·皮尔逊设计了相关系数这一统计量。相关系数是用以反映变量之间相关关系密切程度的统计量。按照相关变量的个数和分析问题的角度不同,相关系数可以分为简单相关系数、偏相关系数和复相关系数。本章只讨论简单相关系数,它适用于影响因变量的因素只有一个自变量的情况。

若相关系数是根据总体全部数据计算的,称为总体相关系数,记为 ρ;若是根据样本数据计算的,则称为样本相关系数,简称为相关系数,记为 r。在直线相关的条件下,相关系数的定义公式是通过自变量和因变量的各个离差的乘积来表明相关关系的密切程度的,所以用这种方法计算的相关系数叫积差法。相关系数的基本公式为:

$$r=\frac{\sigma_{xy}^2}{\sigma_x\sigma_y} \tag{9.1}$$

式中:$\sigma_{xy}^2=\frac{\sum\left(x-\bar{x}\right)\left(y-\bar{y}\right)}{n}$ 代表协方差;$\sigma_x=\sqrt{\frac{\sum\left(x-\bar{x}\right)^2}{n}}$ 代表 x 的标准差;$\sigma_y=\sqrt{\frac{\sum\left(y-\bar{y}\right)^2}{n}}$ 代表 y 的标准差。

所以相关系数可表示为:

$$r=\frac{\sigma_{xy}^2}{\sigma_x\sigma_y}=\frac{\sum\left(x-\bar{x}\right)\left(y-\bar{y}\right)}{\sqrt{\sum\left(x-\bar{x}\right)^2}\sqrt{\sum\left(y-\bar{y}\right)^2}} \tag{9.2}$$

这是计算相关系数的基本公式,但在实际工作中利用它来计算相关系数相当烦琐,经代数演算,可化简为较简单的、能直接用相关表中的原始数据计算的计算公式。计算公式为:

$$r=\frac{n\sum xy-\sum x\sum y}{\sqrt{n\sum x^2-\left(\sum x\right)^2}\sqrt{n\sum y^2-\left(\sum y\right)^2}} \tag{9.3}$$

式中:n 代表相关表中数据项数。

[例 9—2] 根据表 9—1 的资料,已知啤酒销售量与广告费用之间为直线相关关系,计算

啤酒销售量与广告费用的相关系数。

解：根据表 9—1 的数据，可以编制啤酒销售量与广告费用的相关系数计算表，见表 9—3。

表 9—3 **相关系数计算表**

编号	广告费用 x(万元)	销售量 y(万箱)	x^2	y^2	xy
1	120	36.3	14 400	1 317. 69	4356
2	68. 7	20.7	4 719.69	428.49	1 422.09
3	100.1	15.9	10 020.01	252.81	1 591.59
4	76.6	13.2	5 867.56	174.24	1 011.12
5	8.7	8.1	75.69	65.61	70.47
6	1	7.1	1	50.41	7.1
7	21.5	5.6	462. 25	31.36	120.4
8	1.4	4.4	1.96	19.36	6.16
9	5.3	4.4	28.09	19.36	23.32
10	1.7	4.3	2.89	18.49	7.31
合计	405	120	35 579.14	2 377.82	8 615.56

根据式(9.3)得：

$$r=\frac{n\sum xy-\sum x\sum y}{\sqrt{n\sum x^2-\left(\sum x\right)^2}\sqrt{n\sum y^2-\left(\sum y\right)^2}}=0.885\ 6$$

那么相关系数 0.885 6 说明了什么？为解释各数值的含义，需要对相关系数 r 的性质有所了解。现将相关系数的性质总结如下：

(1)相关系数 r 的取值在－1 与 1 之间。

(2)当 $|r|=1$ 时，表示 x 与 y 变量之间为完全线性相关，x 与 y 之间存在着确定的函数关系。当 $r=0$ 时表示 x 与 y 完全没有线性相关。

(3)当 $0<|r|<1$ 时，表示 x 与 y 变量之间存在着一定程度的线性相关，$|r|$数值越大，越接近 1，表示 x 与 y 的线性相关程度越高；$|r|$的数值越接近 0，表示 x 与 y 的线性相关程度越低。一般来说，$|r|$在 0.3 以下为无相关；$0.3<|r|<0.5$ 是低度相关；$0.5<|r|<0.8$ 是显著相关；$0.8<|r|<1$ 是高度相关。只有对显著相关或高度相关的资料求直线回归，才有意义。

(4)当 $r>0$ 时，表示 x 与 y 为正相关；当 $r<0$ 时，表示 x 与 y 为负相关。

采用上述标准进行判断时，需要注意 r 只表示 x 和 y 的直线相关密切程度，当$|r|$很小甚至等于 0 时，并不一定表示 x 与 y 之间就不存在其他非直线类型的关系。另外，要注意应该用较多原始数据计算相关系数。当原始资料较少时，为了判断的准确，最好对相关系数的显著性进行检验。

四、相关系数的显著性检验

总体相关系数 ρ 通常是未知的，而且由样本相关系数 r 作为 ρ 的近似估计值。但因为 r

又是样本数据计算出来的，受到随机因素的影响，r 本身是一个随机变量。我们能否根据样本相关系数直接来说明单体的相关程度？答案是否定的，还需要考察样本相关系数的可靠性，也就是进行显著性检验。通常采用 t 分布来对 r 进行显著性检验，步骤如下：

第一步：提出假设。假设样本是从一个不相关的总体中抽出的，设：

$$H_0:\rho=0$$

$$H_1:\rho\neq 0$$

第二步：计算检验统计量 T 的值，得

$$T=|r|\sqrt{\frac{n-2}{1-r^2}}\sim t(n-2) \tag{9.4}$$

第三步：给定显著性水平 α，并依据自由度 $(n-2)$，查找 t 分布表中相应的临界值 $t_{\alpha/2}(n-2)$。

第四步：做出判断。将计算的统计量 T 与临界值 $t_{\alpha/2}(n-2)$ 对比，若 $|T|>t_{\alpha/2}(n-2)$，则拒绝原假设，表明总体的变量间有显著线性关系；若 $|T|<t_{\alpha/2}(n-2)$，接受原假设，表明总体的变量间没有显著线性关系。

[例 9－3]　根据表 9－3 计算的相关系数，检验啤酒销售量与广告费用之间的相关系数是否显著（$\alpha=0.05$）。

解：第一步：提出假设，得：

$H_0:\rho=0$

$H_1:\rho\neq 0$

第二步：计算检验的统计量，得：

$$t=|r|\sqrt{\frac{n-2}{1-r^2}}=0.885\ 6\times\sqrt{\frac{10-2}{1-0.885\ 6^2}}=5.393\ 3$$

第三步，做出决策。若取 $\alpha=0.05$，自由度为 $n-2=8$，查 t 分布表（见附表 2），则 $t_{\alpha/2}(8)=2.306$。由于 $t=5.393\ 3>t_{\alpha/2}(8)=2.306$，所以拒绝原假设，说明啤酒销售量与广告费用之间存在着显著正线性相关关系。

第二节　一元线性回归分析

一、回归分析的含义与主要内容

“回归”最初是遗传学中的一个名词，它是由英国著名生物学家兼统计学家高尔顿（Galton，1822－1911）研究人类遗传问题时提出的。高尔顿在研究父代与子代身高的关系时发现，父亲及其儿子身高的散点图大致呈直线状态。高尔顿对试验数据进行了深入分析，发现身高高于平均身高的父母，其子女的身高比他更高的概率要小于比他更矮的概率；而矮于平均身高的父母，其子女的身高比他更矮的概率要小于比他更高的概率。即从总体趋势来看，人的身高有回归人类平均身高的趋势，这就是所谓的回归效应。“回归”一词由此产生并为生物学与统计学所沿用。此后，回归分析方法逐渐广泛应用于社会经济生活的各个方面。

随着回归分析方法的应用，回归的现代含义与过去已大不相同。一般来说，回归是研究自变量与因变量之间的关系形成的分析方法。回归分析是寻找具有相关关系变量间的数学模型，并进行统计预测和控制的一种统计分析方法。其主要内容如下：

(1)选择回归模型。即根据相关关系的具体形态,选择一个合适的回归模型。

(2)测定变量估计值的可靠程度。配合一元线性回归模型后,可以反映现象间的变化关系,也就是说,自变量变化时,因变量有多大变化。根据这个数量关系 ,可测定因变量的估计值,把估计值与实际值对比,如果它们的差别小,说明估计较准确;反之,就不够准确。这种因变量估计值的准确程度,通常用估计标准误差来衡量。

(3)预测因变量。对回归模型变量之间的相关性进行显著性检验,通过统计检验后,利用回归模型,根据自变量去估计、预测因变量。

二、相关与回归分析的关系

相关分析是回归分析的基础和前提,回归分析则是相关分析的深入和继续。相关分析需要依靠回归分析来表现变量之间数量相关的具体形式,而回归分析则需要依靠相关分析来表现变量之间数量变化的相关程度。只有当变量之间存在高度相关时,进行回归分析寻求其相关的具体形式才有意义。如果在没有对变量之间是否相关以及相关方向和程度做出正确判断之前,就进行回归分析,很容易造成“虚假回归”。与此同时,相关分析只研究变量之间相关的方向和程度,不能推断变量之间相关关系的具体形式,也无法从一个变量的变化来推测另一个变量的变化情况。因此,在具体应用过程中,只有把相关分析和回归分析结合起来,才能达到研究和分析的目的。

两者的区别主要体现在以下三个方面:

(1)在相关分析中涉及的变量不存在自变量和因变量的划分问题,变量之间的关系是对等的。回归分析中,则必须根据研究对象的性质和研究分析的目的,对变量进行自变量和因变量的划分。因此,在回归分析中变量之间的关系是不对等的。

(2)相关分析中所涉及的所有变量都是随机变量;回归分析中,自变量是给定的,因变量才是随机的,即将自变量的给定值代入回归方程后,所得到的因变量的估计值不是唯一确定的,而会表现出一定的随机波动性。

(3)相关分析主要是通过一个统计量即相关系数来反映变量之间相关程度的大小,由于变量之间是对等的,因此,相关系数是唯一确定的;而在回归分析中,对于互为因果的两个变量,则有可能是两个回归方程。

三、一元线性回归方程

与相关分析不同,进行回归分析时,首先需要确定出自变量和因变量。在回归分析中,被预测或被解释的变量,称为因变量,用 y 表示;用来预测或用来解释因变量的一个或多个变量,称为自变量,用 x 表示。在线性回归分析中,有一元线性回归分析和多元线性回归分析之分。前者是两个变量之间的回归分析,后者是三个或三个以上变量之间的回归分析。本节先介绍一元线性回归分析。

一元线性回归模型又称简单直线回归模型。它是根据两个变量的成对数据,配合直线方程式,再根据自变量的变动值来推算因变量的估计值的一种统计分析方法。因变量 y 和自变量 x 之间建立的数学模型为:

$$y_c = a + bx \tag{9.5}$$

式中,y_c 是 y 的估计值,也称 y 的理论值;a 是直线的截距;b 是这条直线的回归系数。

a,b 都是待定参数。估计这些参数可有不同的方法,统计中使用最多的是最小平方法,用这个方法求出的回归线是原资料的最合适线。即：

$$\sum (y-y_c)^2 = \text{最小值}$$

这里讨论的最小平方法与本书“时间序列”中长期趋势测定的最小平方法是同一方法。实际上，长期趋势测定也是回归法的一种，那是把时间作为自变量、时间序列指标作为因变量计算的。因此，那里讲的有关公式这里都适用，只要把时间变量的符号 t 改为自变量 x 即可。两个标准方程式写成：

$$\begin{cases} \sum y = na + b\sum x \\ \sum xy = a\sum x + b\sum x^2 \end{cases}$$

从以上联立方程中解出 a 和 b：

$$\begin{cases} b = \dfrac{n\sum xy - \sum x \sum y}{n\sum x^2 - (\sum x)^2} \\ a = \bar{y} - b\bar{x} \end{cases} \tag{9.6}$$

如果已用积差法计算了相关系数，有相应的资料，也可以用如下的方法求解：

$$\begin{cases} b = \dfrac{\sum (x-\bar{x})(y-\bar{y})}{\sum (x-\bar{x})^2} \\ a = \bar{y} - b\bar{x} \end{cases} \tag{9.7}$$

[例 9—4] 某企业的产品产量与生产费用数据资料如表 9—4 所示，建立一元线性回归模型。

表 9—4　　产品产量和生产费用相关表

序号	产品产量(千吨)	生产费用(万元)
1	1.2	1.2
2	2.0	2.0
3	3.1	3.1
4	3.8	3.8
5	5.0	5.0
6	6.1	6.1
7	7.2	7.2
8	8.0	8.0
合计	36.4	880

解：设产品产量为 x，生产费用为 y，编制一元线性回归分析计算表如表 9—5 所示，则有：

$$\bar{x} = \frac{\sum x}{n} = \frac{36.4}{8} = 4.55(\text{千吨})$$

$$\bar{y} = \frac{\sum y}{n} = \frac{880}{8} = 110(\text{万元})$$

$$b = \frac{n\sum xy - \sum x \sum y}{n\sum x^2 - (\sum x)^2} = \frac{8\times 4544.6 - 36.4\times 880}{8\times 207.54 - 36.4^2} = 12.90$$

表 9—5 一元线性回归分析计算表

序号	产品产量 x（千吨）	生产费用 y（万元）	x^2	xy	y_c	$(y-y_c)^2$	y^2
1	1.2	62	1.44	74.4	66.79	22.944 1	3 844
2	2.0	86	4.00	172	77.11	79.032 1	7 396
3	3.1	80	9.61	248	91.3	127.69	6 400
4	3.8	110	14.44	418	100.33	93.508 9	12 100
5	5.0	115	25.00	575	115.81	0.6561	13 225
6	6.1	132	37.21	805.2	130	4	17 424
7	7.2	135	51.84	972	144.19	84.456 1	18 225
8	8.0	160	64.00	1 280	154.51	30.140 1	25 600
合计	36.4	880	207.54	4 544.6	880	442.427 4	104 214

$a=\bar{y}-b\bar{x}=110-12.90\times4.55=51.31$

把 b 和 a 值代入方程 $y_c=a+bx$

则 $y_c=51.31+12.90x$

把 x 各值代入上式，即可求得相应的 y_c 值，并可看出 $\sum y_c=\sum y=880$；$\sum(y-y_c)=0$；$\sum\left(y-y_c\right)^2=442.4274$ 为最小值。在 y_c 各值中，任取两值相连，即得一元线性回归方程的直线，见图 9—7 所示。

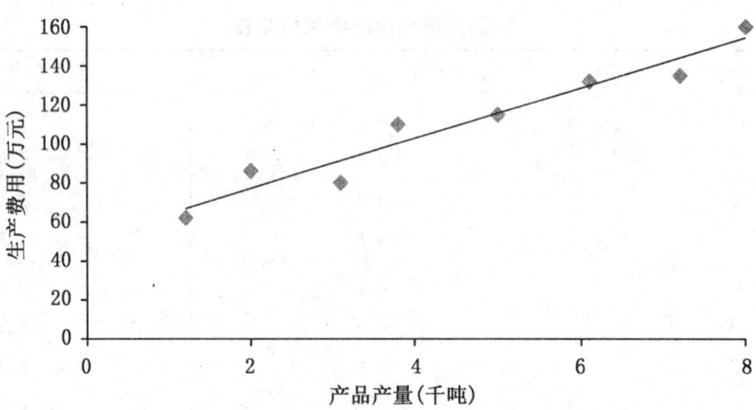

图 9—7 企业产量和生产费用的直线回归方程图

四、拟合优度的度量

用最小平方法求得的一元线性回归方程 $y_c=a+bx$ 确定了 x 与 y 的具体变动关系。但是，实际值是不是紧密分布在其两侧？其紧密程度如何？这关系到回归模型的应用价值。因此，对回归值的拟合优度必须加以测定。评价拟合优度的一个重要统计量就是判定系数，估计标准误差则是一个重要的补充。

(一)判定系数

判定系数(记为 r^2)便是测定回归直线拟合优度的一个重要指标。线性回归方程拟合优度的好坏实质上就是回归方程误差大小的问题,总体来看,即指所有因变量的实际值 y 与平均值 $\overline{y}$ 的偏差。为了说明,我们来看线性回归方程误差的分解图(见图 9—8)。

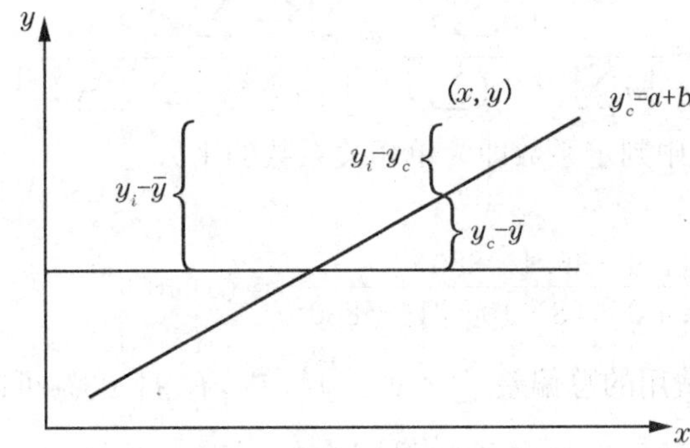

图 9—8　总偏差分解图

设有 y 的实际值 y_i,y_i 到 $\overline{y}$ 的距离差即 $\left(y_i-\overline{y}\right)$ 被回归直线分割成两部分:$\left(y_i-y_c\right)$ 和 $\left(y_c-\overline{y}\right)$。那么,对所有的实际值 y 来说,有它们的离差平方和,即:

$$\text{总偏差}=\sum\left(y_i-\overline{y}\right)^2 \tag{9.8}$$

同时,我们仍将 $\sum\left(y_c-\overline{y}\right)^2$ 称为回归偏差;将 $\sum\left(y_i-y_c\right)^2$ 称为剩余偏差,又称未被解释的偏差,将 $\sum\left(y_c-\overline{y}\right)^2$ 称为回归偏差是因为:

$$\sum\left(y_c-\overline{y}\right)^2=\sum\left(a+bx-a-b\overline{x}\right)^2=\sum\left(bx-b\overline{x}\right)^2=b^2\sum\left(x-\overline{x}\right)^2 \tag{9.9}$$

式中,b 为回归系数,可见回归偏差很大程度上取决于回归系数,所以称之为被回归解释的偏差。另一部分 $\sum\left(y_i-y_c\right)^2$ 也就是未被解释的偏差了。

这说明 y 的实际值与 y 的均值 $\overline{y}$ 的总偏差包括两部分:一部分是回归偏差,即 x 与 y 依存关系影响的偏差;另一部分是各种不确定因素引起的随机误差。一般来说,这些随机误差应该是很小的。在总偏差一定时,回归偏差 $\sum\left(y_c-\overline{y}\right)^2$ 越大,剩余偏差 $\sum\left(y_i-y_c\right)^2$ 就越小;反之,回归偏差越小,剩余偏差就越大。由此,我们可以推论,如果 y 的实际值 y_i 都紧密地分布在回归直线两侧,就说明那些不确定因素干扰很小,即剩余偏差很小,相对来说,在总偏差里面,回归偏差比重较大,而且此时 x 与 y 的依存关系很强。判定系数 r^2 便是以回归偏差占总偏差的比率来表示线性回归方程的拟合优度的评价指标。

$$r^2=\frac{\text{回归偏差}}{\text{总偏差}}=\frac{\sum\left(y_c-\overline{y}\right)^2}{\sum\left(y_i-\overline{y}\right)^2} \tag{9.10}$$

当 x 与 y 两变量依存关系很密切,乃至 y 的变化完全由 x 引起时,x 与 y 为确定的函数关系，$\sum\left(y_i-y_c\right)^2=0$，$r^2=1$；当 x 与 y 两变量不存在线性依存关系时，即 y 的变化与 x 无关，$\sum\left(y_c-\bar{y}\right)^2=0$，$r^2=0$。一般情况下，$r^2$ 在 0～1 之间。

判定系数 r^2 的计算，在实际工作中，采用以下简捷公式：

$$r^2=\frac{\left(n\sum xy-\sum x\cdot\sum y\right)^2}{\left[n\sum x^2-\left(\sum x\right)^2\right]\left[n\sum y^2-\left(\sum y\right)^2\right]} \tag{9.11}$$

在简单直线回归模型中判定系数即为单相关系数的平方。

根据表 9－5 资料，得：

$$r^2=\frac{(8\times 4\,544.6-36.4\times 880)^2}{(8\times 207.54-36.4^2)\times(8\times 104\,214-880^2)}=0.940\,3$$

计算结果表明，生产费用的总偏差 $\sum\left(y_i-\bar{y}\right)^2$ 中，有 94.03%可以由产品产量和生产费用的依存关系来解释，只有 5.97%属于随机因素的影响。因此，上述拟合的 $y_c=51.31+12.90x$ 是合适的。

（二）估计标准误差

直线回归是在直线相关条件下，反映变量之间一般数量关系的平均线。根据直线回归方程，知道了自变量的数值，就可以推算出因变量的数值。但是，推算出来的因变量的数值并不是精确的数值，它是一个估计值，和实际值之间有差异。如表 9－5 所示，产品产量 3.1 千吨，生产费用的实际值 80 万元，预测值为 91.3 万元，两者相差 11.3 万元，即$(y-y_c)=-11.3$ 万元。我们不仅用回归方程推算已有实际值的估计值，还要推算未知的值，这样就有了推算的数值与实际值相差多大的问题。如果差距小说明推算结果准确性高；反之，则低。为了度量 y 实际值和估计值离差的一般水平，可以计算估计标准误差。

估计标准误差就是用来说明回归方程推算结果的准确程度的统计分析指标，或者说是反映回归直线代表性大小的统计分析指标。

估计标准误差有两种计算方法。

1. 根据因变量实际值和估计值的离差计算

计算公式如下：

$$S_{yx}=\sqrt{\frac{\sum\left(y-y_c\right)^2}{n-2}} \tag{9.12}$$

式中，S_{yx} 代表估计标准误差；y 代表因变量数列的实际值；y_c 代表根据回归方程推算出来的估计值；n 代表因变量的项数。

所以 $y-y_c$ 是因变量实际值和估计值的估计误差，如果将估计误差总和相加，结果是 $\sum(y-y_c)=0$。

由于在 $\sum\left(y-y_c\right)^2=\sum(y-a-bx)^2$ 中，参数 a 和 b 是由实际资料计算的，从而丧失了两个自由度。

从计算公式可以看出，计算的结果实际上也是个平均误差。但不是简单平均的，而是经过乘方、平均、再开方的过程，这和标准差的计算过程一样。它的作用是说明估计的准确程度，所以叫作估计标准误差，也可叫作估计标准差或回归标准差。根据表 9－5 的资料可得：

$$S_{yx}=\sqrt{\frac{\sum\left(y-y_c\right)^2}{n-2}}=\sqrt{\frac{442.4274}{8-2}}=8.59(万元)$$

计算结果显示，估计标准误差为 8.59 万元。这个数值越大，就表明估计值的代表性越小，也就是相关点的离散程度越大：这个数值越小，则说明估计值的代表性越大，也就是相关点的离散程度越小。如果 $S_{yx}=0$，就是 y 和 y_c 没有差异，从相关图上看，则表明所有的相关点全在 y_c 这条直线上，说明估计值完全准确。

2. 根据 a、b 两个参数值计算估计标准误差

上述计算估计标准误差方法是用平均误差来表现的，但是计算比较麻烦，须计算出所有的估计值。如果已知直线回归方程的参数值，有一个比较简便的计算方法。计算公式如下：

$$S_{yx}=\sqrt{\frac{\sum(y)^2-a\left(\sum y\right)-b\left(\sum xy\right)}{n-2}} \tag{9.13}$$

根据表 9－5 资料，得：

$$S_{yx}=\sqrt{\frac{104\ 214-51.31\times880-12.90\times4\ 544.6}{8-2}}=8.59(万元)$$

五、显著性检验

我们利用随机观测到的几对有关 x 与 y 的样本数据，采用最小平方法得到的回归系数 b 是否符合回归方程的基本假设，需要进行检验。回归系数 b 与 0 是否有显著差异，表明总体回归系数 β 是否为 0。若 $\beta=0$，总体回归线就是一条水平线，x 与 y 之间无线性关系，违背一元线性回归方程的基本假设；若 $\beta\neq0$，即 x 与 y 之间存在着线性关系，符合假设条件，所建立的一元线性回归方程可以认为符合变量间的变化规律。对回归系数 b 的检验就是要验证变量 x 与 y 之间是否真正存在线性关系，一般采用 t 检验，其步骤如下：

第一步：假设观测的样本是从一个没有线性关系的总体中选出的，即：

$$H_0:\beta=0$$
$$H_1:\beta\neq0$$

第二步：计算回归系数 b 的检验统计量 T 值：

$$T_b=\frac{b-\beta}{S_b} \tag{9.14}$$

式中，S_b 代表回归系数 b 的标准差，计算公式为：

$$S_b=\frac{S_{yx}}{\sqrt{\sum x^2-n\left(\bar{x}\right)^2}} \tag{9.15}$$

式中，S_{yx} 是估计标准误差。

第三步：根据给定的显著水平 α 和自由度$(n-2)$，查 t 分布表中相应的临界值 $t_{\alpha/2}$。

第四步：做出判断。将计算的统计量与临界值 $t_{\alpha/2}$ 对比，若 $|T_b|>t_{\alpha/2}$，则拒绝 H_0，表明变量间线性相关关系在统计上是显著的；若 $|T_b|\leqslant t_{\alpha/2}$，则接受 H_0，说明变量间线性相关关系在统计上并不显著。

根据表 9－5 资料得：

$$\bar{x}=\frac{36.4}{8}=4.55(千吨)$$

则：$S_b=\frac{8.59}{\sqrt{207.54-8\times(4.55)^2}}=\frac{8.59}{\sqrt{41.92}}=1.3267$

于是：$T_b=\frac{b-\beta}{S_b}=\frac{12.9-0}{1.3267}=9.7234$

若取 $\alpha=0.05$，$n-2=8-2=6$，查 t 分布表得 $t_{\alpha/2}=2.447$

$|T_b|>t_{\alpha/2}=2.447$，表明回归系数 $b=0$ 的可能性小于 0.05，即 5%，因而拒绝 H_0，得出 $\beta\neq0$ 的结论。说明回归系数是显著的，在相关系数检验的基础上进一步证明了产品产量和生产费用之间存在线性关系，产量是影响生产费用的显著因素。

第三节　多元线性回归分析

在实际中，客观现象之间的联系是复杂的，通常影响因变量的因素不止一个。在统计中，研究一个因变量和多个自变量的回归分析就是多元回归分析。多元回归可分为多元线性回归和多元非线性回归。这里只讨论最一般的多元线性回归。多元线性回归分析的步骤、方法和一元线性回归分析基本上是相同的，不过在计算上比较复杂些。

一、多元线性回归方程

为了便于理解，我们先介绍二元线性回归方程，即以一个因变量 y 与两个自变量 x_1 和 x_2 线性回归，其方程式为：

$$y_c=a+b_1x_1+b_2x_2 \tag{9.16}$$

式中，y_c 代表因变量估计值；a，b_1，b_2 为三个参数。

确定 a，b_1，b_2 的数值，也要用最小平方法，使 $\sum(y-y_c)^2$ 为最小值。因为式中有三个参数，从而要确定如下的三个规范方程式：

$$\begin{cases}\sum y=na+b_1\sum x_1+b_2\sum x_2\\ \sum x_1y=a\sum x_1+b_1\sum x_1^2+b_2\sum x_1x_2\\ \sum x_2y=a\sum x_2+b_1\sum x_1x_2+b_2\sum x_2^2\end{cases}$$

[例 9—5] 某地区玻璃销售额与该地区汽车制造业和建筑业的生产关系相当密切，现有表 9—6 资料，预测第 18 年玻璃的销售额。

表 9—6　某地区玻璃销售量与汽车产量、建筑业产值资料

年份	玻璃销售额 y(万元)	汽车产量 x_1(万辆)	建筑业产值 x_2(千万元)
1	280	3.909	9.43
2	281.5	5.119	10.36
3	337.5	6.666	14.50
4	404.5	5.338	15.75
5	402.1	4.321	16.78
6	452	6.117	17.44

续表

年份	玻璃销售额 y(万元)	汽车产量x_1(万辆)	建筑业产值x_2(千万元)
7	431.7	5.559	19.77
8	582.3	7.920	23.76
9	596.6	5.816	31.61
10	620.8	6.113	32.17
11	513.6	4.258	35.09
12	606.9	5.591	36.42
13	629	6.675	36.58
14	602.7	5.543	37.14
15	656.7	6.933	41.30
16	778.5	7.638	45.62
17	877.6	7.752	47.38
合计	9 054	101.268	471.10

解：根据表 9—6 资料计算得：

$\sum x_1 y = 56\ 144.952$

$\sum x_2 y = 282\ 387.49$

$\sum x_1 x_2 = 2\ 933.535\ 85$

$\sum x_1^2 = 626.495\ 834$

$\sum x_2^2 = 15\ 536.719\ 8$

代入求解参数的联立方程组：

$$\begin{cases} 9\ 054 = 17a + 101.268b_1 + 471.10b_2 \\ 56\ 144.952 = 101.268a + 626.50b_1 + 2\ 933.54b_2 \\ 282\ 387.49 = 471.1a + 2\ 933.54b_1 + 15\ 536.72b_2 \end{cases}$$

解得：$\begin{cases} a = 19.174 \\ b_1 = 35.676 \\ b_2 = 10.858 \end{cases}$

所以方程 $y_c = 19.174 + 35.676x_1 + 10.858x_2$

如第 18 年汽车产量为 7.42 万辆，建筑业产值为 50.28 千万元。则预测该年玻璃销售额

$y_c = 19.174 + 35.676 \times 7.42 + 10.858 \times 50.28 = 829.83$(万元)

把上面的方法推广到多个自变量，设因变量 y 受 n 个自变量 $x_1, x_2, x_3, \cdots, x_n$ 的影响，其回归方程式为：

$$y_c = a + b_1x_1 + b_2x_2 + b_3x_3 + \cdots + b_nx_n \tag{9.17}$$

式中，$a, b_i(i=1,2,3,\cdots,n)$为参数，根据最小平方法的原理，使 $\sum(y-y_c)^2$ 为最小值。因为有 $n+1$ 个参数，应确定 $n+1$ 个方程式：

$$\begin{cases}\sum y=na+b_1\sum x_1+b_2\sum x_2+\cdots+b_n\sum x_n\\ \sum x_1y=a\sum x_1+b_1\sum x_1^2+b_2\sum x_1x_2+\cdots+b_n\sum x_1x_n\\ \sum x_2y=a\sum x_2+b_1\sum x_1x_2+b_2\sum x_2^2+\cdots+b_n\sum x_2x_n\\ \qquad\vdots\\ \sum x_ny=a\sum x_n+b_1\sum x_1x_n+b_2\sum x_2x_n+\cdots+b_n\sum x_n^2\end{cases}$$

二、多元线性回归模型的拟合优度度量

同一元线性回归方程一样，对已确定的二元线性回归方程，可以从判定系数和估计标准误差两方面来测定它的拟合度。

1. 判定系数

$$r^2=\frac{\text{回归偏差}}{\text{总偏差}}=\frac{\sum\left(y_c-\bar{y}\right)^2}{\sum\left(y_i-\bar{y}\right)^2} \tag{9.18}$$

简捷公式为：

$$r^2=\frac{b_1\left(\sum x_1y-\frac{1}{n}\sum x_1\sum y\right)+b_2\left(\sum x_2y-\frac{1}{n}\sum x_2\sum y\right)}{\sum y^2-\frac{1}{n}\left(\sum y\right)^2} \tag{9.19}$$

根据表 9—6 资料计算得：

$b_1=35.676$

$b_2=10.858$

$\sum x_1y=56\ 144.952$

$n=17$

$\sum x_1=101.268$

$\sum y=9\ 054$

$\sum x_2y=282\ 387.49$

$\sum x_2=471.10$

$\sum y^2=5\ 266\ 082.05$

$$r^2=\frac{35.676\times\left(56\ 144.952-\frac{1}{17}\times101.268\times9\ 054\right)}{5\ 266\ 082.05-\frac{1}{17}\times(9\ 054)^2}$$

$$+\frac{10.858\times\left(282\ 387.49-\frac{1}{17}\times471.10\times9\ 054\right)}{5\ 266\ 082.05-\frac{1}{17}\times(9\ 054)^2}$$

$$=\frac{420\ 738.74}{444\ 028.17}=0.9475$$

判定系数 r^2 为 0.947 5，表明某地区玻璃销售量的变动中有 94.75%是由汽车产量和建筑业产值的变动引起的，只有 5.25%是由于其他干扰因素引起的。

2. 估计标准误差

$$S_{yx_1x_2}=\sqrt{\frac{\sum y^2-\frac{1}{n}(\sum y)^2-b_1\left(\sum x_1y-\frac{1}{n}\sum x_1\sum y\right)-b_2\left(\sum x_2y-\frac{1}{n}\sum x_2\sum y\right)}{n-3}}$$

$$=\sqrt{\frac{5\ 266\ 082.05-\frac{1}{17}\times(9\ 054)^2-35.676\times\left(56\ 144.952-\frac{1}{17}\times 101.268\times 9\ 054\right)-10.858\times(282\ 387.49-\frac{1}{17}\times 471.10\times 9\ 054)}{17-3}}$$

$=40.7864$(万元)

第四节　非线性回归分析

在实际工作中，有时候两个变量之间并非存在线性关系，而是呈现出指数曲线、双曲线、幂函数曲线、抛物线等各种非线性关系。这时就要根据这些关系的性质采用不同的曲线方程进行分析。建立曲线回归方程的关键问题是要确定关系的类型和形式。除根据一定的专业知识等判断外，绘制散点图并观察散点图的形状和特点也是一种重要的判断方法。

一元非线性回归方程的拟合方法是在确定回归方程的类型和形式后，通过变量代换法将非线性模型转化为线性模型，用最小平方法求所得线性模型的待定系数，再将原变量代回，即可求得非线性回归方程。下面介绍几种常见的一元非线性回归模型。

一、指数曲线回归模型

指数曲线模型的回归方程如下：

$$y_c=ab^x \tag{9.20}$$

式中，a、b 为待定系数。可对方程两边取对数得：

$$\lg y_c=\lg a+x\lg b \tag{9.21}$$

令 $y_c{}'=\lg y_c$，$A=\lg a$，$B=\lg b$，则得一元线性模型：

$$y_c{}'=A+Bx \tag{9.22}$$

再利用最小平方法求 A 和 B 的值，然后从 $A=\lg a$、$B=\lg b$ 得出 $a=10^A$、$b=10^B$ 的值，即可求得指数曲线模型的回归方程。

二、双曲线回归模型

双曲线模型的回归方程如下：

$$y_c=a+\frac{b}{x} \tag{9.23}$$

在双曲线方程中，令 $x'=\frac{1}{x}$，则得到如下线性回归模型：

$$y_c=a+bx' \tag{9.24}$$

再用最小平方法求出 a、b 的值，即可求得原双曲线回归方程。

三、幂函数曲线模型

幂函数曲线模型的回归方程如下：

$$y_c=ax^b \tag{9.25}$$

可对方程两边取对数得：

$$\lg y_c=\lg a+b\lg x \tag{9.26}$$

令 $y_c'=\lg y_c$，$A=\lg a$，$x'=\lg x$，则得一元线性模型：

$$y_c'=A+bx' \tag{9.27}$$

再利用最小平方法求 A 和 b 的值，然后利用 $A=\lg a$ 得出 $a=10^A$ 的值，即可求幂函数曲线模型的回归方程。

四、高次曲线回归模型

高次曲线模型的回归方程如下：

$$y_c=a+bx+cx^2+dx^3+\cdots \tag{9.28}$$

只要令 $x_1=x$，$x_2=x^2$，$x_3=x^3$，…，就可转化为多元线性模型：

$$y_c=a+bx_1+cx_2+dx_3+\cdots \tag{9.29}$$

再利用最小平方法求 a、b、c、d…的值，即可求得高次方程的回归方程。

第五节　用 Excel 2016 进行相关与回归分析

本节以例题的形式介绍用 Excel 2016 软件进行相关与回归分析的应用。

学习指引：
推荐扫描左边二维码观看用 Excel 2016 进行相关与回归分析相关内容。

一、一元线性回归分析

[例 9—6] 表 9—7 是某企业 2009～2018 年年广告费投入与月均销售额的数据资料，试建立一元线性回归方程。

表 9—7　　某企业 2009～2018 年年广告费投入与月均销售额的数据资料

年份	年广告费投入(万元)	月均销售额(万元)	年份	年广告费投入(万元)	月均销售额(万元)
2009	12.5	21.2	2014	34.4	43.2
2010	15.3	23.9	2015	39.4	49
2011	23.2	32.9	2016	45.2	52.8
2012	26.4	34.1	2017	55.4	59.4
2013	33.5	42.5	2018	60.9	63.5

解：用 Excel 2016 拟合直线模型并预测的操作步骤：

第一步：将原始数据输入 Excel 中，利用【数据】选项卡中【数据分析】功能，选择【回归】选项，点击【确定】。

第二步：设年广告费投入为 x，月均销售额为 y，在【回归】对话框中，在【Y 值输入区域】设置框内键入“B2:B11”；在【X 值输入区域】设置框内键入“A2:A11”；在【输出选项】中选择【新工作表组】；在【残差】分析选项中选择所需的选项。如图 9—9 所示。点击【确定】，得到图 9—10 所示结果分析。

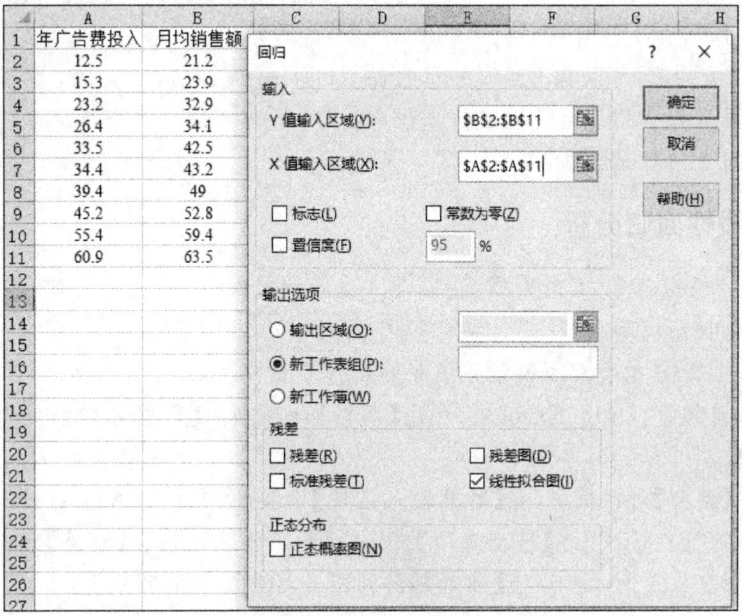

图 9—9　回归对话框

	A	B	C	D	E	F	G	H	I
1	SUMMARY OUTPUT								
2									
3	回归统计								
4	Multiple I	0.9941984							
5	R Square	0.9884304							
6	Adjusted I	0.9869842							
7	标准误差	1.6300105							
8	观测值	10							
9									
10	方差分析								
11		df	SS	MS	F	gnificance F			
12	回归分析	1	1815.93	1815.93	683.468	4.92E-09			
13	残差	8	21.25547	2.656934					
14	总计	9	1837.185						
15									
16		Coefficient	标准误差	t Stat	P-value	Lower 95%	Upper 95%	下限 95.0%	上限 95.0%
17	Intercept	11.614917	1.280176	9.072908	1.75E-05	8.662826	14.56701	8.662826	14.56701
18	X Variabl	0.8848955	0.033848	26.14322	4.92E-09	0.806842	0.962949	0.806842	0.962949

图 9—10　Excel 输出的回归分析结果

输出的结果由以下三个部分组成：

第一部分是回归统计，它给出了回归分析中的一些常用统计量，包括相关系数(Multiple R)、判定系数(R Square)、修正后的判断系数(Adjusted R)、标准误差、观察值的个数。

第二部分是方差分析，即回归分析的方差分析表，包括自由度(df)、回归平方和、残差平方和、总平方和(SS)、回归和残差的均方(MS)、检验统计量(F)、F 检验的显著性水平(Significance F)。这部分主要用于对回归方程的线性关系进行显著性检验。

第三部分为参数估计相关内容。包括回归方程的截距(Intercept)、斜率(X Variable 1)、截距和斜率的标准误差、用于检验的回归系数的 t 统计量(t Stat)、P 值(P-value)，以及截距和斜率的置信区间等。

通过第三部分内容，可以看出回归方程的截距(Intercept)为 11.614 92，斜率(X Variable 1)为 0.884 896，最后拟合的一元线性回归方程为：

$y_c=11.614\ 92+0.884\ 896x$

二、多元线性回归分析

[例 9—7] 根据表 9—6 的数据资料，建立玻璃销售额(y)与汽车产量(x_1)和建筑业产值(x_2)的多元线性回归模型。

解：用 Excel 2016 拟合直线模型并预测的操作步骤：

第一步：将原始数据输入 Excel 中，利用【数据】选项卡中【数据分析】功能，选择【回归】选项，点击【确定】。

第二步：在【回归】对话框中，在【Y 值输入区域】设置框内键入“A2:A18”；在【X 值输入区域】设置框内键入“B2:C18”；在【输出选项】中选择【新工作表组】；在【残差】分析选项中选择所需的选项。如图 9—11 所示。点击【确定】，得到图 9—12 所示结果分析。

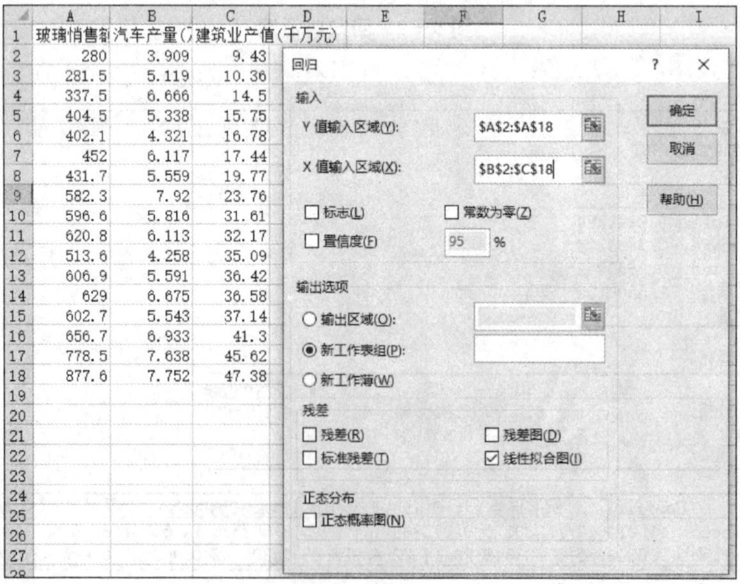

图 9—11 回归对话框

	A	B	C	D	E	F	G	H	I
1	SUMMARY OUTPUT								
2									
3	回归统计								
4	Multiple	0.973054							
5	R Square	0.946835							
6	Adjusted	0.93924							
7	标准误差	41.07897							
8	观测值	17							
9									
10	方差分析								
11		df	SS	MS	F	gnificance F			
12	回归分析	2	420740.7	210370.3	124.6653	1.2E-09			
13	残差	14	23624.74	1687.482					
14	总计	16	444365.4						
15									
16		Coefficien	标准误差	t Stat	P-value	Lower 95%	Upper 95%	下限 95.0%	上限 95.0%
17	Intercept	19.16458	51.93767	0.368992	0.717654	-92.2306	130.5598	-92.2306	130.5598
18	X Variabl	35.67794	10.04423	3.552084	0.003188	14.13521	57.22066	14.13521	57.22066
19	X Variabl	10.85793	0.972158	11.16889	2.34E-08	8.772853	12.943	8.772853	12.943

图 9—12　Excel 输出的回归分析结果

通过第三部分内容，最后拟合的多元线性回归方程为：

$$y_c = 19.16 + 35.686x_1 + 10.86x_2$$

练习题

一、单项选择题

1. 相关关系中，用于判断两个变量之间相关关系类型的图形是(　　)。

A. 直方图　　B. 散点图

C. 次数分布多边形图　　D. 累计频率曲线图

2. 两个相关变量呈反方向变化，则其相关系数 r(　　)。

A. 小于 0　　B. 大于 0　　C. 等于 0　　D. 等于 1

3. 在正态分布条件下，以 $2S_{xy}$(提示：S_{xy} 为估计标准误差)为距离作平行于回归直线的两条直线，在这两条平行直线中，包括的观察值的数目大约为全部观察值的(　　)。

A. 68.27%　　B. 90.11%　　C. 95.45%　　D. 99.73%

4. 相关关系是指变量之间(　　)。

A. 严格的关系　　B. 不严格的关系

C. 任意两个变量之间的关系　　D. 有内在关系但不严格的数量依存关系

5. 如果变量 x 和变量 y 之间的相关系数为 -1，这说明两个变量之间是(　　)。

A. 低度相关关系　　B. 完全相关关系　　C. 高度相关关系　　D. 完全不相关

6. 当两个相关变量之间只有配合一条回归直线的可能，那么这两个变量之间的关系是(　　)。

A. 明显因果关系　　B. 自身相关关系

C. 完全相关关系　　D. 不存在明显因果关系而存在相互联系

7. 用来说明因变量估计值代表性高低的分析指标是(　　)。

A. 相关系数　　B. 回归系数　　C. 回归参数　　D. 估计标准误差

8. 年劳动生产率 x(千元)和员工工资 Y(元)之间的回归方程为 $Y=10+70x$。这意味着年劳动生产率每提高1千元时,员工工资平均(　　)。

A. 增加70元　　B. 减少70元　　C. 增加80元　　D. 减少80元

9. 下列直线回归方程中,(　　)是错误的。

A. $y=35+0.3x, r=0.8$　　B. $y=-124+1.4x, r=0.89$

C. $y=18-2.2x, r=0.74$　　D. $y=-87-0.9x, r=-0.9$

10. 多元线性回归方程 $y_c=a+b_1x_1+b_2x_2+b_3x_3$ 中 b_2 说明(　　)。

A. x_2 与 y_c 之间的相关程度

B. x_2 每变化一个单位,y_c 平均变化多少单位

C. 当 x_1、x_3 不变时,x_2 每变化一个单位,y_c 平均变化多少单位

D. 在影响 y_c 的所有因素不变时,x_2 每变化一个单位,y_c 平均变化多少单位

二、判断题

1. 相关系数是测定两个变量之间关系密切程度的唯一方法。　(　　)

2. 甲产品产量与单位成本的相关系数是−0.9,乙产品的产量与单位成本的相关系数是0.8,因此乙比甲的相关程度高。　(　　)

3. 相关系数为0,表明两个变量之间不存在任何关系。　(　　)

4. 两个变量中不论假定哪个变量为自变量 x,哪个为因变量 y,都只能计算一个相关系数。　(　　)

5. 产品的总成本随着产量增加而上升,这种现象属于函数关系。　(　　)

6. 如两组资料的协方差相同,则说明这两组资料的相关方向也相同。　(　　)

7. 相关系数 r 越大,则估计标准误差 S_{xy} 值越大,从而一元线性回归分析的精确度越低。　(　　)

8. 由直线回归方程 $y=-450+2.5x$,可知变量 x 与 y 之间存在正相关关系。　(　　)

9. 回归系数 b 大于0或小于0时,则相关系数 r 也是大于0或小于0。　(　　)

10. 当变量 x 与 y 之间存在严格的函数关系时,则 $\gamma=1$。　(　　)

三、计算题

1. 生产同种产品的6个企业的产量和单位产品成本的资料如表9—8所示。

表9—8　企业的产量和单位产品成本资料

企业编号	产量 x(千件)	单位成本 y(元)
1	2	52
2	3	54
3	4	52
4	4	48
5	5	48
6	3	46

要求:计算产量与单位产品成本之间的相关系数。

2. 某货运公司要分析汽车货运量与汽车拥有量之间的关系,选择部分地区进行调查,资料如表9—9所示。

表 9—9　　汽车货运量与汽车拥有量资料

年份	汽车货运量 x(亿吨)	汽车拥有量 y(万辆)
2009	4.1	0.27
2010	4.5	0.31
2011	5.6	0.35
2012	6.0	0.40
2013	6.4	0.52
2014	6.8	0.55
2015	7.5	0.58
2016	8.5	0.60
2017	9.8	0.65
2018	11.0	0.73

要求：

(1)根据资料作散点图。

(2)求相关系数。

(3)配合简单线性回归方程。

(4)对线性回归方程进行显著性检验(假设显著性水平 $\alpha=0.05$)。

3. 某工业企业某种产品产量与单位成本资料如表 9—10 所示。

表 9—10　　某种产品产量与单位成本资料

年份	2011	2012	2013	2014	2015	2016	2017	2018
产品产量(万件)	2	3	4	3	4	5	6	7
单位成本(元/件)	73	72	71	73	69	68	66	65

要求：

(1)根据上述资料，绘制相关图判别该数列相关与回归的种类；

(2)配合适当的回归方程；

(3)根据回归方程，指出每当产品产量增加 1 万件时，单位成本的变化情况；

(4)计算相关系数和估计标准误差。

4. 某地区失业率与通货膨胀率的资料如表 9—11 所示。

表 9—11　　某地区失业率与通货膨胀率资料

失业率(%)	1.0	1.6	2.0	2.5	3.1	3.6	4.0	4.5	5.1	5.6	6.0	6.5
通胀率(%)	1.6	1.51	1.14	1.28	0.85	0.91	0.75	0.76	0.66	0.60	0.61	0.60

要求：

(1)拟合曲线回归方程。

(2)估计失业率为 8%时，通货膨胀率会是什么状态？

(3)计算判定系数。

附表一　标准正态分布表

$$\Phi(z)=\int_{-\infty}^{z}\frac{1}{\sqrt{2\pi}}e^{-\frac{x^2}{2}}dx$$

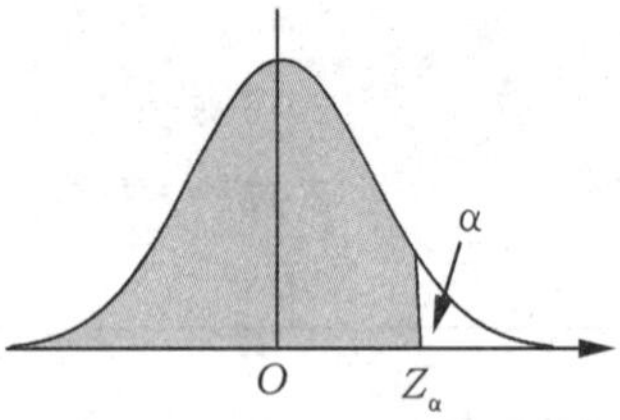

x	0.00	0.01	0.02	0.03	0.04	0.05	0.06	0.070	0.08	0.09
0.0	0.50000	0.50399	0.50798	0.51197	0.51595	0.51994	0.52392	0.52790	0.53188	0.53586
0.1	0.53983	0.54380	0.54776	0.55172	0.55567	0.55962	0.56356	0.56749	0.57142	0.57535
0.2	0.57926	0.58317	0.58706	0.59095	0.59483	0.59871	0.60257	0.60642	0.61026	0.61409
0.3	0.61791	0.62172	0.62552	0.62930	0.63307	0.63683	0.64058	0.64431	0.64803	0.65173
0.4	0.65542	0.65910	0.66276	0.66640	0.67003	0.67364	0.67724	0.68082	0.68439	0.68793
0.5	0.69146	0.69497	0.69847	0.70194	0.70540	0.70884	0.71226	0.71566	0.71904	0.72240
0.6	0.72575	0.72907	0.73237	0.73565	0.73891	0.74215	0.74537	0.74857	0.75175	0.75490
0.7	0.75804	0.76115	0.76424	0.76730	0.77035	0.77337	0.77637	0.77935	0.78230	0.78524
0.8	0.78814	0.79103	0.79389	0.79673	0.79955	0.80234	0.80511	0.80785	0.81057	0.81327
0.9	0.81594	0.81859	0.82121	0.82381	0.82639	0.82894	0.83147	0.83398	0.83646	0.83891
1.0	0.84134	0.84375	0.84614	0.84849	0.85083	0.85314	0.85543	0.85769	0.85993	0.86214
1.1	0.86433	0.86650	0.86864	0.87076	0.87286	0.87493	0.87698	0.87900	0.88100	0.88298
1.2	0.88493	0.88686	0.88877	0.89065	0.89251	0.89435	0.89617	0.89796	0.89973	0.90147
1.3	0.90320	0.90490	0.90658	0.90824	0.90988	0.91149	0.91308	0.91466	0.91621	0.91774
1.4	0.91924	0.92073	0.92220	0.92364	0.92507	0.92647	0.92785	0.92922	0.93056	0.93189
1.5	0.93319	0.93448	0.93574	0.93699	0.93822	0.93943	0.94062	0.94179	0.94295	0.94408

续表

x	0.00	0.01	0.02	0.03	0.04	0.05	0.06	0.070	0.08	0.09
1.6	0.94520	0.94630	0.94738	0.94845	0.94950	0.95053	0.95154	0.95254	0.95352	0.95449
1.7	0.95543	0.95637	0.95728	0.95818	0.95907	0.95994	0.96080	0.96164	0.96246	0.96327
1.8	0.96407	0.96485	0.96562	0.96638	0.96712	0.96784	0.96856	0.96926	0.96995	0.97062
1.9	0.97128	0.97193	0.97257	0.97320	0.97381	0.97441	0.97500	0.97558	0.97615	0.97670
2.0	0.97725	0.97778	0.97831	0.97882	0.97932	0.97982	0.98030	0.98077	0.98124	0.98169
2.1	0.98214	0.98257	0.98300	0.98341	0.98382	0.98422	0.98461	0.98500	0.98537	0.98574
2.2	0.98610	0.98645	0.98679	0.98713	0.98745	0.98778	0.98809	0.98840	0.98870	0.98899
2.3	0.98928	0.98956	0.98983	0.99010	0.99036	0.99061	0.99086	0.99111	0.99134	0.99158
2.4	0.99180	0.99202	0.99224	0.99245	0.99266	0.99286	0.99305	0.99324	0.99343	0.99361
2.5	0.99379	0.99396	0.99413	0.99430	0.99446	0.99461	0.99477	0.99492	0.99506	0.99520
2.6	0.99534	0.99547	0.99560	0.99573	0.99585	0.99598	0.99609	0.99621	0.99632	0.99643
2.7	0.99653	0.99664	0.99674	0.99683	0.99693	0.99702	0.99711	0.99720	0.99728	0.99736
2.8	0.99744	0.99752	0.99760	0.99767	0.99774	0.99781	0.99788	0.99795	0.99801	0.99807
2.9	0.99813	0.99819	0.99825	0.99831	0.99836	0.99841	0.99846	0.99851	0.99856	0.99861
3.0	0.99865	0.99869	0.99874	0.99878	0.99882	0.99886	0.99889	0.99893	0.99896	0.99900

附表二 t 分布上 α 分位点

$$P(t_n > t_n(\alpha)) = \alpha$$

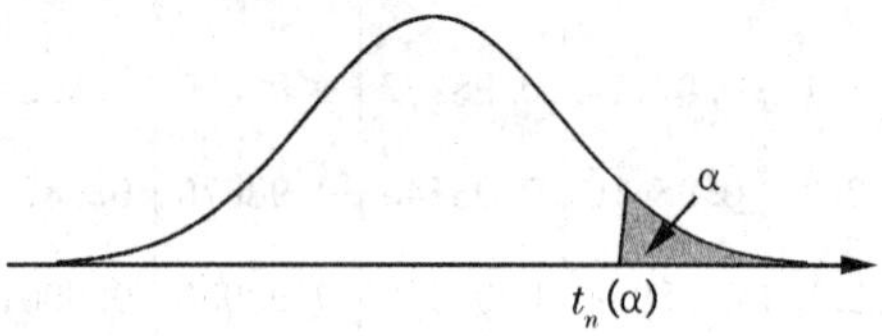

df	α				
	0.10	0.05	0.025	0.01	0.005
1	3.07768	6.31375	12.70615	31.82096	63.65590
2	1.88562	2.91999	4.30266	6.96455	9.92499
3	1.63775	2.35336	3.18245	4.54071	5.84085
4	1.53321	2.13185	2.77645	3.74694	4.60408
5	1.47588	2.01505	2.57058	3.36493	4.03212
6	1.43976	1.94318	2.44691	3.14267	3.70743
7	1.41492	1.89458	2.36462	2.99795	3.49948
8	1.39682	1.85955	2.30601	2.89647	3.35538
9	1.38303	1.83311	2.26216	2.82143	3.24984
10	1.37218	1.81246	2.22814	2.76377	3.16926
11	1.36343	1.79588	2.20099	2.71808	3.10582
12	1.35622	1.78229	2.17881	2.68099	3.05454
13	1.35017	1.77093	2.16037	2.65030	3.01228
14	1.34503	1.76131	2.14479	2.62449	2.97685
15	1.34061	1.75305	2.13145	2.60248	2.94673
16	1.33676	1.74588	2.11990	2.58349	2.92079
17	1.33338	1.73961	2.10982	2.56694	2.89823
18	1.33039	1.73406	2.10092	2.55238	2.87844
19	1.32773	1.72913	2.09302	2.53948	2.86094
20	1.32534	1.72472	2.08596	2.52798	2.84534

续表

df	α				
	0.10	0.05	0.025	0.01	0.005
21	1.32319	1.72074	2.07961	2.51765	2.83137
22	1.32124	1.71714	2.07388	2.50832	2.81876
23	1.31946	1.71387	2.06865	2.49987	2.80734
24	1.31784	1.71088	2.06390	2.49216	2.79695
25	1.31635	1.70814	2.05954	2.48510	2.78744
26	1.31497	1.70562	2.05553	2.47863	2.77872
27	1.31370	1.70329	2.05183	2.47266	2.77068
28	1.31253	1.70113	2.04841	2.46714	2.76326
29	1.31143	1.69913	2.04523	2.46202	2.75639
30	1.31042	1.69726	2.04227	2.45726	2.74998
40	1.30308	1.68385	2.02107	2.42326	2.70446
60	1.29582	1.67065	2.00030	2.39012	2.66027
120	1.28865	1.65765	1.97993	2.35783	2.61742
∞	1.28155	1.64485	1.95997	2.32635	2.57583

练习题参考答案

第一章

一、单项选择题

1. A　2. A　3. C　4. D　5. C　6. C　7. C　8. D　9. B　10. D

二、判断题

1. ×　2. ×　3. √　4. √　5. √　6. ×　7. ×

第二章

一、单项选择题

1. A　2. B　3. D　4. A　5. C　6. B　7. D　8. D　9. D　10. A

二、判断题

1. √　2. √　3. ×　4. √　5. √　6 √　7. ×　8. ×

第三章

一、单项选择题

1. A　2. D　3. B　4. C　5. C　6. C　7. B　8. B　9. D　10. A

二、判断题

1. ×　2. √　3. √　4. ×　5. √　6. √　7. ×　8. ×

三、计算题

1.

成绩分组	学生人数(人)	比率(%)
60 以下	2	5.0
60～75	11	27.5
76～89	19	47.5
90～100	8	20.0
合　计	40	100.0

2.

考分	人数	比率(%)	向上累计		向下累计	
			人数(人)	比率(%)	人数(人)	比率(%)
60 以下	2	5.0	2	5.0	40	100.0
60～70	7	17.5	9	22.5	38	95.0
70～80	11	27.5	20	50.0	31	77.5
80～90	12	30.0	32	80.0	20	50.0
90 以上	8	20.0	40	100.0	8	20.0
合计	40	100.0	—	—	—	—

3.

增加值分组	企业数(家)
20～40	3
40～60	5
60～80	7
80～100	3
100 以上	2
合计	20

第四章

一、单项选择题

1. A　2. B　3. C　4. A　5. C　6. C　7. B　8. B　9. A　10. D　11. B　12. B

二、判断题

1. √　2. ×　3. ×　4. ×　5. ×　6. √　7. √　8. √

三、计算题

1. (1)略；

(2)算术平均数(约 67.9 岁)和中位数(约 66.9 岁)；

(3)标准差(约 8.1 岁)和标准差系数(约 12.0%)。

2. (1)离散；

(2)平均每人每日吸烟量 14.6；

(3)中位数组 11～15，众数组 11～15。

3. 算术平均数 85.75，中位数 79，众数 79。

4. 算术平均数 18.7，中位数 18，众数 18。

5. 平均亩产量 567.88，中位数 566.22。

6. (1)中位数：5。

(2)众数：5。

(3)四分位差:(6−4)/2=1。

7. 平均差2.16。

8. 全距45,标准差系数0.158。

9. 全距32,标准差13.07,标准差系数0.35。

10.(1)众数$M_0=72$和74.3,$M_e=\frac{73.5+74.5}{2}=74$。

平均数为$\bar{x}=\frac{\sum_{i=1}^{n}x_i}{n}=\frac{74.3+78.8+\cdots+69.7+68}{30}=73.82$。

(2)$Q.D.=75.8+(75.9-75.8)\times 0.5=75.85$(g/L)。

(3)极差为$R=\max(x_i)-\min(x_i)=80.5-65=15.5$。

标准差$\sigma=\sqrt{\frac{\sum_{i=1}^{n}\left(x_i-\bar{x}\right)^2}{n}}=\sqrt{\frac{(74.3-73.82)^2+\cdots+(68-73.82)^2}{30}}=3.91$。

(4)用Excel求得偏态系数为−0.013,峰态系数为−0.446。

(5)由于众数与平均数非常接近,可知数据分布应较为对称,又由于标准差数值较小,可知数据离散程度应不大。这一点同时可由偏态系数−0.013和峰态系数−0.446得到印证,即女大学生血清总蛋白含量数据属轻微的左偏分布,同时略有扁平。

第五章

一、单项选择题

1.B 2.B 3.C 4.C 5.A 6.A 7.B 8.B 9.D 10.B

二、判断题

1. × 2.× 3.× 4.× 5.× 6.√ 7.× 8.× 9.× 10.√

三、计算题

1.$\bar{a}=\frac{\sum af}{\sum f}=\frac{250\times 3+262\times 2+258\times 2+252\times 1+259\times 2}{3+2+2+1+2}=256$。

2.(1)这是等间隔的间断时点数列。

(2)第一季度的平均现金库存额:

$$\bar{a}=\frac{\frac{500}{2}+480+450+\frac{520}{2}}{3}=480(\text{万元})$$

第二季度的平均现金库存额:

$$\bar{a}=\frac{520/2+550+600+580/2}{3}=566.67$$

上半年的平均现金库存额:

$$\bar{a}=\frac{\frac{500}{2}+480+\cdots+550+600+\frac{580}{2}}{6}=523.33,\text{或}=\frac{480+566.67}{2}=523.33$$

3. 第一季度平均人数：

$$\bar{a}=\frac{\frac{1\,002+1\,050}{2}\times1+\frac{1\,050+1\,020}{2}\times2}{1+2}=1\,032(\text{人})$$

上半年平均人数：

$$\bar{a}=\frac{\frac{1\,002+1\,050}{2}\times1+\frac{1\,050+1\,020}{2}\times2+\frac{1\,020+1\,008}{2}\times3}{1+2+3}=1\,023(\text{人})$$

4. 产品总产量：$\sum a=2\,000+3\,000+4\,000+3\,000+4\,000+50\,000=21\,000$(件)

产品总成本：$\sum b=14.6+21.6+28.4+21.9+27.6+34.0=148.1$(万元)

单位成本 $\bar{c}=\frac{148.1\text{ 万元}}{21000\text{ 件}}=70.52$ 元/件

5. (1)该题所示，二级增长量大体上相等，拟配合抛物线模型；

(2)$y_c=1\,562.5+121.2t+10.2t^2$；

(3)$y_{2019}=2\,423.5$ 万元；$y_{2020}=2\,656.9$ 万元。

6. (1)该题所示，环比增长速度大体上相等，拟配合指数模型方程；

(2)$y_c=36.3+1.21^t$；

(3)2019 年底人口数为 63.9 万人。

第六章

一、单项选择题

1. C　2. B　3. A　4. D　5. D　6. D　7. D　8. C　9. D　10. C

二、判断题

1. ×　2. √　3. ×　4. √　5. ×　6. ×　7. √　8. ×　9. ×　10. ×

三、计算题

1. (1) $\overline{K_q}=\frac{\sum p_0q_1}{\sum p_0q_0}=103\%$

(2) $\overline{K_p}=\frac{\sum p_1q_1}{\sum p_0q_1}=110.96\%$

(3) $\sum p_0q_1-\sum p_0q_0=1.05$(亿元)

2. $\overline{K_q}=\frac{\sum kq_0p_0}{\sum q_0p_0}=133.92\%$(660.8 万元)

3. A=116.67%　B=120%　C=105%　D=116.252%　E=125%　F=131.25%
G=125.63%　H=108.54%　I=104.04%

4. $$\frac{\sum x_1\frac{f_1}{\sum f_1}}{\sum x_0\frac{f_0}{\sum f_0}}=\frac{\sum x_1\frac{f_1}{\sum f_1}}{\sum x_0\frac{f_1}{\sum f_1}}\times\frac{\sum x_0\frac{f_1}{\sum f_1}}{\sum x_0\frac{f_0}{\sum f_0}}$$

102.77%=112.87×91.06%

134.2 元=566.1 元+(−431.9)元

$$\begin{bmatrix} 102.78\%=111.31\%\times 92.33\% \\ 134.2\text{ 元}=546.23\text{ 元}+(-412.13)\text{元} \end{bmatrix}$$

5. $\dfrac{\sum q_1 m_1 p_1}{\sum q_0 m_0 p_0}=\dfrac{\sum q_1 m_0 p_0}{\sum q_0 m_0 p_0}\times\dfrac{\sum q_1 m_1 p_0}{\sum q_1 m_0 p_0}\times\dfrac{\sum q_1 m_1 p_1}{\sum q_1 m_1 p_0}$

106.33%=110.28%×99.65%×96.76%

59.94 百元=97.35 百元+(−3.65)百元+(−33.76)百元

第七章

一、单项选择题

1.C 2.C 3.C 4.A 5.C 6.C 7.A 8.A 9.B 10.D

二、判断题

1.√ 2.√ 3.× 4.√ 5.√ 6.√ 7.× 8.×

三、计算题

1. 灯泡平均使用寿命 $\bar{x}=\dfrac{\sum x\cdot f}{\sum f}=1\ 055.5$(小时)

灯泡使用寿命的标准差 $s=\sqrt{\dfrac{\sum\left(x-\bar{x}\right)^2 f}{\sum f}}=\sqrt{\dfrac{648\ 950}{200}}=57$(小时)

灯泡合格率 $p=\dfrac{181}{200}=90\%$

灯泡使用寿命的抽样平均误差：

重复抽样：$\mu_{\bar{x}}=\dfrac{\sigma}{\sqrt{n}}\approx\dfrac{s}{\sqrt{n}}=\dfrac{57}{\sqrt{200}}=4.03$(小时)

不重复抽样：$\mu_{\bar{x}}=\dfrac{\sigma}{\sqrt{n}}\times\sqrt{1-\dfrac{n}{N}}\approx\dfrac{s}{\sqrt{n}}\times\sqrt{1-\dfrac{n}{N}}=\dfrac{57}{\sqrt{200}}\times\sqrt{1-2\%}=3.99$(小时)

灯泡合格率的抽样平均误差：

重复抽样：$\mu_p=\sqrt{\dfrac{p(1-p)}{n}}=\sqrt{\dfrac{90\%(1-90\%)}{200}}=2.12\%$

不重复抽样：$\mu_p=\sqrt{\dfrac{p(1-p)}{n}\times\left(1-\dfrac{n}{N}\right)}=\sqrt{\dfrac{90\%(1-90\%)}{200}(1-2\%)}=2.1\%$

2. 抽样平均误差 $\mu_p=\sqrt{\dfrac{P(1-P)}{n}}\approx\sqrt{\dfrac{p(1-p)}{n}}=\sqrt{\dfrac{92\%(1-92\%)}{100}}=2.71\%$

3. $n_{\bar{X}}=\dfrac{(Z_{\alpha/2})^2\sigma^2}{E^2}=\dfrac{(1.96)^2\times 260^2}{20^2}=649.2\approx 650$(户)

$n_{\pi}=\dfrac{(z_{\alpha/2})^2\pi(1-\pi)}{E^2}=\dfrac{(1.96)^2\times 0.55\times(1-0.55)}{0.04^2}$

$=594.2\approx595$(户)

该城市为满足抽样要求应抽 650 户家庭进行调查。

4.(220.1,229.9)

5.(1)(5.608,6.392)

(2)(5.558,6.442)

第八章

一、单项选择题

1.B 2.C 3.A 4.C 5.C 6.D 7.C 8.B 9.D 10.B 11.D 12.A 13.C 14.B

二、判断题

1.√ 2.× 3.× 4.× 5.× 6.× 7.√ 8.√

三、计算题

1.$H_0:\mu\leqslant20,H_1:\mu>20$

$Z=\dfrac{\bar{x}-\mu_0}{\sigma/\sqrt{n}}=\dfrac{21-20}{12/\sqrt{400}}=1.67$

$Z_\alpha=1.64$。由于 $Z>Z_\alpha$,拒绝原假设。即平均值会超过 20。

2.$H_0:\mu=4.55,H_1:\mu\neq4.55$

$Z=\dfrac{\bar{x}-\mu_0}{\sigma/\sqrt{n}}=\dfrac{4.484-4.55}{\sqrt{0.1082/9}}=-0.6019$

$-Z_{\alpha/2}=-1.96<Z=-0.6019$,不拒绝原假设,即样本提供的证据不足以推翻“现在生产的铁水平均含碳量为 4.55”的说法。

3.$H_0:\mu\leqslant6.7,H_1:\mu>6.7$

$Z=\dfrac{\bar{x}-\mu_0}{s/\sqrt{n}}=\dfrac{7.25-6.7}{2.5/\sqrt{200}}=3.11$

$Z_{0.01}=2.33$。由于 $Z>Z_\alpha$,拒绝原假设。即如今每个家庭每天看电视的平均时间比十年前增加了。

4.$H_0:\mu\leqslant60,H_1:\mu>60$

经计算,$\bar{x}=65,s=11.34$

$T=\dfrac{\bar{x}-\mu_0}{s/\sqrt{n}}=\dfrac{65-60}{11.34/\sqrt{7}}=1.17$

$Z_{0.01}(6)=3.134$。由于 $T<Z_{0.01}(6)$,不拒绝原假设。即促销活动无效。

5.$H_0:\pi=30\%,H_1:\pi\neq30\%$

$Z=\dfrac{p-\pi_0}{\sqrt{\dfrac{\pi_0(1-\pi_0)}{n}}}=\dfrac{0.25-0.30}{\sqrt{\dfrac{0.30(1-0.30)}{400}}}=2.182$

$Z_{0.025}=1.96,|Z|>Z_{0.025}$,拒绝原假设,即该电视节目的收视率不再保持原有水平。

6.$H_0:\pi\geqslant25\%,H_1:\pi<25\%$

$$Z=\frac{p-\pi_0}{\sqrt{\frac{\pi_0(1-\pi_0)}{n}}}=\frac{0.2-0.25}{\sqrt{\frac{0.25(1-0.25)}{500}}}=-2.582$$

$-Z_{0.05}=-1.645$，由于$-Z<-Z_\alpha$，拒绝原假设，即该负责人的判断不正确。

第九章

一、单项选择题

1. B　2. A　3. C　4. D　5. B　6. A　7. D　8. A　9. C　10. C

二、判断题

1. ×　2. ×　3. ×　4. √　5 ×　6. √　7. ×　8. √ 9. √　10. √

三、计算题

1. $r=0.82$

2. (1)略

(2)$r=0.956$

(3)$y_c=0.027+0.0668x$

(4)$t_b=\frac{b-\beta}{S_b}(S_b=0.00724)=\frac{0.0668}{0.00724}=9.227$，$|t_b|>t_{\alpha/2}=2.306$ 拒绝 H_0，说明汽车货运量与汽车拥有量之间存在线性关系；汽车货运量是影响汽车拥有量的显著因素。

3. (1)线性相关关系，配合一元线性回归分析

(2)$y_c=77.31-1.81x$

(3)当产量增加 1 万件时，单位成本就减少 1.81 元

(4)$r=-0.9689$，$S_{xy}=0.8334$

4. (1)$y_c=ab^x$，$lgy_c=lga+lgb\cdot x$

令 $y'=lgy_c$，$a'=\lg a$，$b'=\lg b$

则 $y'=a'+b'x$

$y_c=1.8243\times(0.8258)^x$

(2)$y_c=1.8243\times(0.8258)^8=0.39\%$

(3)$r^2=0.9231$

参考文献

[1] 李洁明,祁新娥．统计学原理(第七版)[M]．上海:复旦大学出版社,2017.

[2] 徐静霞．统计学原理与实务[M]．北京:北京大学出版社,2012.

[3] 廖颖杰．统计学[M]．北京:人民邮电出版社,2018.

[4] 赵艳霞．统计学[M]．南京:南京大学出版社,2015.

[5]李付梅,魏巍．统计学[M]．成都:西南财经大学出版社,2016.

[6]刘子君,魏岚,向远章．统计学[M]．北京:清华大学出版社,2017.

[7] 凯勒·沃拉克．统计学:在经济和管理中的应用(第六版)[M]．王琪延等译．北京:中国人民大学出版社,2007.

[8] 吴桂英．抽样技术[M]．北京:高等教育出版社,2002.

[9] 贾俊平．统计学(第二版)[M]．北京:清华大学出版社,2006

[10] 黄英,张志,雷彬,俞良蒂．统计学方法与应用[M]．武汉:中国地质大学出版社,2011.

[11]卢小广,刘元欣,潘海英．统计学[M]．北京:机械工业出版社,2013.

[12]杨立生,刘超群．统计学原理[M]．北京:北京大学出版社,2011.

[13]阮红伟．统计学(第二版)[M]．北京:北京大学出版社,2014.